Kunstvoller Schmuck
zum Selbermachen

Prägetechniken mit Fimo und anderen Modelliermassen

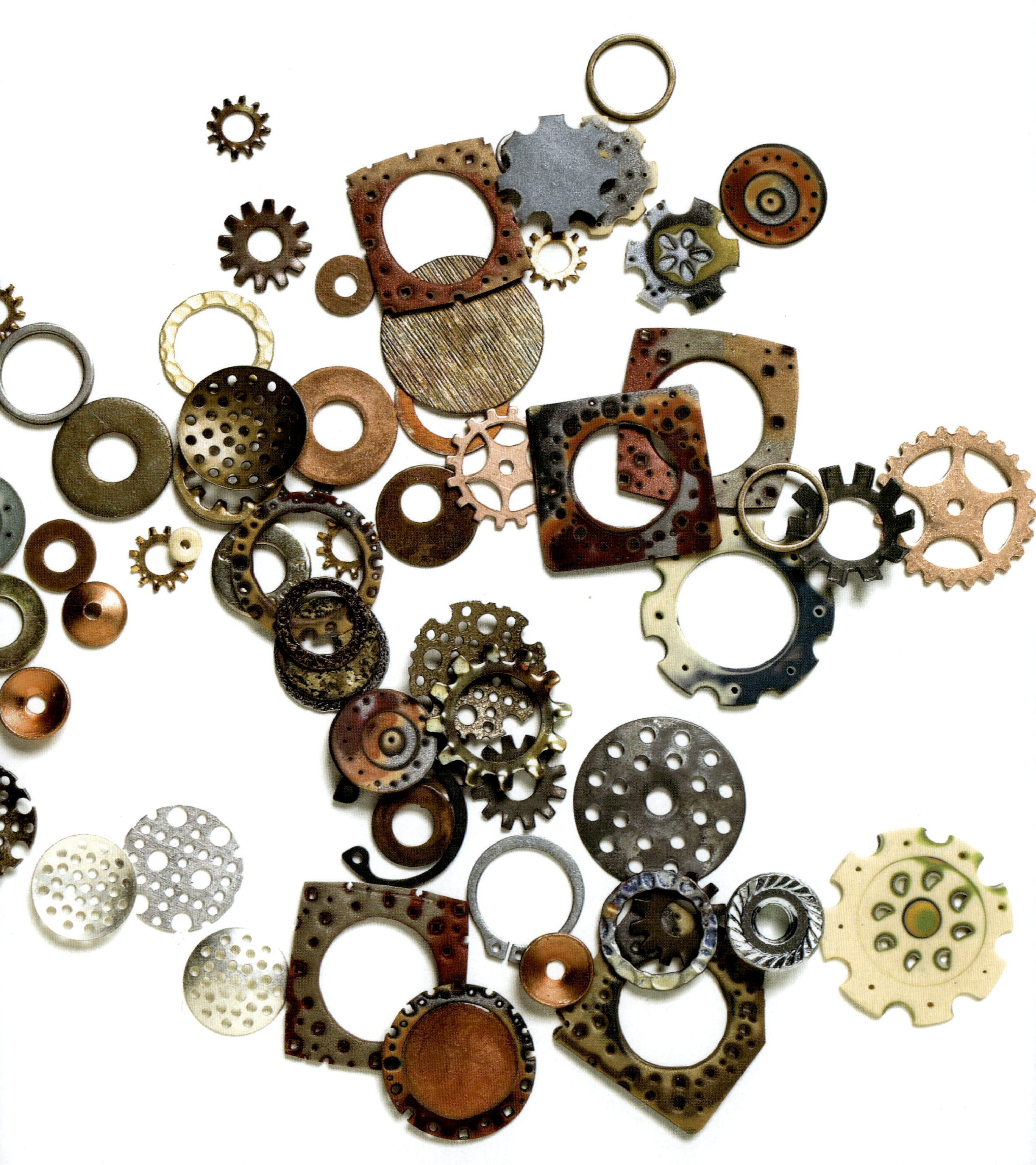

Kunstvoller Schmuck
zum Selbermachen

Prägetechniken mit
Fimo und anderen
Modelliermassen

Aus dem Englischen
von Rita Kloosterziel

Julie Picarello

Hanusch 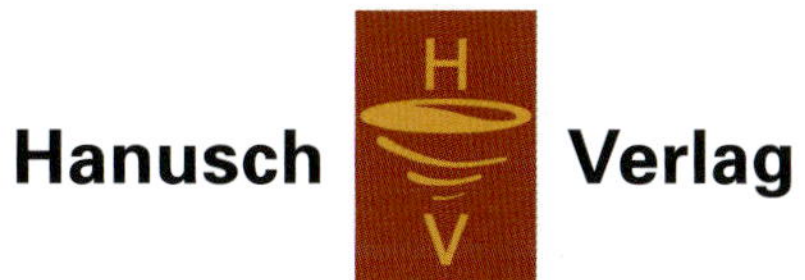 Verlag

 Die Originalausgabe erschien in Amerika unter dem Titel:

PATTERNS in POLYMER:
IMPRINT & ACCENT BEAD TECHNIQUES
bei
Kalmbach Books
21027 Crossroads Circle
Waukesha, Wisconsin 53186

Satz: Martin Kring, Lahnstein
Druck: Druckerei Dimograf, Bielsko-Biala

Die im Buch veröffentlichten Angaben und Ratschläge wurden von Autor, Übersetzer und Verlag sorgfältig geprüft. Eine Haftung für Sach- und Personenschäden ist jedoch ausgeschlossen.

Julie Picaello
Kunstvoller Schmuck zum Selbermachen. Prägetechniken mit Fimo und anderen Modelliermassen

Aus dem Englischen von Rita Kloosterziel
Die Übersetzerin dankt den Damen vom Sofa.

ISBN 978-3-936489-43-9

Hanusch Verlag
Zeppelinstraße 11
56075 Koblenz
Internet: hanusch-verlag.de
e-mail: info@hanusch-verlag.de

Die Schritt-für-Schritt-Fotos stammen von der Autorin. Sofern nicht anders angegeben, stammen alle anderen Fotos von Kalmbach Books.

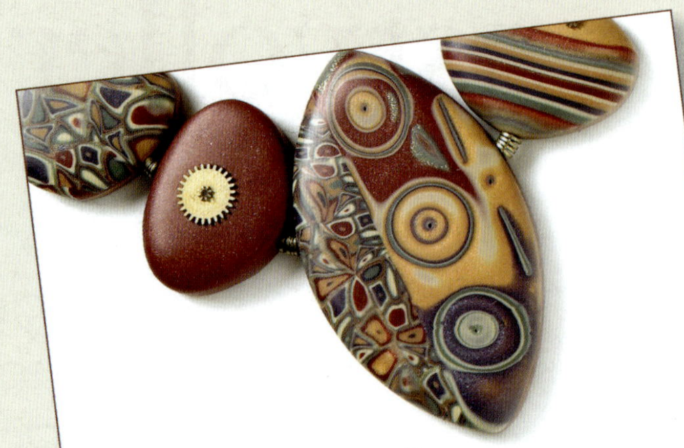

Ein Wort von Julie

Die Freude und Erfüllung, die ich als Künstlerin bei der Schmuckgestaltung empfinde, fließen durch meine Hände in jedes Stück, das ich mache. Ich stelle mir gerne vor, dass mein Schmuck dieses Gefühl der Freude wie ein geheimer Talisman an seine Trägerin weitergibt. Als Lehrerin erfahre ich eine ähnliche Erfüllung, wenn der Wunsch, etwas weiterzugeben, und der Wunsch zu lernen zusammentreffen. Wenn die Augen leuchten, wenn die Ideen nur so sprudeln – ich kann mir kaum etwas Schöneres vorstellen.

Kojiro Tomita drückt es vielleicht am besten aus:

Man sagt, dass die Kunst ein geheimer Treffpunkt ist, denn in der Freude an ihr begegnen sich Schöpfer und Betrachter.

Kojiro Tomita (1890-1976)
Leiter der Abteilung
für asiatische Kunst
am Museum of Fine Arts in Boston

Inhalt

Einleitung

Ich liebe Wörter. Sie bilden Pfade, die man erkunden, und Brücken, die man überqueren kann, und sie stoßen Fenster zu ungeahnten Visionen auf. Einzelne Wörter sind meist wie nebeneinander angeordnete Trittsteine, doch manchmal verbirgt sich hinter einem einzigen Wort eine ganze Geschichte.

Der englische Autor Horace Walpole prägte den Begriff „Serendipität", den er von „Serendip" ableitete, dem alten Namen für Sri Lanka. Wie er 1754 in einem Brief erläuterte, ging dieser Name auf das Märchen „Die drei Prinzen von Serendip" zurück, in dem die drei Hoheiten zu einer Suche aufbrechen und auf ihrer Reise ständig unerwartete Entdeckungen machen, die gar nichts mit dieser Suche zu tun haben.

Serendipität bedeutet für mich, einem bestimmten Weg zu folgen und dann über etwas vollkommen anderes zu stolpern. Es bedeutet, dass man am Wegesrand eine unbeabsichtigte Entdeckung macht, die sich als glückliche Fügung erweist. So hatte ich bereits einige Kunsthandwerktechniken und -materialien ausprobiert und arbeitete am liebsten mit Metall, als ich im Sommer 2004 in einem Moment purer Serendipität über Polymer Clay stolperte. Kurz darauf ereigneten sich zwei weitere Serendipitäten und führten mich auf den Weg, dem ich heute folge.

2004 wurde ich Mitglied bei Clayville California, einer wunderbaren Polymer-Clay-Gilde in Nordkalifornien. Dann hörte ich von der National Polymer Clay Guild (nun die International Polymer Clay Association), wurde auch dort Mitglied und hatte so Zugriff auf ihre riesige Bibliothek mit Büchern und Videos über Polymer Clay. Ich hatte noch nie nach einem Lernvideo gearbeitet, doch ich beschloss, mir eines zu leihen und es auszuprobieren. Ich entschied mich für „Mokume Gane" von Victoria (Tory) Hughes. Zu behaupten, dass das Video mich inspirierte, ist eine Untertreibung. Vielmehr hat es mich elektrisiert. Als ich es mir zur Hälfte angesehen hatte, schwirrte mir der Kopf vor „Was wäre, wenn"-Einfällen. Er schwirrte derart, dass ich das Video anhielt und an meinen Arbeitstisch rannte, um zu experimentieren.

Ich hatte schon von anderen Mokume-Gane-Versionen mit Polymer Clay gehört und fand sie recht interessant, aber alle möglichen Utensilien in den Clay drücken und dadurch Muster erzeugen? Torys Version des Mokume Gane war eine Offenbarung und fortan beschäftigte ich mich ausschließlich mit dieser Technik. Bis heute weiß ich nicht, was die zweite Hälfte ihres Videos enthält: Ich konnte mich nicht lange genug von meinem Arbeitstisch zu lösen, um es bis zum Ende anzusehen, bevor ich es zurückgeben musste.

Im Jahr darauf belegte ich einen Kurs bei Julia Converse Schober. Wir fertigten einen Anhänger aus Polymer Clay und Metallelementen, und im Laufe des Kurses erlebte ich einen dieser „Mensch!"-Momente, in dem man sich mit der Hand an die Stirn schlägt. Ich arbeitete ebenso gerne mit Metall wie mit Polymer Clay, doch es war mir nicht in den Sinn gekommen, beides zu verbinden. Als ich sah, wie Julia Metalldruckknöpfe und -röhrchen verwendete, begann ich, mich nach ungewöhnlichen Metallelementen umzusehen und die Uhrenteile, Scheiben und texturierten Metalle bei Polymer Clay einzusetzen, mit denen ich bis heute arbeite.

Anfang 2006 hatte ich schließlich meine ganz eigene kleine Nische gefunden: ein Material, dem meine Leidenschaft gehört, und die Prägetechniken, die ich nach und nach entwickelt hatte. Ich bin Tory und Julia und allen, die vor ihnen da waren, für ihre Bereitschaft dankbar, ihr Wissen mitzuteilen und andere zu inspirieren. Ich hoffe, mein Buch setzt diese lobenswerte Tradition für jene fort, die die Welt des Polymer Clay für sich entdeckt haben. Oder vielleicht auch für jene, die sie durch ihre eigenen Momente der Serendipität erst noch finden müssen.

J. Picarello

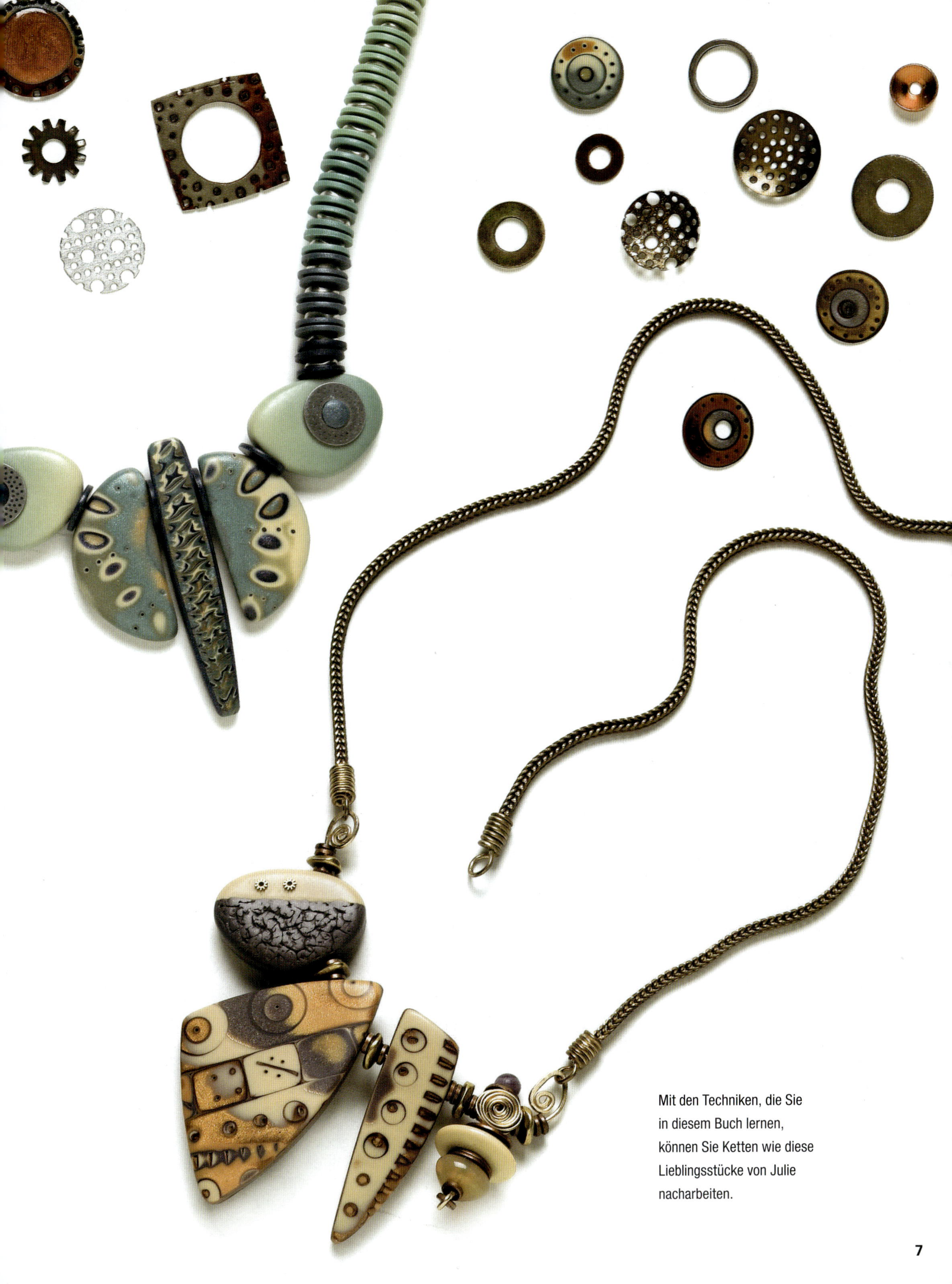

Mit den Techniken, die Sie in diesem Buch lernen, können Sie Ketten wie diese Lieblingsstücke von Julie nacharbeiten.

Ein Ausblick auf dieses Buch

Mit Polymer Clay erwartet Sie eine Welt voller Entdeckungen. Kein anderes Material ist derart vielseitig: Clay lässt sich modellieren, schnitzen, texturieren, bemalen, mit Tinten einfärben, zu unglaublich detaillierten Musterstangen verarbeiten und vieles mehr.

In diesem Buch geht es vor allem um eine einzige Technik: die Gestaltung von Perlen mit Hilfe einer Methode, die ich die *Prägetechnik* nenne – eine Arbeitsweise, die meine Fantasie seit vielen Jahren fesselt und immer wieder mit Überraschungen aufwartet. Außerdem lernen Sie, Metallelemente einzupassen und sie sicher mit dem Clay zu verbinden. Dieses Buch enthält nicht all die grundlegenden Informationen über Clay, die Sie ausführlich und gut erklärt an anderer Stelle finden können. Heutzutage steht Anfängern eine Vielzahl von Informationen zur Verfügung, die eine große Bandbreite an Techniken und Projekten mit diesem erstaunlichen Material abdecken. Dieses Buch richtet sich an diejenigen, die bereits Erfahrungen mit Clay gemacht haben.

Auf knapp 100 Seiten zusammengefasst finden Sie in den Informationen und Projekten das, was ich in jahrelangen Experimenten über Farben, Werkzeuge, Dreidimensionalität, abschließende Bearbeitung, Akzente und mehr gelernt habe.

Das Gefühl gespannter Erwartung, mit dem Sie die erste Scheibe von einem geprägten Stapel von Clayschichten abheben, ist unvergleichlich. Hat sich der Abdruck gut übertragen? Ist der Farbverlauf so, wie Sie es sich vorgestellt haben? Zeigen Blattmetall, Farbe oder Tinte den gewünschten Effekt? Ich merke, wie ich die Luft anhalte, wenn ich meine Klinge durch einen Stapel ziehe, und dann begeistert aufatme, wenn ich das Ergebnis sehe.

Ich hoffe, dass Sie bei der Arbeit mit diesem Buch dasselbe Gefühl gespannter Erwartung und dieselbe Begeisterung erleben und voller Zufriedenheit Ihre einzigartige und wunderschöne Perlenkunst betrachten.

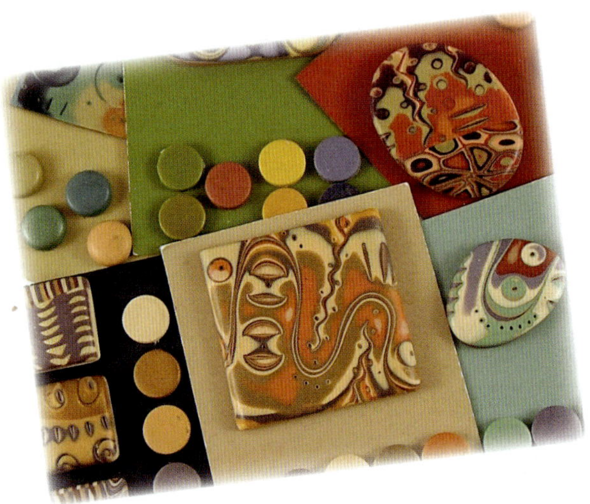

FARBE

Inspiration, Lieblingskombinationen und Mischtipps, die vielleicht mit der einen oder anderen Überraschung aufwarten.

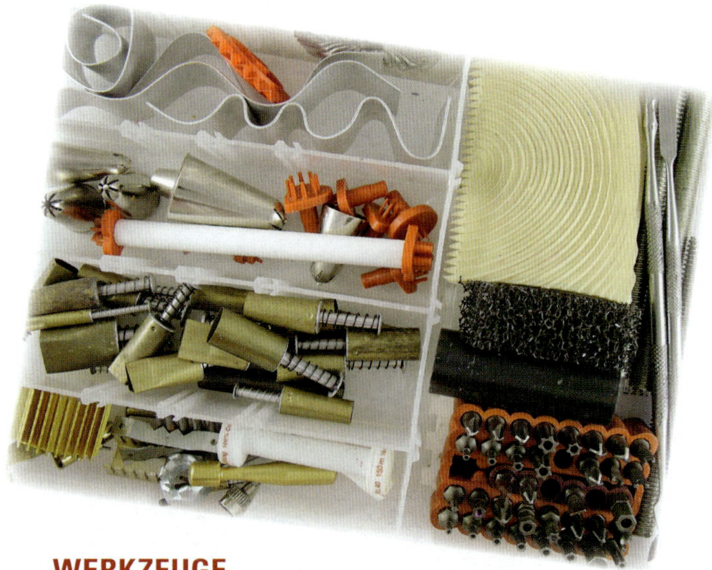

WERKZEUGE

Werfen Sie einen Blick in meine „geheime" Werkzeugkiste mit ihren unterschiedlichen Prägewerkzeugen und sammeln Sie Ideen für Ihre eigene Kollektion.

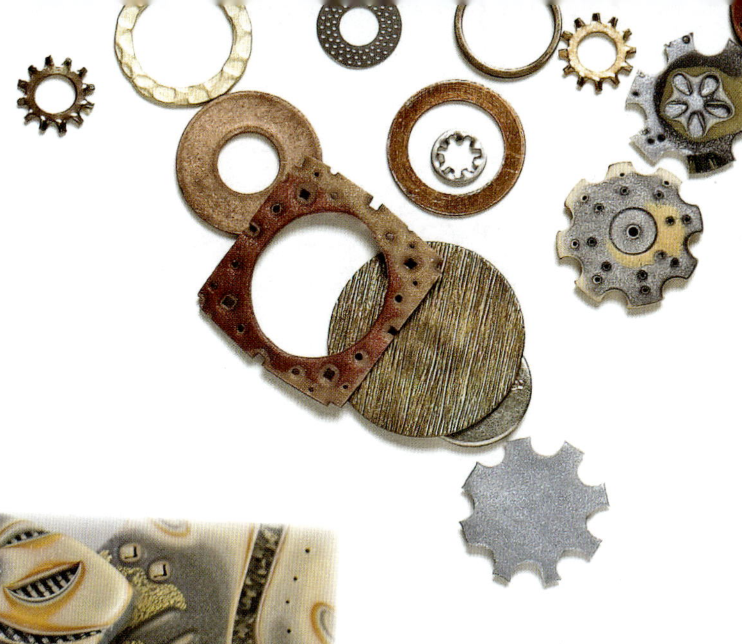

Ich merke, wie ich die Luft anhalte, wenn ich meine Klinge durch einen Stapel ziehe, und dann begeistert aufatme, wenn ich das Ergebnis sehe.

RÄUMLICHE WIRKUNG

Künstlerperlen mit Tiefe, Textur und Mustern.

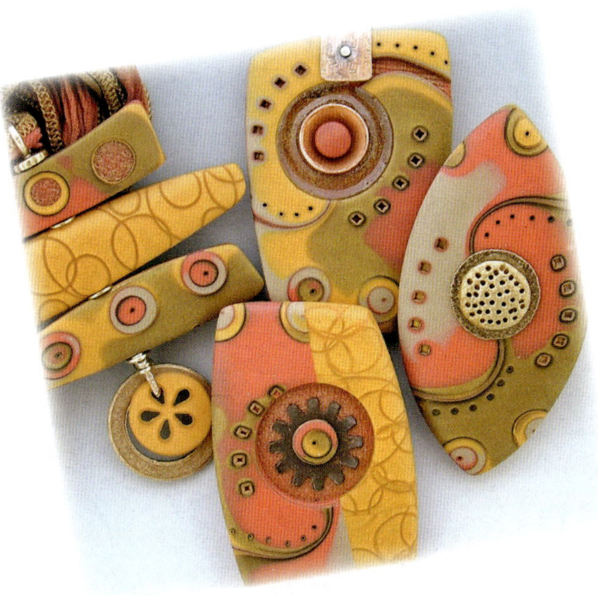

AKZENTE

Metallelemente als Blickfang, mit Nieten oder farbigem Kunstharz betont.

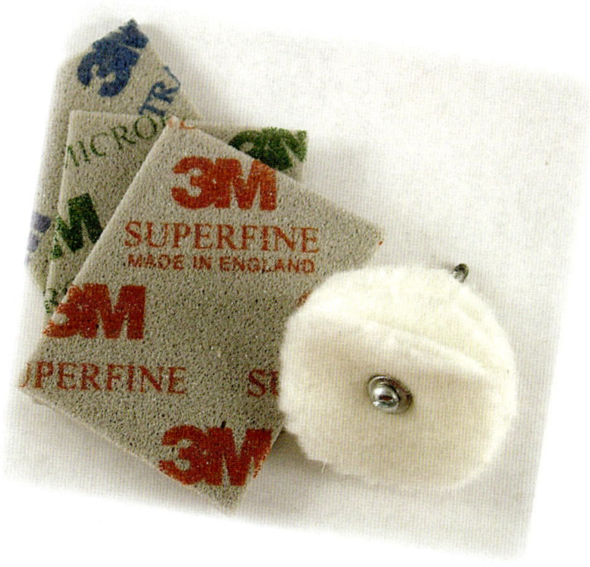

FINISH

Lernen Sie, wie wichtig die gründliche abschließende Bearbeitung ist und wie leicht man eine glatte, seidige Oberfläche erzielt.

Erste Schritte

Die Modelliermasse, aus dem die Projekte in diesem Buch gefertigt sind, heißt Polymer Clay, Clay oder einfach PC, ist vielseitig und preiswert und leicht zu beschaffen. Im folgenden Kapitel lernen Sie einige der Clay-Sorten kennen, die es auf dem Markt gibt, und erfahren, welche Grundausstattung an Werkzeugen und Materialien Sie brauchen. Am Ende des Buches finden Sie Anleitungen für Perlen und anderen Schmuck.

Zunächst gehen wir etwa 300 Jahre zurück zur alten Kunst des Schwertschmiedens, die als Inspiration der Prägetechnik diente.

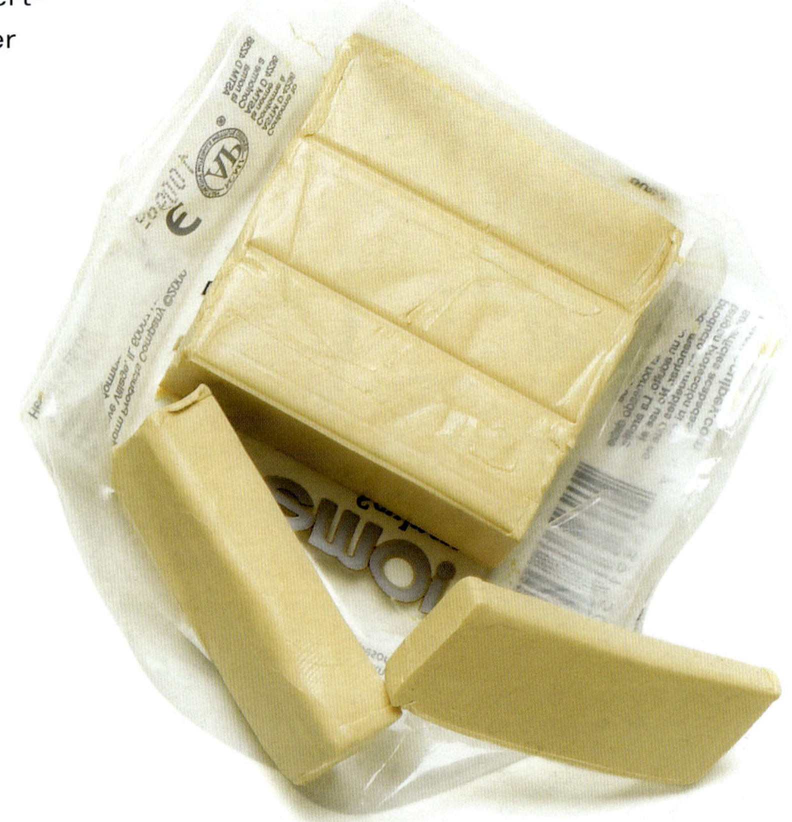

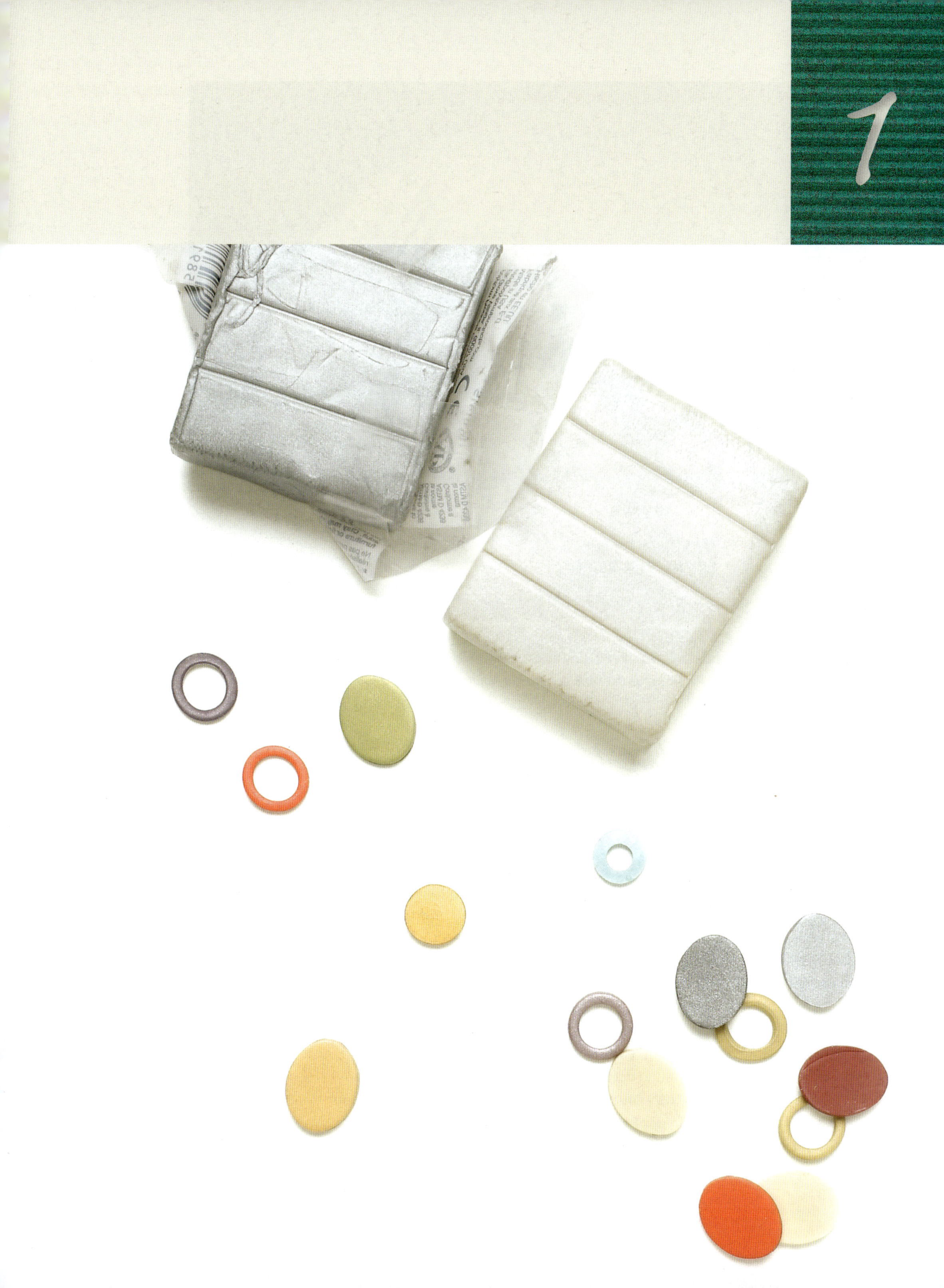
1

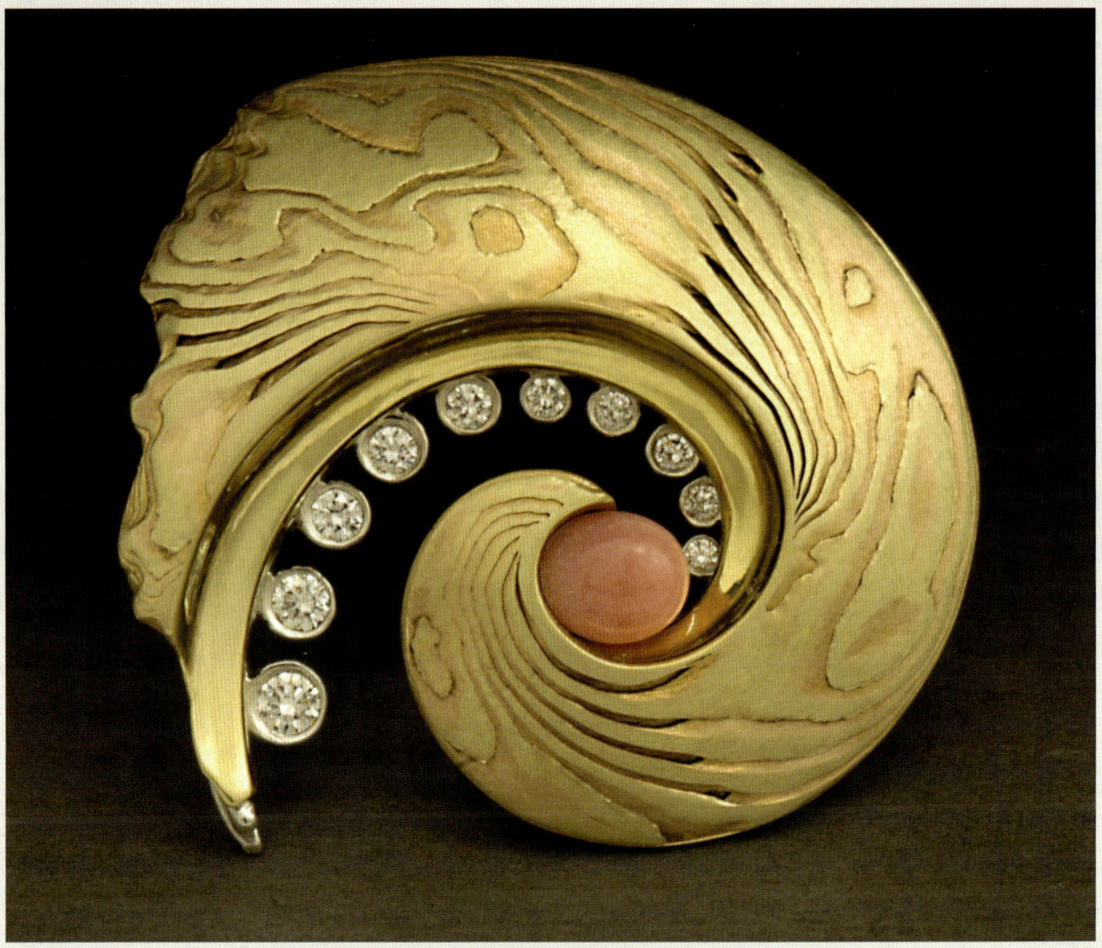

Steve Midgett, *Conch Pearl Pin [Brosche mit Perle der Großen Fechterschnecke]*, 2005.
18 kt Gelb- und Rotgold, Platin, Diamanten. *Foto: Steve Midgett.*

Clay und die Kunst des Mokume Gane

Meine Prägetechnik entspringt einer alten japanischen Schmiedetechnik. Im 17. Jahrhundert gelang es dem Waffenschmied Denbei Shoami, unterschiedliche Metalle schichtweise miteinander zu verbinden. Beim Schmieden und Schnitzen dieses Schichtblocks entstanden einzigartige Muster auf der Metalloberfläche. Zunächst wurden mit dieser Technik Schwertbeschläge gefertigt, später wurde sie auch im Kunsthandwerk angewandt.

Im Laufe der Jahre wurde das Wissen um diese Technik, die man Mokume Gane (mokume = Holzmaserung, gane = Metall) nannte, von geschickten Handwerkern weitergereicht und vertieft. In den 1970ern entdeckte das Ehepaar Pijanowski in den USA neue Möglichkeiten der Metallverbindungen und wandte die alte Kunst in der Schmuckherstellung der Gegenwart an. Heute sind es Künstler wie Steve Midgett, James Binnion und Andrew Nyce, die Mokume Gane weiter erkunden und entwickeln.

Ich bewege mich auf dem feinen Grat zwischen streng geführten Schmuckformen und der organischen Zwanglosigkeit gemusterter Metalle, die ihnen ihre Seele geben.
Steve Midgett

Ich liebe die feinen Streifenmuster der Schichten, die sich ineinander wölben und sich begegnen, ohne sich zu überlappen.
Tory Hughes

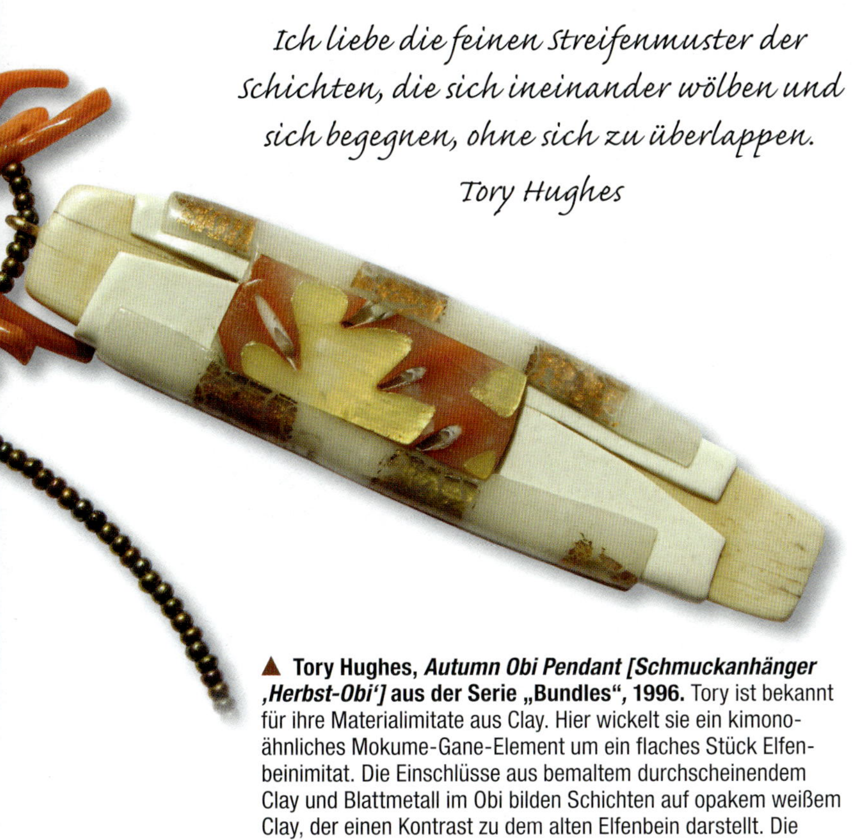

▲ **Tory Hughes, *Autumn Obi Pendant [Schmuckanhänger ‚Herbst-Obi']* aus der Serie „Bundles", 1996.** Tory ist bekannt für ihre Materialimitate aus Clay. Hier wickelt sie ein kimonoähnliches Mokume-Gane-Element um ein flaches Stück Elfenbeinimitat. Die Einschlüsse aus bemaltem durchscheinendem Clay und Blattmetall im Obi bilden Schichten auf opakem weißem Clay, der einen Kontrast zu dem alten Elfenbein darstellt. Die anmutig geschwungenen Kanten des opaken Clays sind viel interessanter als ein bündiger Abschluss. *Foto: Tory Hughes.*

▼ **Tory Hughes, *Reef Ruffle Brooch [Brosche mit Rüsche]*, 2009.** An dieser Brosche wird die dramatische Wirkung des Negativraums deutlich. Feine Scheiben verschiedener perlmuttfarbener Clays bilden einen schimmernden Hintergrund für die lebhafteren metallischen Farben. Die Rüsche macht eigenständige Elemente aus den beiden Perlmuttfarben und fügt eine Räumlichkeit hinzu, die die Form der Brosche hervorhebt. *Foto: Tory Hughes.*

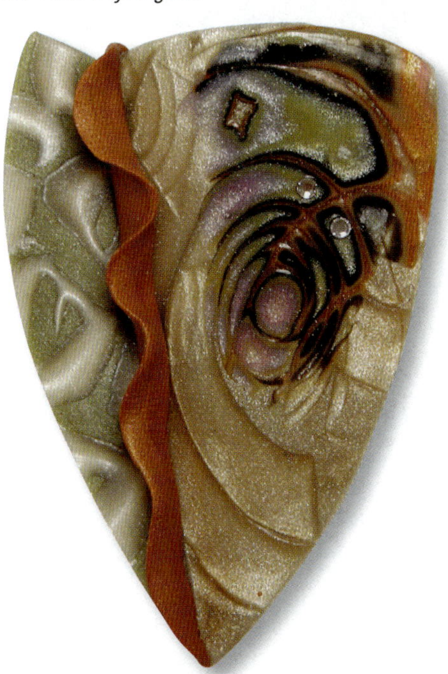

Und was hat das alles mit Clay zu tun?

Als Nan Roche, eine frühe Wegbereiterin von Polymer Clay, bemerkte, dass viele Clay-Künstler ursprünglich von anderen Kunsthandwerken stammten (nicht zuletzt, weil ofenhärtende Modelliermassen damals in den USA kaum bekannt waren), begann sie, sich Materialien wie Fasern und Metalle genauer anzusehen und zu überlegen, wie man sie mit Clay verbinden könnte. Ein Buch des Goldschmieds Oppi Untracht brachte sie auf den Zusammenhang zwischen Mokume Gane und Clay. In *The New Clay*, ihrem bahnbrechenden Buch über Clay, wandte sie die Mokume-Gane-Technik mit Gummistempeln an. Das wiederum inspirierte andere Clay-Pioniere, sich weiter mit Mokume Gane zu beschäftigen.

Tory Hughes setzte die alte Technik auf ihre Weise um und eine zufällige Bemerkung von Nan führte zu ersten Experimenten mit Blattmetall, Acrylfarben und durchscheinendem Clay. Lindly Haunani entwickelte diese Idee weiter, indem sie gefärbten durchscheinenden Clay benutzte und eine Methode einführte, bei der die Clay-Schichten durch Druck von unten verschoben wurden. Celia Fago brachte mit Perlmuttfarben und Schwarz irisierende Schimmer und Kontraste ins Spiel und Donna Kato führte eine Spiralcane mit durchscheinendem Clay ein. Andere Künstler entwickelten unterschiedliche Methoden, den Clay zu schichten, und erfanden einzigartige Wege, den Schichtstapel zu verändern. Kathleen Amt schnitt mit Keramikwerkzeugen Rillen in den Stapel, die sie verbreitete, um die tiefer liegenden Schichten freizulegen. Marie Segal experimentierte mit Skinner-Blends und erzeugte ungewöhnliche Muster mit Wellenmessern. Abgewinkelte Schnitte und das Umformen von Schichten durchscheinenden Clays und Blattmetalls gehen auf Kathleen Dustin zurück. Ich staune immer wieder, wie Fertigkeiten und Erfindungsgeist von Künstlern den Samen einer Idee nähren, sodass ein weit verzweigter, aber immer noch ineinander verschlungener Weinstock daraus wird.

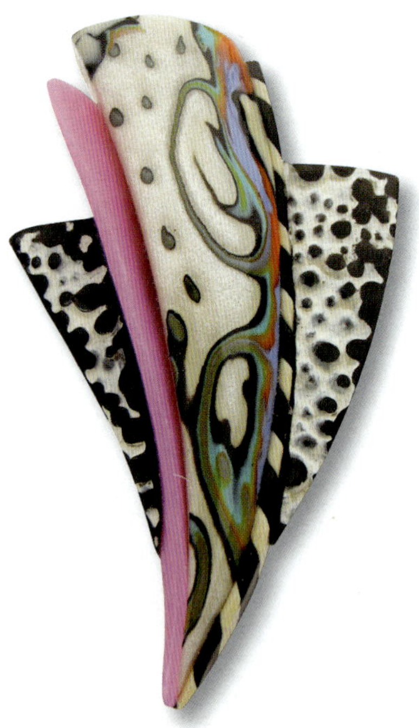

▲**Tory Hughes, *Pearlwing Reef Brooch [Perlenflügelriff-Brosche],* 2008.** Diese Brosche hat alles: Form, Farben, Textur und räumliche Spannung. Das zentrale Gestaltungselement aus opaken Mokume-Gane-Farben über Perlmuttfarben wird von zwei asymmetrischen Flügeln eingerahmt, auf denen die weiße Farbe die ledrige Textur hervorhebt. Die „Rückenflosse" aus lebhaftem Pink grenzt die Elemente deutlich voneinander ab. Rechts vom Mokume-Gane-Teil sorgt ein gedrehter, fast verborgener Streifen aus Schwarz und Elfenbein für einen sanften Übergang zu dem texturierten Flügel. Lebhaft und voller Bewegung. *Foto: Tory Hughes.*

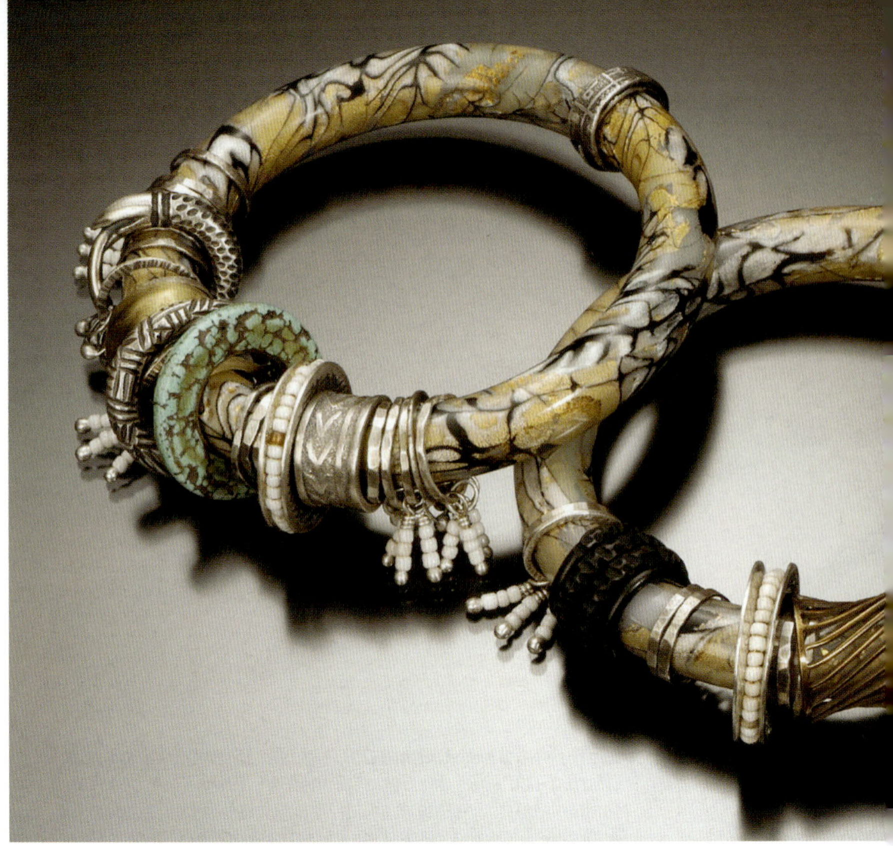

▲**Celie Fago, *Mokume Bracelets [Mokume-Armreifen],* 2004-2009.** Clay, 23,5 kt Blattgold, Fein-, Sterling-, Argentiumsilber, Messing, Bronze, 18 kt Gold, Glasperlen. Wenn die Armreifen modelliert und gehärtet sind, nimmt sich Celie Monate, manchmal gar Jahre Zeit, die dekorativen Elemente herzustellen. Alle Metalle sind aus Metallclay modelliert, zusammengesetzt oder geschnitzt. Für mich stellt die bunte Mischung aus Metall, Steinen und Perlen den perfekten Kontrast zur eleganten Einfachheit des Mokume-Gane-Musters dar. *Foto: Robert Diamante.*

Andere Techniken als Mokume Gane hinzuzufügen, die aber durch Muster, Farben und andere Aspekte mit Mokume Gane verwandt sind, macht ein Stück noch lebendiger.

Tory Hughes

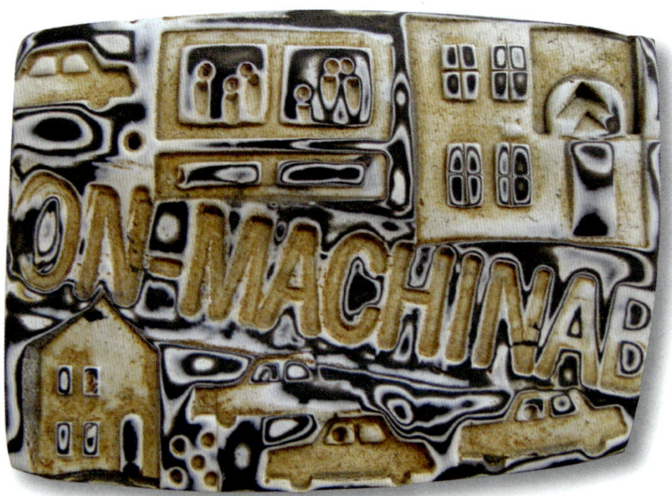

▲**Tory Hughes, *Non-Machinable Infinite Mokume Gane teaching example [Nicht maschinell bearbeitbares, unendliches Mokume Gane, Beispiel für Lehrzwecke],* 2004.** Tory schreibt Pier Volkous die ersten, für nachfolgende Künstler so fruchtbaren Arbeiten mit texturierten micahaltigen Clays zu. Scheiben von einem mit einem hölzernen Druckstempel geprägten Block aus Perlmuttclay zeigen negative Abdrücke des Musters. Wie bei den Broschen setzt Tory auch hier perlmuttschimmernde Muster gekonnt gegen mattere Elemente. *Foto: Tory Hughes.*

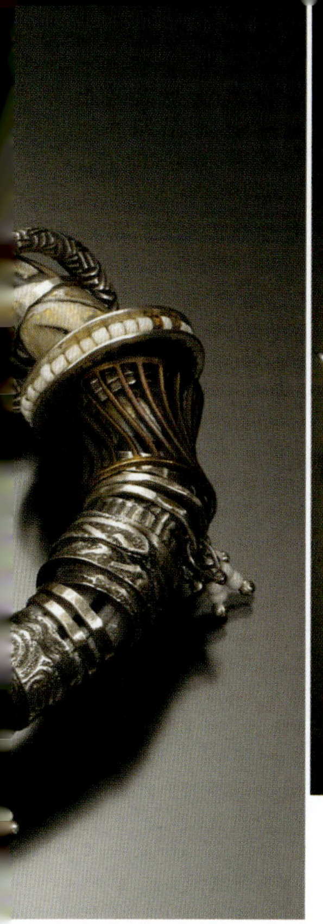

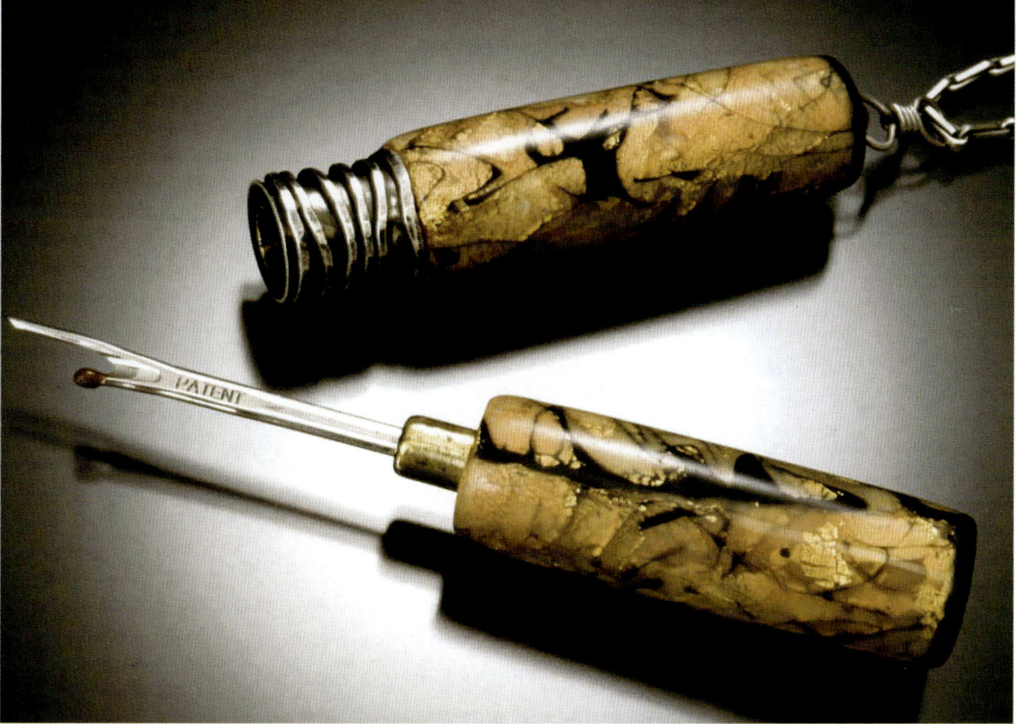

Celie Fago, 2004. Hier verwendet die angesehene Künstlerin ihre typische Mokume-Gane-Technik mit Permuttclay für einen ebenso dekorativen wie praktischen Nahttrenner. *Foto: Robert Diamante.*

*Seit den frühen 90ern kombiniere ich Metall und Clay. Für sich genommen schien mir Clay zu leicht, durch Metall bekam er tatsächliches und auch ästhetisches Gewicht ...
Alles an Mokume Gane faszinierte mich, von dem Moment an, als ich Nans Arbeiten zum ersten Mal sah. Diese Technik ließ sich ohne Probleme anpassen und in eine eigene Richtung entwickeln.*

Celie Fago

An dieser Technik gefällt mir vor allem, dass es fast unmöglich ist, Fehler zu machen, und dass die schimmernden Schichten tatsächlich einen Eindruck von Tiefe entstehen lassen.

Lindly Haunani

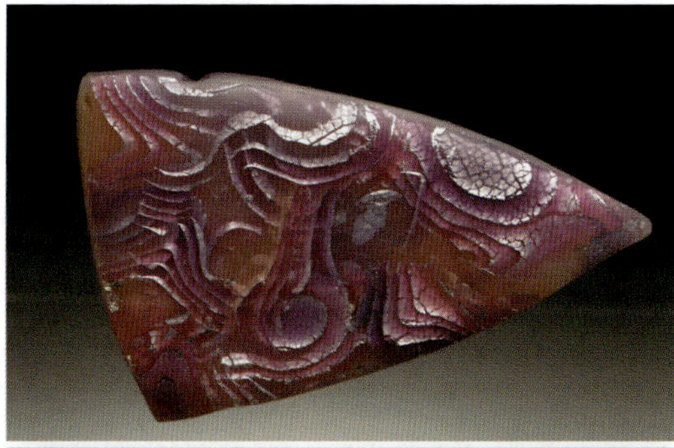

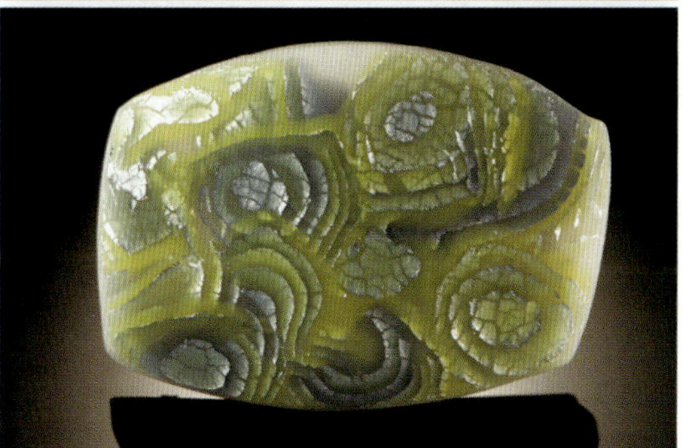

▲ **Lindly Haunani, *Tinted Translucent Clay with Aluminium Leaf [Gefärbter durchscheinender Clay mit Blattaluminium]*, 2005.** Lindly Haunani ist bekannt für ihre Version des Mokume Gane mit gefärbtem durchscheinendem Clay, bei dem die Zwischenschicht aus Blattaluminium betont wird. Diese zarten, leichten und luftigen Stücke fesseln den Betrachter mit ihren Wirbeln aus Blattmetall und ihren feinen Farbnuancen. *Fotos: David Terao.*

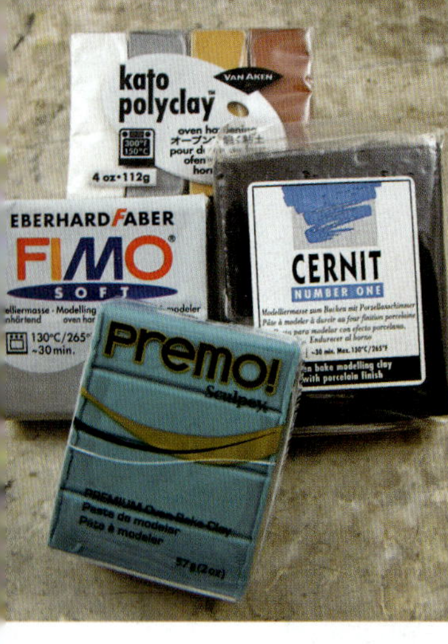

Über Polymer Clay

Es gibt verschiedene Clay-Marken auf dem Markt und sie alle weisen unterschiedliche Eigenschaften und Vor- und Nachteile auf. Egal ob Sie Figuren modellieren, eine Millefiori-Cane machen oder in erster Linie mit Oberflächen arbeiten wollen: Ihr Projekt entscheidet, welche Clay-Sorte für Sie die „richtige" ist.

Clay-Sorten

Für meine Prägearbeiten nehme ich Premo-Clay, und alle hier genannten Farben beziehen sich auf die Palette dieser Marke. Nach dem Konditionieren ist Premo weder zu weich noch zu fest und lässt sich gut schneiden, ohne dass das Prägemuster sich verzieht.

Kato Polyclay und Fimo Classic sind fester als Premo. Man verwendet sie meist für Millefiori-Canes und zum Modellieren, weil sie formstabil sind und Canes sich ohne Verziehen reduzieren lassen. Ich habe Kato Polyclay geprägt und festgestellt, dass sich beim Schneiden ein klarer Abdruck zeigt.

Sculpey und Fimo Soft sind meist zu weich für saubere Schnitte, vor allem, wenn sie warm sind. Daher nehme ich sie lieber nicht zum Prägen.

Ein kurzer Test mit Cernit zeigte gute Ergebnisse beim Schichten und Schneiden, allerdings habe ich noch nicht oft mit dieser Sorte gearbeitet. Grundsätzlich gilt: Suchen Sie sich die Clay-Sorte, mit der Sie am besten zurechtkommen.

Clays mischen

Kann man unterschiedliche Sorten mischen? Unbedingt. Viele Leute mischen die Sorten ganz selbstverständlich, weil sie z.B. den durchscheinenden oder metallischen Clay einer Marke bevorzugen. Allerdings variieren die Härtetemperaturen je nach Marke. Premo härtet bei 135° C, Kato Polyclay dagegen bei 150° C. Wenn Sie Sorten mischen, sollten Sie die höhere Temperatur wählen, damit der Clay durchhärtet, auch wenn Sie dabei den Clay mit der niedrigeren Härtetemperatur möglicherweise versengen. Bei Clay einer einzigen Marke oder Sorten mit derselben Härtetemperatur haben Sie keine Probleme mit der Temperatur.

Auslaugen – ja oder nein?

Clay ist besser, wenn er ein bisschen älter ist. Frisch vom Hersteller ist er normalerweise sehr weich und meist zu formbar. Wenn Sie ihn an einem kühlen trockenen Ort in der Verpackung liegenlassen, hat er nach einigen Monaten die Konsistenz, mit der sich gut arbeiten lässt. Falls Sie nur frischen neuen Clay zur Hand haben, können Sie ihn auslaugen und ihm so etwas vom Weichmacher entziehen: Walzen Sie ihn streifenweise aus und legen Sie ihn für kurze Zeit zwischen zwei Blätter Papier. Wenn der Weichmacher aus dem Clay gezogen wird, erscheint auf dem Papier ein öliger Fleck. Sie können den Vorgang nun mit frischem Papier fortsetzen. Wenn ich wenig Zeit habe, wende ich die Turbo-Methode an und setze mich auf den in Papier eingewickelten Clay, um das Auslaugen zu beschleunigen.

Durch das Auslaugen wird der Clay zwar schnell fester und leichter verarbeitbar, wenn man ihm allerdings zu viel Weichmacher entzieht, wird er trocken und krümelig und ist nach dem Härten weniger stabil.

Konditionieren

Metall wird getempert, um seine Festigkeit und Härte zu beeinflussen. Dazu wird es stark erhitzt; nach dem Tempern ist es weicher und lässt sich daher leichter bearbeiten und formen. Auch Clay wird vorbereitet oder konditioniert, damit er biegsam und leichter zu verarbeiten ist. Durch das Walzen wird das weichmachende Bindemittel gleichmäßig im Clay verteilt, sodass die PVC-Partikel beim Härten sich richtig miteinander verbinden können. Es gibt keine klaren Angaben, wie oft man den Clay durch die Nudelmaschine drehen oder wie lange man ihn von Hand bearbeiten sollte, um ihn gut zu konditionieren. Entscheidend ist, wie sich der Clay anfühlt: Er sollte so weich sein, dass man ihn problemlos falten kann und am Falz keine Risse entstehen.

Je mehr Sie den Clay kneten, Kugeln oder Schlangen daraus formen, desto größer ist die Gefahr, dass Sie Lufteinschlüsse einarbeiten. Sie lassen sich zwar aufstechen oder mit einer scharfen Klinge aufschlitzen, sodass die Luft entweichen kann, doch ich habe die Erfahrung gemacht, dass bei der Faltmethode wesentlich weniger Luftblasen entstehen.

Konditionieren durch Falten

1 Zerschneiden Sie den Clay-Block in 3 mm dicke Scheiben.

2 Walzen Sie jede Scheibe beim zweitgrößten Walzenabstand durch die Nudelmaschine.

3 Legen Sie zwei Scheiben nebeneinander und walzen Sie sie bei derselben Einstellung durch.

4 Fügen Sie bei derselben Einstellung jeweils eine Scheibe hinzu, bis Sie eine zusammenhängende Clayplatte haben.

5 Stellen Sie den drittgrößten Walzenabstand ein und drehen Sie den Clay durch.

6 Stellen Sie den viertgrößten Abstand ein und walzen Sie den Clay durch.

7 Lassen Sie den Walzenabstand unverändert. Falten Sie die Clayplatte auf die Hälfte und drehen Sie sie durch die Nudelmaschine.

8 Falten und walzen Sie den Clay durch, bis er ausreichend konditioniert ist. Stellen Sie dabei nach und nach immer größere Walzenabstände ein, bis Sie die breiteste Einstellung erreichen.

Wenn die Nudelmaschine auf den größten Walzenabstand eingestellt ist, kann es leichter passieren, dass sich die Walzen verschieben, wenn Sie große Mengen Clay durchdrehen. Diese Gefahr besteht vor allem bei zu festem Clay. Aus diesem Grund beginne ich das Konditionieren nie mit dem größten Walzenabstand.

Ungehärteten Clay aufbewahren

Polymer Clay ist zwar eine Plastikart, im ungehärteten Zustand reagiert er jedoch auf bestimmte andere Plastikarten und zersetzt sie. Daher eignet sich nicht jeder Plastikbehälter zur Aufbewahrung, es gibt aber zahlreiche Möglichkeiten: Prospekthüllen, Frischhaltefolie, Plastiktüten, Plastikdosen usw. Wie der Clay reagiert lässt sich nicht vorhersagen; mit der Zeit zeigt sich, ob ein Material sicher ist. Ich kaufe mir im Restaurantbedarfshandel weiche Plastikbögen und habe damit gute Erfahrungen gemacht.

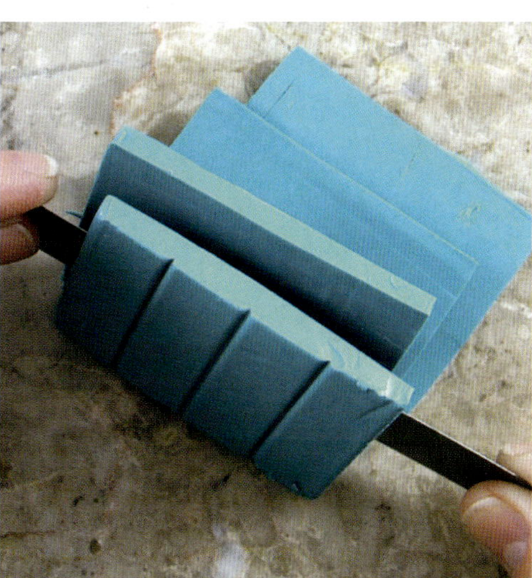

Die einfache Falttechnik verhindert, dass beim Konditionieren Luftblasen im Clay eingeschlossen werden. Schneiden Sie den Clayblock zunächst in 3 mm dicke Scheiben.

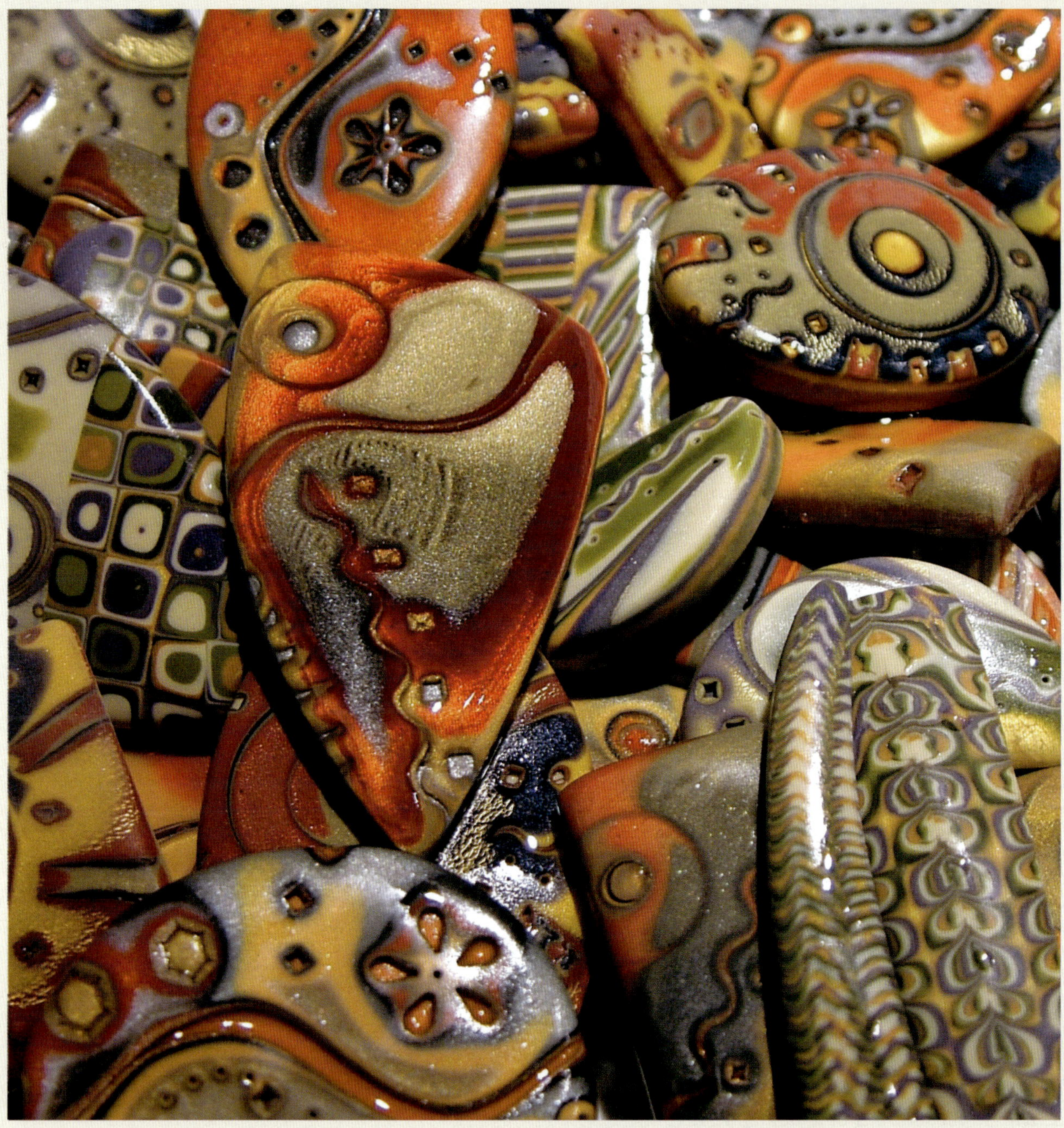

Farbe ist meine immerwährende Leidenschaft, meine Freude, meine Qual.

Claude Monet

Farben über Farben

Eine der Freuden, die die Arbeit mit Clay bringt, ist die Möglichkeit, einzigartige Farben und Farbkombinationen zu schaffen. Man muss die Farben nicht so nehmen, wie sie aus der Verpackung kommen – schließlich ist eine nahezu unbegrenzte Bandbreite an Farben nur einen Wimpernschlag entfernt!

Farbenmantra: Es gibt keinen Abfall

Bevor Sie Clayfarben für die Prägetechnik auswählen, müssen Sie zunächst überlegen, welche Farben gut zueinander passen. Manche Leute scheinen ein intuitives Gespür für Farben zu haben und wissen instinktiv, welche Farben harmonieren oder einen schönen Kontrast bilden, andere dagegen finden die Farbauswahl schwierig. Doch alle haben bisweilen Probleme, genau die Farben zu mischen, die sie sich vorstellen.

Der Gedanke ans Mischen kann abschreckend wirken. Manche Leute fürchten, dass ihnen die gewünschten Farben misslingen und sie dann mit Clay in einer unbrauchbaren Farbe dastehen. Daher ist hier das Mantra, das Sie sich vorsagen sollten, wenn Sie anfangen zu mischen: Es gibt keinen Abfall. Wirklich nicht. Clay zu mischen, ist wie einen Weg mit abzweigenden Pfaden entlangzugehen. Sie mischen zwei Farben und schlagen damit eine bestimmte Richtung ein. Fügen Sie von einer der Farben noch etwas mehr hinzu und Sie gehen auf demselben Weg rückwärts. Mischen Sie eine dritte Farbe dazu und schon sind Sie rechts abgebogen. Zu wissen, was bei den Farbmischungen herauskommt, lässt Sie diesen Pfad ohne Zögern entlanggehen, doch selbst, wenn Sie einmal falsch abzweigen und eine Farbe bekommen, die Ihnen nicht gefällt, können Sie rasch eine brauchbare Farbe daraus machen.

Wenn ich einen geprägten Schichtenstapel verarbeitet habe, mache ich aus den Resten eine neue Mischung. Dabei kommen meist herrliche Kaki-, Taupe- oder Olivtöne heraus. Oft bekomme ich aber auch ein schmutziges Pink, das einfach nur hässlich aussieht. Dann füge ich einfach Rot, Violett oder Karminrot hinzu – eine Farbe aus derselben Familie mit einem hohen Sättigungsgrad – bis eine schöne neue Mischung herauskommt. Bis ich diese Mischungen irgendwann in Prägestapeln brauche, bewahre ich sie in meiner „Mischkiste“ auf.

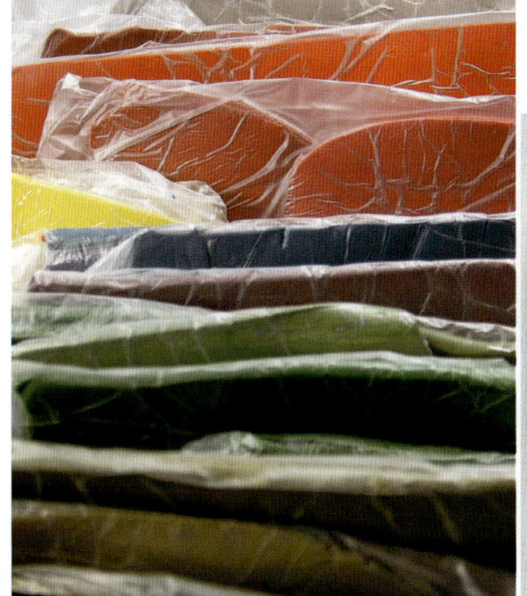

In meiner Mischkiste warten wundervolle Farben.

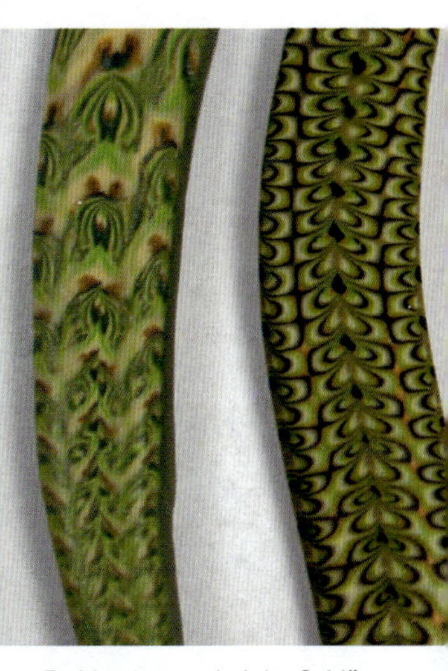

Farbkontraste sind der Schlüssel zu effektvollen Mustern. Vergleichen Sie diese beiden Beispiele: Auf dem linken ist das Muster verschwommen, der Kontrast zwischen den Farben ist nicht groß genug. Auf dem rechten sind helle und dunkle Farben klarer gegeneinander abgegrenzt.

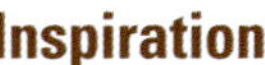

Zu wissen, dass Sie eine Clayfarbe nicht unwiderruflich verderben und dass Sie jede Farbe „retten“ können, hilft Ihnen hoffentlich, Ihre Furcht vor dem Mischen abzulegen und zu experimentieren.

Inspiration

Inspiration für Farbzusammenstellungen finden Sie überall im Alltag. Die Kleidung, die wir tragen, die Bilder und andere Kunstgegenstände zu Hause, die Möbelstoffe – selbst die Speisen, die wir zu uns nehmen. In der Farbenabteilung eines Baumarktes finden Sie Farbmuster und Prospekte, die eine wunderbare Quelle der Inspiration darstellen. Auch Zeitschriften, vor allem die über Stoffe und Kunsthandwerk, enthalten eine Menge Farbideen.

Beim Aufbau eines Schichtenstapels für die Prägetechnik fangen Sie mit vier Hauptfarben an, z.B. mit zwei hellen und zwei dunklen. Die Farben müssen nicht nur harmonieren, sie müssen auch so kontrastieren, dass ein klarer und gut sichtbarer Abdruck entsteht. Ohne ausreichenden Kontrast verschwimmen Farben und Muster.

Wenn Sie sich von Stoffen oder Kunstwerken inspirieren lassen, wählen Sie vier der Farben aus, die Ihnen am besten gefallen und achten gleichzeitig auf den notwendigen Kontrast.

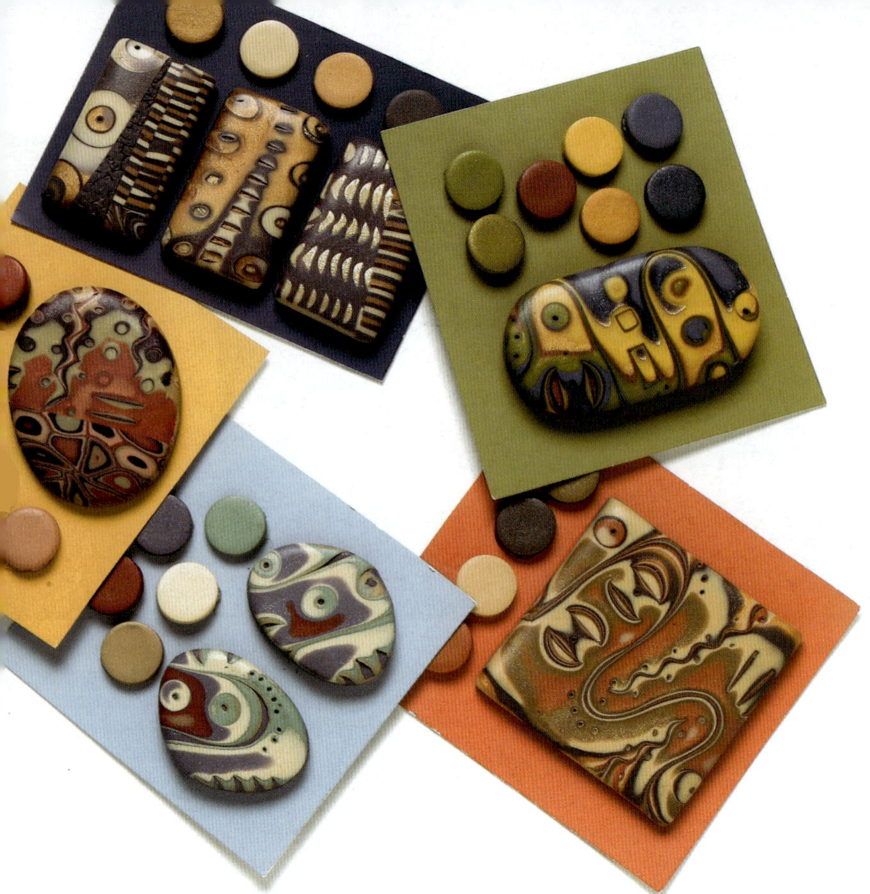

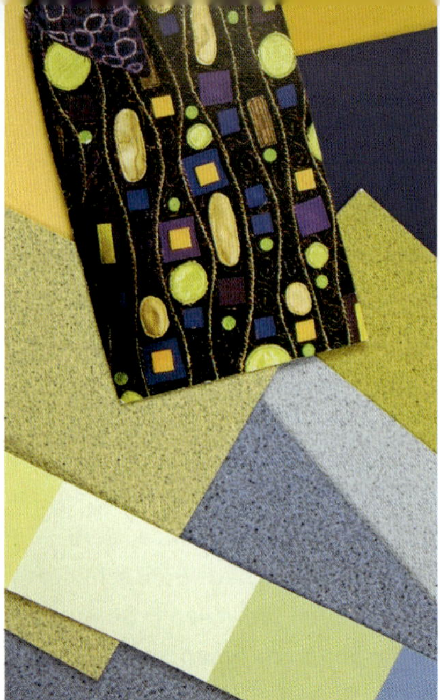

Von einem Stoffrest oder einem Bild aus einer Zeitschrift lassen sich herrliche Farbkombinationen ableiten. Die eisblauen, blau-violetten, dunkel limonen- und moosgrünen Farbkarten ähneln sich im Ton, heben sich aber dennoch gut voneinander ab. Das dunkle Limonengrün bildet auch mit dem Farbbeispiel aus einer Zeitschrift einen guten Kontrast – Aubergine, Senf und ein blasses, cremiges Gelb.

Um Ihre gelungenen Farbrezepte festzuhalten, stechen Sie von jeder Schicht einen Kreis aus, härten ihn und kleben ihn zusammen mit einer Perle auf eine Farbmusterkarte. Notieren Sie das Rezept auf der Rückseite.

Farben mischen

Wenn Sie eine Vorstellung von Ihrer Farbkombination haben, müssen Sie sie im nächsten Schritt auf Clay übertragen. Beginnen Sie mit sehr kleinen Claymengen, damit kommen Sie normalerweise recht weit. Oft zerteile ich eine 56 g-Packung in Achtel, wobei ein Achtel einen Mischanteil darstellt.

Denken Sie daran, was Sie in der Schule über Farben gelernt haben. Was müssen Sie für einen wunderbaren Grünton mischen? Blau und Gelb natürlich. Für Braun mischen Sie Grün und Rot, für Orange brauchen Sie Rot und Gelb. Soweit die Theorie. Tatsächlich müssen Sie nun entscheiden, wieviel von jeder Farbe Sie verwenden und welche Farbfamilie Sie nehmen. Sie könnten z.B. Türkis und Cadmiumgelb mischen und bekommen ein lebhaftes Limonengrün, aus Türkis und Gold wird ein schimmerndes Coelingrün. Oder Sie nehmen Kobaltblau und Zinkgelb für ... nun, Sie wissen, worauf ich hinauswill.

Es macht großen Spaß, mit Farben zu experimentieren, manche Clay-Künstler wie Lindly Haunani und Maggie Maggio haben sich sogar auf diesen Bereich spezialisiert.

Mir gefällt das „Instinctive Mixing"-Informationsblatt, das Maggie entwickelt und auf ihrer Homepage veröffentlicht hat. Dieses ausgesprochen nützliche Dreiecksdiagramm zeigt, wie man aus drei Grundfarben (Zinkgelb, Fuchsia und Kobaltblau) bestimmte Farbtöne mischt. Es ist vor allem dann hilfreich, wenn man Schlammfarben wie Kaki und Taupe anpeilt, mit denen ich so gerne arbeite. Ich empfehle es allen, die sich mehr Sicherheit im Farbenmischen antrainieren wollen.

Um der Wahrheit die Ehre zu geben, muss ich gestehen, dass ich mich nicht an Rezepte oder Handbücher halte, wenn ich in meinem Atelier mische. Ich mache das Farbenmischen lieber zu einem dynamischen Teil meines Gestaltungsprozesses, weil ich so gerne mit Farben und Farbmischungen spiele. Außerdem habe ich nicht immer eine feste Vorstellung von den Farbkombinationen, wenn ich ein Projekt beginne. Oft greife ich in meine Mischkiste, nehme ein oder zwei Farben heraus und mische dann zwei oder drei weitere als Kontrast oder Ergänzung. Beim Mischen gehe ich eher instinktiv und nicht so sehr nach Rezepten vor. Für mich funktioniert das am besten.

Wenn Sie Farbrezepte gerne festhalten und dokumentieren, ist es eine gute Idee, von jeder Farbschicht in Ihrem Clay-Stapel einen kleinen Kreis auszustechen, zu härten und auf eine Farbkarte zu kleben. Kleben Sie auch eine fertige Perle dazu und notieren Sie das Rezept auf der Rückseite der Karte. Auf diese Weise entstehen kleine informative Kunstwerke!

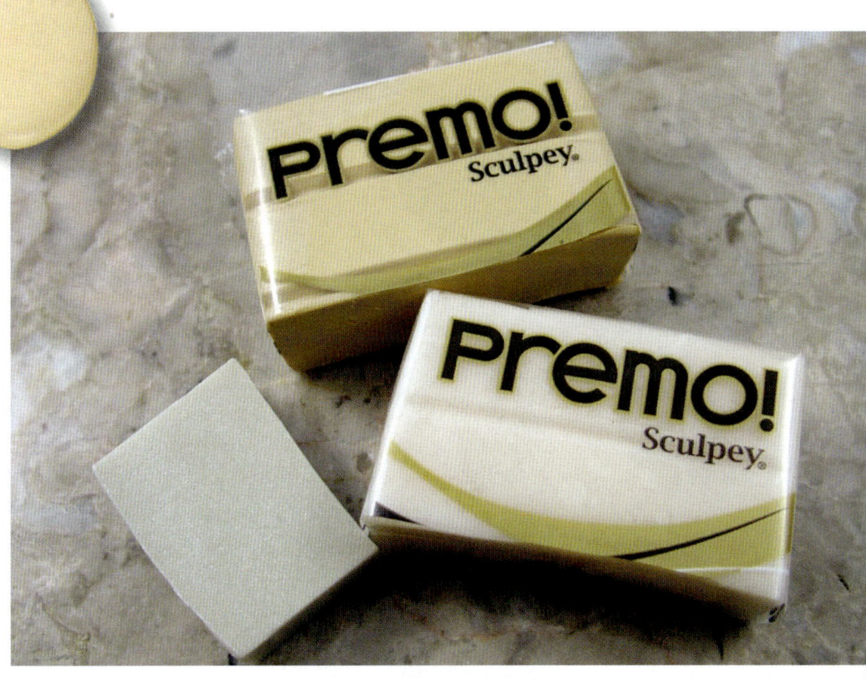

Das Geheimnis meiner Farbmischungen ist Jecru, das aus Ecru, White Translucent und Pearl besteht.

Der Zauber von Jecru

In vielen meiner Stücke verwende ich Elfenbeintöne, die ich aus Ecru, durchscheinendem Clay und Perlmuttweiß mische. Statt durchscheinendem Clay nehme ich zwar lieber die Farbe „White Translucent" von Premo (früher „Frost" umbenannt), doch die Mischung funktioniert mit beiden Farben. Eine Kursteilnehmerin nannte diesen Farbton „Jecru", für „Julies Ecru". Diesen Namen werde ich von nun an dafür verwenden, um meine Mischung von anderen handelsüblichen Ecrutönen zu unterscheiden.

Die Bezeichnungen für die Grundfarben, die Sie hier im Buch finden, beziehen sich auf die Produktpalette von Premo! Sculpey. In Klammern sehen Sie jeweils die Übersetzung. Auch wenn Sie nicht mit Premo arbeiten, lassen sich neben Jecru auch alle anderen Mischungen mit den handelsüblichen Clay-Sorten herstellen.

Normalerweise mische ich Jecru folgendermaßen: 1 Teil Ecru, 1 Teil White Translucent (Weiß transparent), 0,5 Teil Pearl (Perlmuttweiß). Das sind allerdings nur ungefähre Angaben, sie sind nicht in Stein gemeißelt! Wenn ich z.B. etwas mehr Schimmer haben möchte, nehme ich 1 Teil Pearl oder mehr. Oder wenn ich einen helleren Ton brauche, nehme ich weniger Ecru und mehr White Translucent.

Für Kato Clay und Fimo lautet das Mischrezept für Jecru folgendermaßen:
Fimo Classic: 1 Teil Champagner und 0,25 Teil Perlmutt.
Kato Polyclay: 3 Teile Weiß, 1 Teil Perlmutt, 2 Teile Braun und 1,5 Teile Gelb.

Nach und nach begann ich, diesen Farbton immer häufiger in meine Farbkombinationen aufzunehmen, und stellte fest, dass Jecru wunderbar geeignet ist, um gedämpfte und ruhige Farbtöne damit zu mischen. Wenn ich eine Farbe mit Weiß mischte, wurde sie heller, wenn ich Schwarz hinzufügte, wurde sie dunkler. Wenn ich jedoch Jecru beimischte, wurden die Farben gedämpft. Außerdem gab es beim Mischen mit Jecru immer wieder überraschende und unerwartete Ergebnisse.

Basisfarben plus Jecru

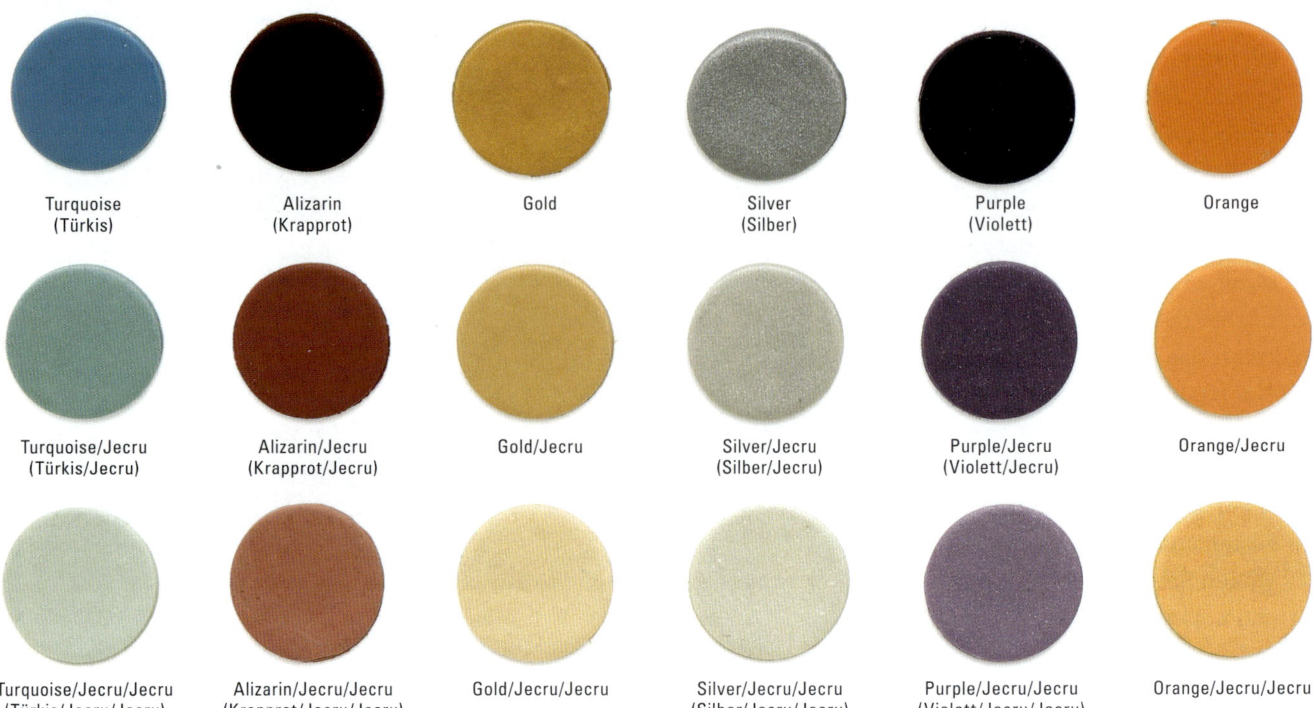

In der obersten Reihe sehen Sie sechs Premo-Farben, so wie sie aus der Packung kommen. In der Mitte sehen Sie Mischungen aus Originalfarben und Jecru im Verhältnis 1:1. In der untersten Reihe ist das Mischungsverhältnis 1:2, also 1 Teil Original und 2 Teile Jecru. Dabei wird aus „Turquoise" (Türkis) ein sanftes Mintgrün und „Alizarin" (Krapprot) wird erst himbeerfarben und dann korallenrot. Wunderbar!

Mischtipps

Für Farbexperimente reichen kleine Mengen Clay. Arbeiten Sie erst mit größeren Mengen, wenn die Mischung für Sie in die richtige Richtung geht.

Beim Kochen geben Sie zum Abschmecken nach und nach mehr Gewürze an ein Gericht, bis der Geschmack so ist, wie Sie es sich vorgestellt haben. Wenn Sie zwei Farben mischen, gehen Sie ähnlich vor: Fügen Sie dem hellen Clay kleine Mengen dunklen Clay zu, bis Sie die perfekte Mischung haben.

In Dreiviertel meiner Farbmischungen verwende ich Jecru, und oft taucht es auch als Farbschicht in meinen Clay-Stapeln auf. Normalerweise habe ich einen Klumpen Jecru auf dem Arbeitstisch liegen. Die Farbe ist zu einem Grundpfeiler meiner Farbkombinationen geworden.

Natürlich ist es gut möglich, dass Sie mit zwei oder mehr Originalfarben genau den Farbton hinbekommen, den Sie sich wünschen, und Jecru nicht brauchen, um ihn abzumildern.

Bei meinen Farb- und Mischexperimenten habe ich eine weitere unerwartete Entdeckung gemacht: Silber kann eine erstaunliche Wirkung auf Farbmischungen haben. Ich hätte nie gedacht, dass Silber und Gelb ein schimmerndes Grün ergeben. Oft wird Silber als Mischfarbe unterschätzt, doch inzwischen gehört es zu meinen Lieblingsfarben. Sie werden feststellen, dass viele der Mischungen, die Silber enthalten, in einem Prägestapel sehr gut miteinander harmonieren.

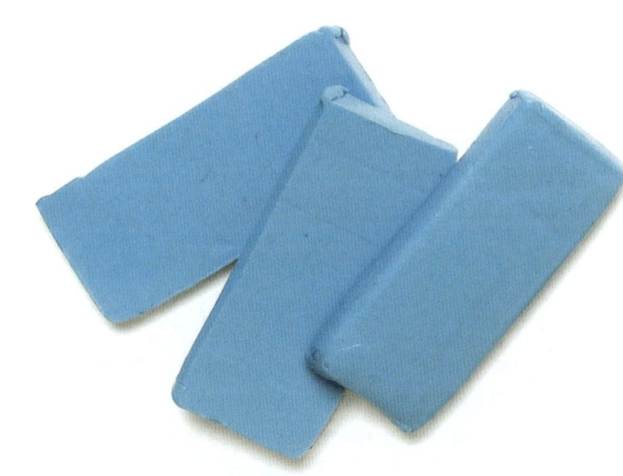

Weitere Lieblingsmischungen

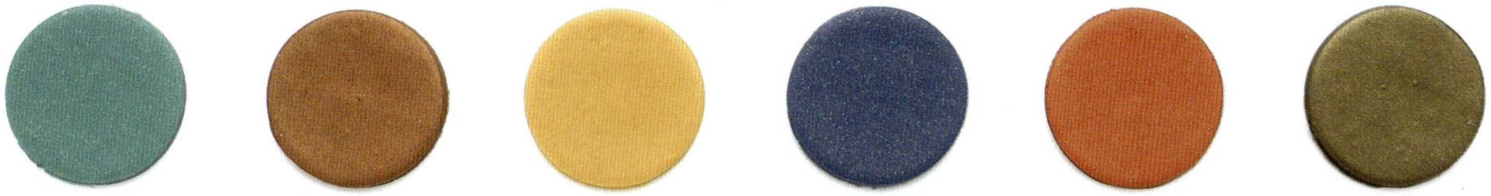

Turquoise/Sea Green (Türkis/Meergrün)	Alizarin/Gold (Krapprot/Gold)	Gold/Yellow (Gold/Gelb)	Purple/Turquoise/Sea Green (Violett/Türkis/Meergrün)	Orange/Cadmium Red/Gold (Orange/Kadmiumrot/Gold)	Gold/Ultramarine (Gold/Ultramarinblau)
Turquoise/Gold (Türkis/Gold)	Alizarin/Turquoise (Krapprot/Türkis)	Gold/Black (Gold/Schwarz)	Purple/Black (Violett/Schwarz)	Cadmium Red/Jecru (Kadmiumrot/Jecru)	Yellow/Orange/Green (Gelb/Orange/Grün)
Turquoise/Gold/Yellow (Türkis/Gold/Gelb)	Alizarin/Turquoise/Jecru (Krapprot/Türkis/Jecru)	Gold/Silver (Gold/Silber)	Purple/Turquoise/Jecru (Violett/Türkis/Jecru)	Cadmium Red/Jecru/Jecru (Kadmiumrot/Jecru/Jecru)	Purple/Yellow/Alizarin/Gold (Violett/Gelb/Alizarin/Gold)
Yellow/Jecru (Gelb/Jecru)	Yellow/Gold/Green (Gelb/Gold/Grün)	Alizarin/Silver (Krapprot/Silber)	Black/Silver (Schwarz/Silber)	Black/Gold/Cobalt (Schwarz/Gold/Kobaltblau)	

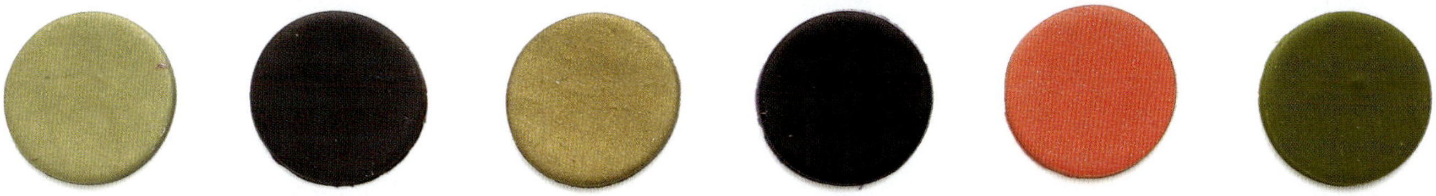

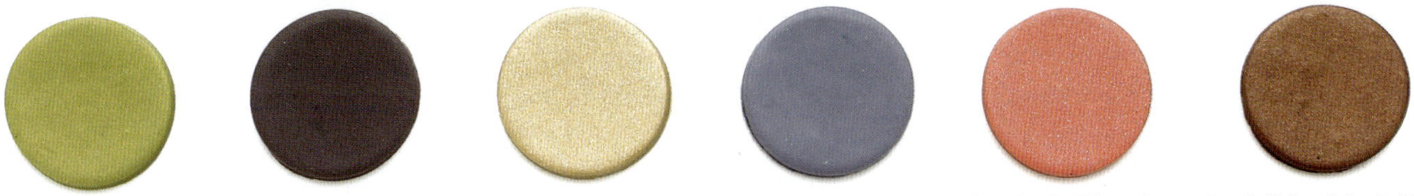

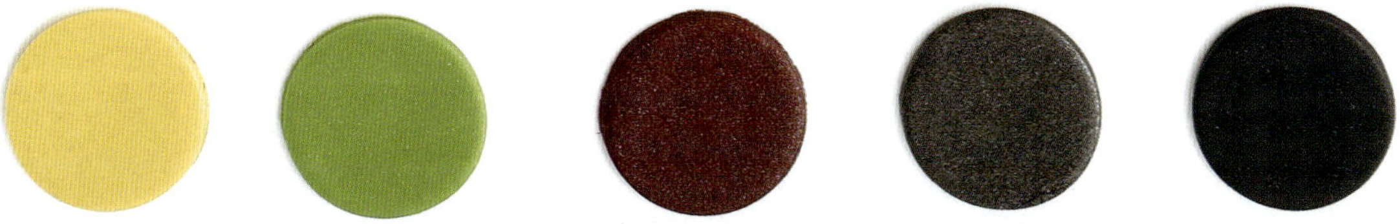

Einige meiner Lieblingskombinationen

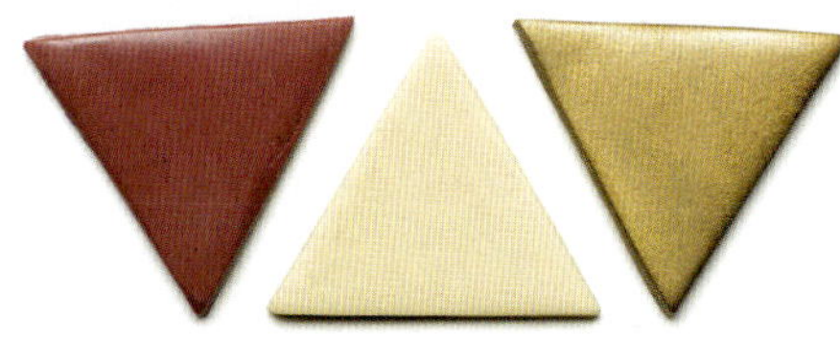

Orientalisches Flair – elegant und geheimnisvoll

Jecru + Alizarin (Krapprot) = Granatapfel

Jecru = Elfenbein

Gold + Black (Schwarz) = Bronze

Sonnenwende – warm und erdig

Gold + Alizarin (Krapprot) = Gebranntes Orange

Gold + Cadmium Yellow (Kadmiumgelb) = Senf

Jecru + Turquoise (Türkis) + Purple (Violett) = Immergrün

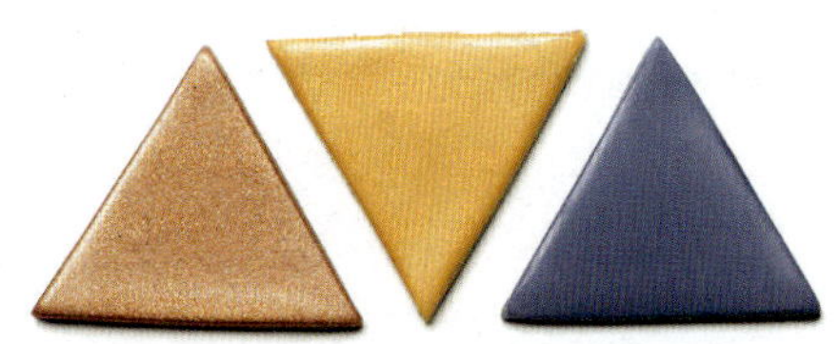

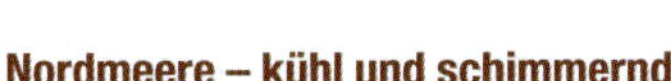

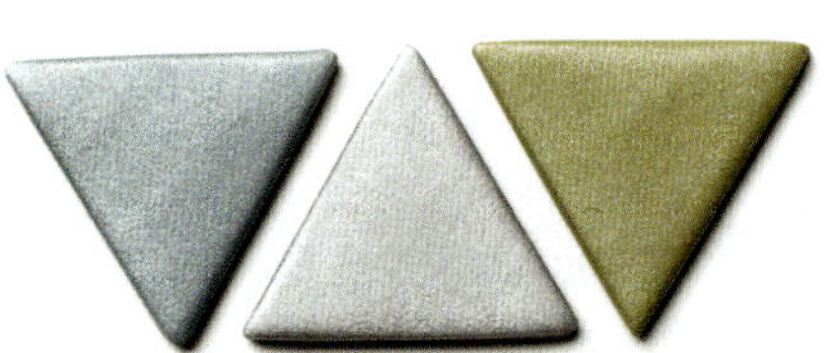

Nordmeere – kühl und schimmernd

Silver (Silber) + Turquoise (Türkis) + Pearl (Perlmuttweiß) = Eisblau

Silver (Silber) + Pearl (Perlmuttweiß) = Platin

Silver (Silber) + Cadmium Yellow (Kadmiumgelb) = Schimmerndes Moos

Wenn Sie zwei Farben mischen, fügen Sie der helleren Farbe nach und nach kleine Mengen der dunkleren Farbe hinzu, bis die Mischung genau richtig ist.

Werkzeuge & Zubehör

Hier finden Sie einen kurzen Überblick über Werkzeuge, die Sie für die Prägetechnik und für die Projekte in diesem Buch brauchen oder die Sie vielleicht ausprobieren möchten. Zusätzlich benötigen Sie Zubehör, das Sie aber vermutlich schon besitzen wie einen Kleinbackofen, ein Ofenthermometer und ein paar andere Gerätschaften.

Grundaustattung

Eine Nudelmaschine ist unglaublich nützlich, wenn Sie Clay konditionieren oder in einer bestimmten Stärke auswalzen wollen. Sie ist nicht zwingend notwendig, doch sie erspart so viel Zeit, dass ich mir gar nicht vorstellen kann, ohne sie zu arbeiten. Bastelläden bieten meist eine Auswahl an sehr preiswerten Modellen, und für Clay-Anfänger, die ihre Anschaffungskosten so gering wie möglich halten wollen, sind diese Nudelmaschinen durchaus brauchbar. Wer jedoch viel mit Clay macht, sollte in eine qualitativ hochwertigere Maschine investieren. Sie arbeitet zuverlässiger und ist haltbarer, sodass sich die zusätzliche Ausgabe auf jeden Fall lohnt. Ich liebe meine Nudelmaschinen, eine Atlas 150 und eine Atlas 170, die ich sowohl für meine eigene Arbeit als auch für Workshops benutze **[A]**.

Bei der Prägetechnik ist es wichtig, Scheiben vom Prägestapel aus Clay-Schichten sauber und gleichmäßig abzutragen. Ich verwende dafür etwa 10 cm lange chirurgische Klingen. Sie haben eine sehr scharfe Schneide und genau den richtigen Grad an Flexibilität: nicht zu starr und nicht zu biegsam. Ich kaufe diese Klingen in Päckchen zu 25 Stück.

Mit Alkoholtüchern können Sie die Klinge säubern und gleichzeitig Ihre Finger schützen **[B]**.

Folienzuschnitte und leicht gewachste Papiere sind so nützlich, dass ich sie gleich paketeweise kaufe **[C]**. Die Plastikfolien eignen sich hervorragend, um Clayrollen oder Canes darin einzuwickeln und aufzubewahren. Das Wachspapier ist nur auf einer Seite leicht beschichtet und lässt sich daher zum Auslaugen und zum Glätten des Clays verwenden. Als Unterlage

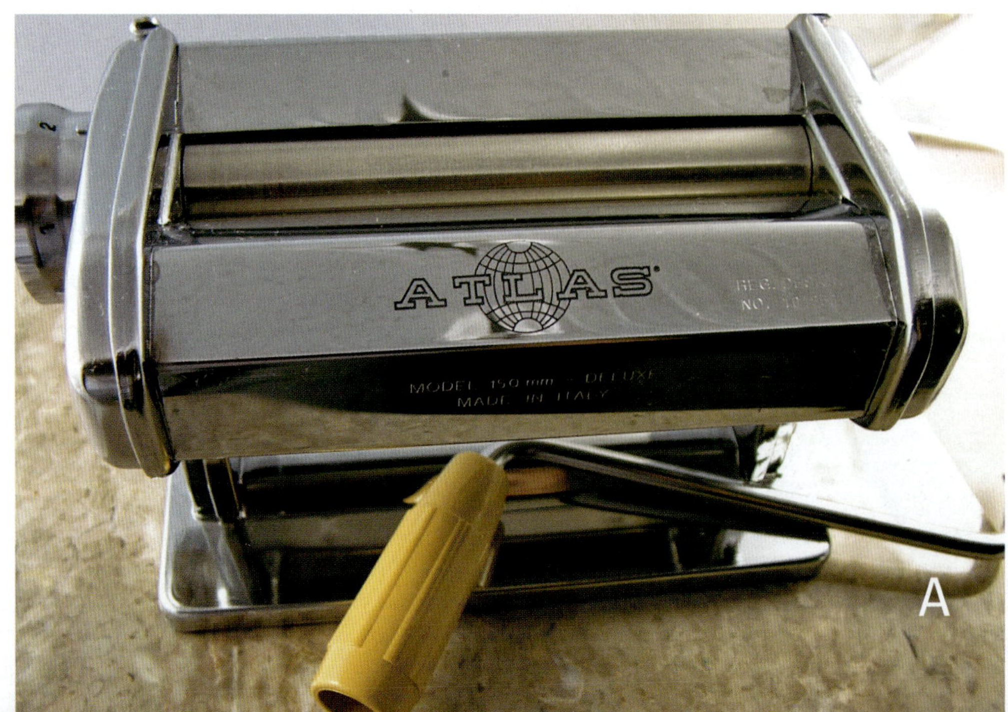

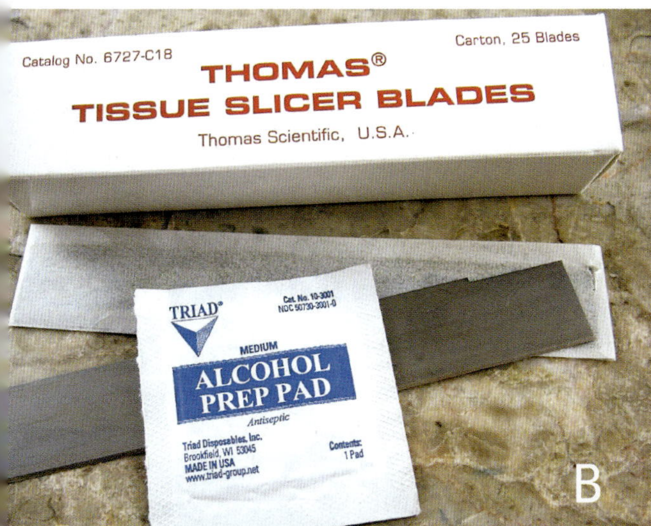

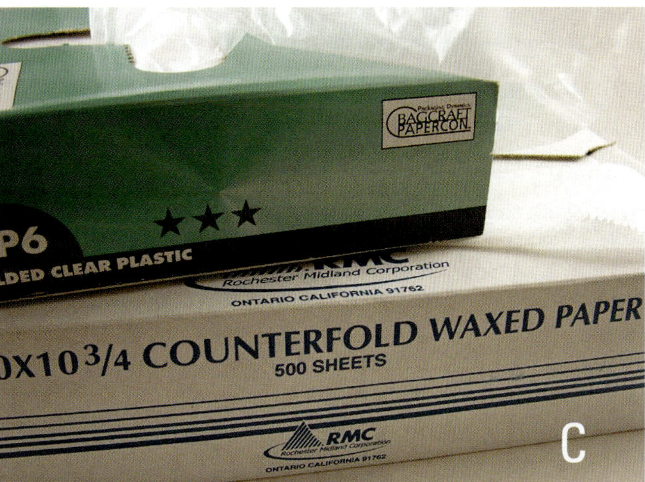

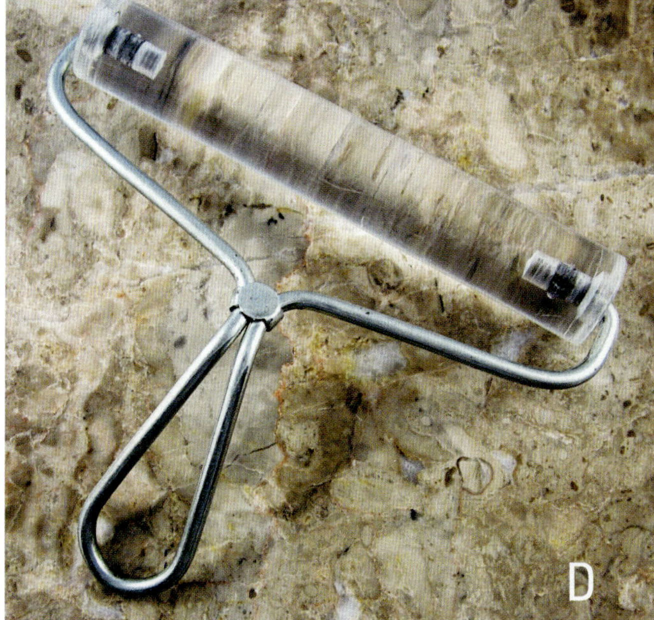

verhindert es, dass der Clay z.B. an der Arbeitsfläche klebt, außerdem können Sie Perlen darauf in den Ofen befördern und härten.

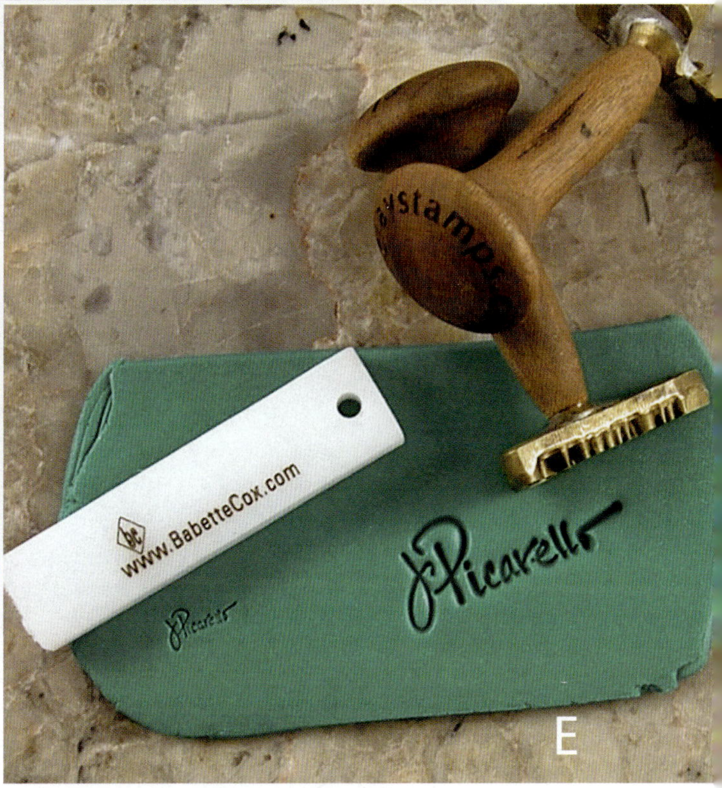

Ich verwende lieber eine Handdruckwalze **[D]** mit Griff als einen Acrylstab. Bei geprägten Scheiben passiert es leicht, dass sich das Muster durch zu großen Druck verzieht. Mit einer Handdruckwalze lässt sich der Druck gut kontrollieren.

Überlegen Sie sich, wie Sie Ihren Schmuckstücken mit einer professionellen Signatur eine ganz persönliche Note geben. Ich habe mir zwei Stempel mit meiner Unterschrift anfertigen lassen **[E]**. Sie können den Clay auch mit den erhabenen Buchstaben Ihres Namen auf einer alten Kreditkarte prägen oder eine kleine Canescheibe mit Ihrem Namen oder Ihren Initialen auf dem Schmuck anbringen.

Weitere Informationen zu meinen Bezugsquellen finden Sie am Ende des Buches.

Ich gehe für mein Leben gern einkaufen. Allerdings zieht es mich nicht so sehr ins nächste Einkaufszentrum, sondern eher in einen Eisenwarenladen oder ein Geschäft für Bastelbedarf, Töpferzubehör oder Tortendekorationen. Überall halte ich die Augen nach Sachen offen, die ich in meiner Sammlung von Prägewerkzeugen gebrauchen könnte.

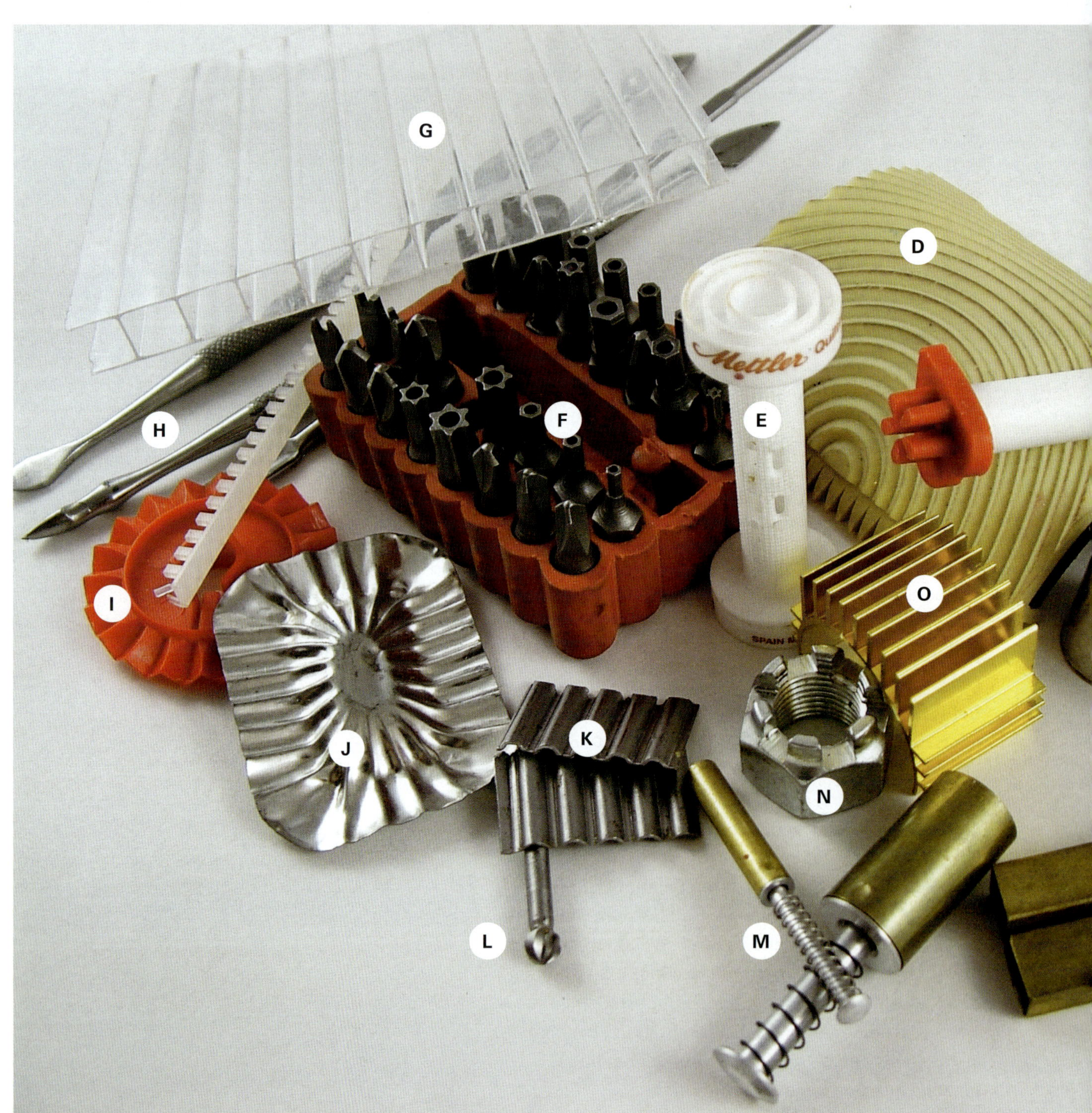

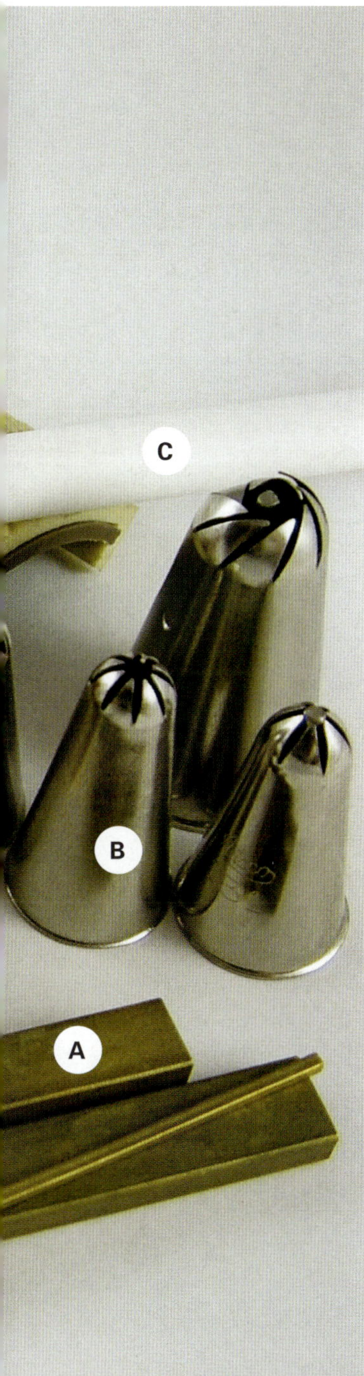

Die Prägewerkzeuge

Metallröhrchen. Ich besitze viele Prägewerkzeuge und erweitere meine Sammlung ständig, doch einige Stücke benutze ich besonders gern. In Bastelläden finden Sie Metallröhren in allen möglichen Formen und Größen (eventuell müssen Sie sie mit einer Juweliersäge auf die passende Länge schneiden). **[A]** Es gibt sie mit rundem, ovalem, quadratischem oder rechteckigem Profil in den unterschiedlichsten Abmessungen. Diese meist sehr dünnwandigen Röhren ergeben ein scharf umrissenes Muster und lassen sich leicht durch den gesamten Stapel schieben.

Garniertüllen. Diese Tüllen aus Plastik oder Metall **[B]** sind mit vielen unterschiedlichen Spitzen erhältlich. Wegen ihrer Form lassen sie sich nicht sehr tief in den Clay drücken und hinterlassen nur einen flachen Abdruck, doch die große Bandbreite an Mustern lohnt die Anschaffung.

Werkzeug für Punktmuster. Bei diesem wunderbaren Werkzeug der Fa. Kemper können Sie unterschiedlich gemusterte Aufsätze aufstecken. Die „Kemper Designer Dots" **[C]** sind leider inzwischen aus dem Programm genommen worden, doch es gibt ähnliche Werkzeuge für die Keramikbearbeitung und zur Tortendekoration.

Maseriergummi. In der Farbenabteilung im Baumarkt finden Sie Werkzeuge, mit denen man Holzoptik auf Wänden imitieren kann **[D]**. Ich verwende allerdings nicht die gemaserte Seite, sondern arbeite gerne mit dem gezahnten Rand. Damit können Sie fischgrätähnliche Abdrücke machen.

Garnrollen. Ich besitze keine Nähmaschine, doch eine Kursteilnehmerin gab mir den Tipp, leere Garnrollen wie diese von Mettler-Garnen zu verwenden **[E]**. An den Enden haben sie ein herrliches Kreis-im-Kreis-Muster, mit dem sich ungeahnte Gestaltungmöglichkeiten eröffnen.

Sicherheitsbits. Torx-Sicherheitsbits **[F]** gibt es einzeln oder als Sortiment. Die offenen Stern- und Sechseckmuster sind sehr genau gearbeitet und lassen sich besonders gut in geraden oder wellenförmigen Linien anordnen.

Plastikteile. In meiner Nähe gibt es einen Laden mit einer Wühlkiste voller Plastikteile, die ich von Zeit und Zeit durchsehe. Ein Element mit Unterteilungen **[G]** eignet sich für Karomuster im Clay. Die Karos können Sie entweder offen lassen oder mit weiteren Mustern auffüllen.

Dentalinstrumente. Ein Besuch beim Zahnarzt fühlt sich möglicherweise ganz anderes an, wenn Sie sein Handwerkszeug nicht als „Zahnbohrinstrumente", sondern als „Prägewerkzeug für Clay" betrachten. Sprechen Sie mit Ihrem Zahnarzt; meiner hat mir gerne seine alten sterilisierten Instrumente **[H]** überlassen.

Wellenformen. Auf der Suche nach Werkzeugen für wellenförmige Abdrücke habe ich mit Zickzackrollern für Nudelteig **[I]** und mit dem welligen Rand eines Petit-Four-Ausstechers **[J]** experimentiert, den ich mit dem Hammer bearbeitet habe. Eine exakte Wellenlinie ergeben auch kleine Kleberverteiler **[K]** und Wellenverbinder oder Estrichklammern aus dem Baumarkt.

Ausstecher und Kronenmuttern. Bohrer **[L]** und Clay-Ausstecher von Kemper **[M]** gibt es in unterschiedlichen Formen und Größen. Kronenmuttern aus dem Eisenwarenhandel **[N]** eignen sich für sechsblättrige Blumenmuster.

Kühlkörper. Ein Bauteil aus der Welt der Computer, das Geräte vor Überhitzung schützt. Kühlkörper **[O]** eignen sich für Linien-, Punkt- oder Karomuster, es gibt sie in verschiedenen Größen und Formen.

Ideen für weitere Prägewerkzeuge: Prägestempel für die Papier-, Metall- oder Lederbearbeitung, kleine Perlenstechnadeln, Muscheln (ergeben schöne Spiralmuster), Noppenbälle, Farbbandspulen für die Schreibmaschine – die Liste ist wirklich endlos!

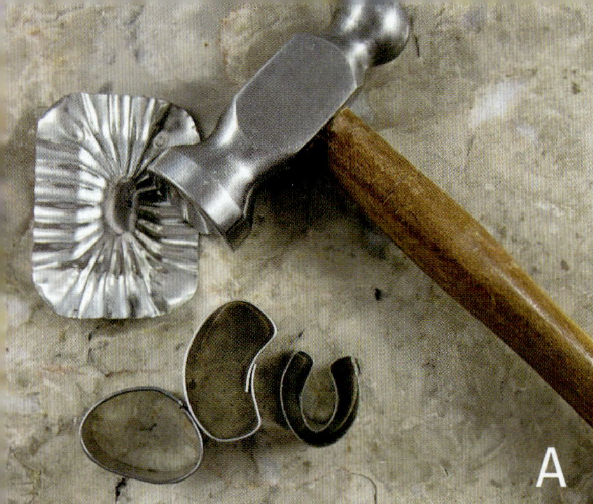

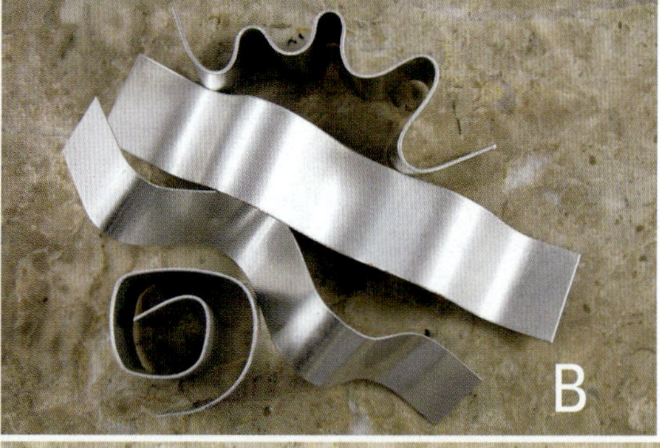

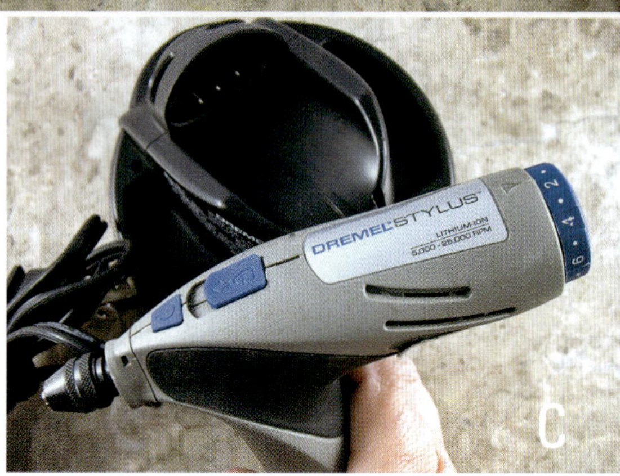

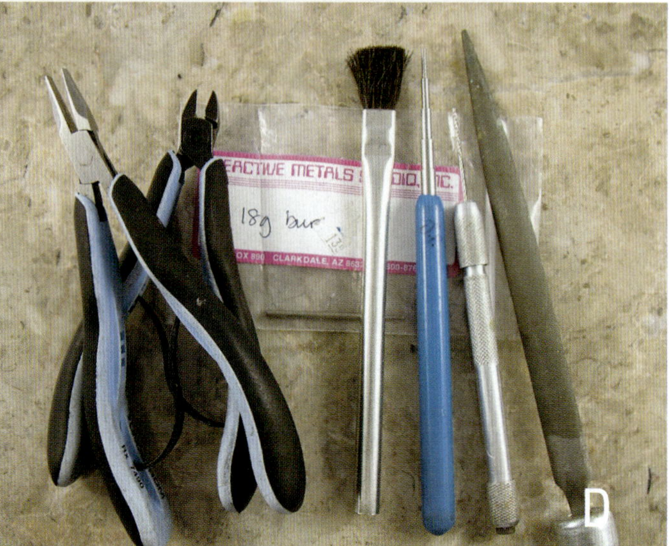

Prägewerkzeuge selbst herstellen

Haben Sie Lust zu experimentieren? Dann nehmen Sie sich Ihren Hammer, Ihre Blechschere und einen Vorrat an alten metallenen Ausstechförmchen für Kekse und Canapés und hämmern Sie sich ein paar interessante Formen zurecht. Oder kaufen Sie sich einen Satz billiger Ausstecher (je leichter desto besser) und verbiegen Sie sie mit den Fingern und/oder einer Zange nach Herzenslust **[A]**.

Auf der Suche nach dem perfekten Werkzeug für schön geschwungene Wellenlinien habe ich Aluminiumrohlinge für Armreifen um einen Drehstift gewickelt und so ein ganz neues Werkzeug erschaffen **[B]**. Heute verwende ich es für meine Lazy-River-Perlen (die Anleitung auf S. 52). Sie können diese Perlen mit weiten oder engen Windungen machen, allerdings lassen sich Formen mit sehr engen Kurven nach dem Prägen möglicherweise schwer von dem Stapel lösen.

Nach dem Härten

Ich bohre die Fädellöcher normalerweise erst nach dem Härten in meine Perlen. Bei rohem Clay besteht die Gefahr, dass sich Muster oder Formen verziehen. Lange Zeit habe ich dazu kleine Handbohrer verwendet und auch heute noch stehen drei davon auf meiner Werkbank, die Bohrer in verschiedenen Stärken aufnehmen können, sodass ich die gängigen Größen immer parat habe. Mit einem schnurlosen Multifunktionsgerät geht es allerdings schneller. Mein Dremel Stylus **[C]** ist leicht, tragbar und ergonomisch geformt. Das Bohrfutter, das einen raschen Wechsel von Bohrern ermöglicht und beliebige Schaftdurchmesser aufnimmt, muss man sich dazukaufen, lohnt aber die Anschaffung.

Um aus Ihren schönen Perlen Schmuck zu machen, brauchen Sie einige Schmuckzangen. Gute Zangen können zwar teuer sein, doch Sie sollten sie als eine Investition in Ihre Hände betrachten. Ich habe eine Spitzzange und einen Seitenschneider von Lindstrom und benutze sie ständig. Außerdem brauchen Sie einen Abbohrer zum Abrunden

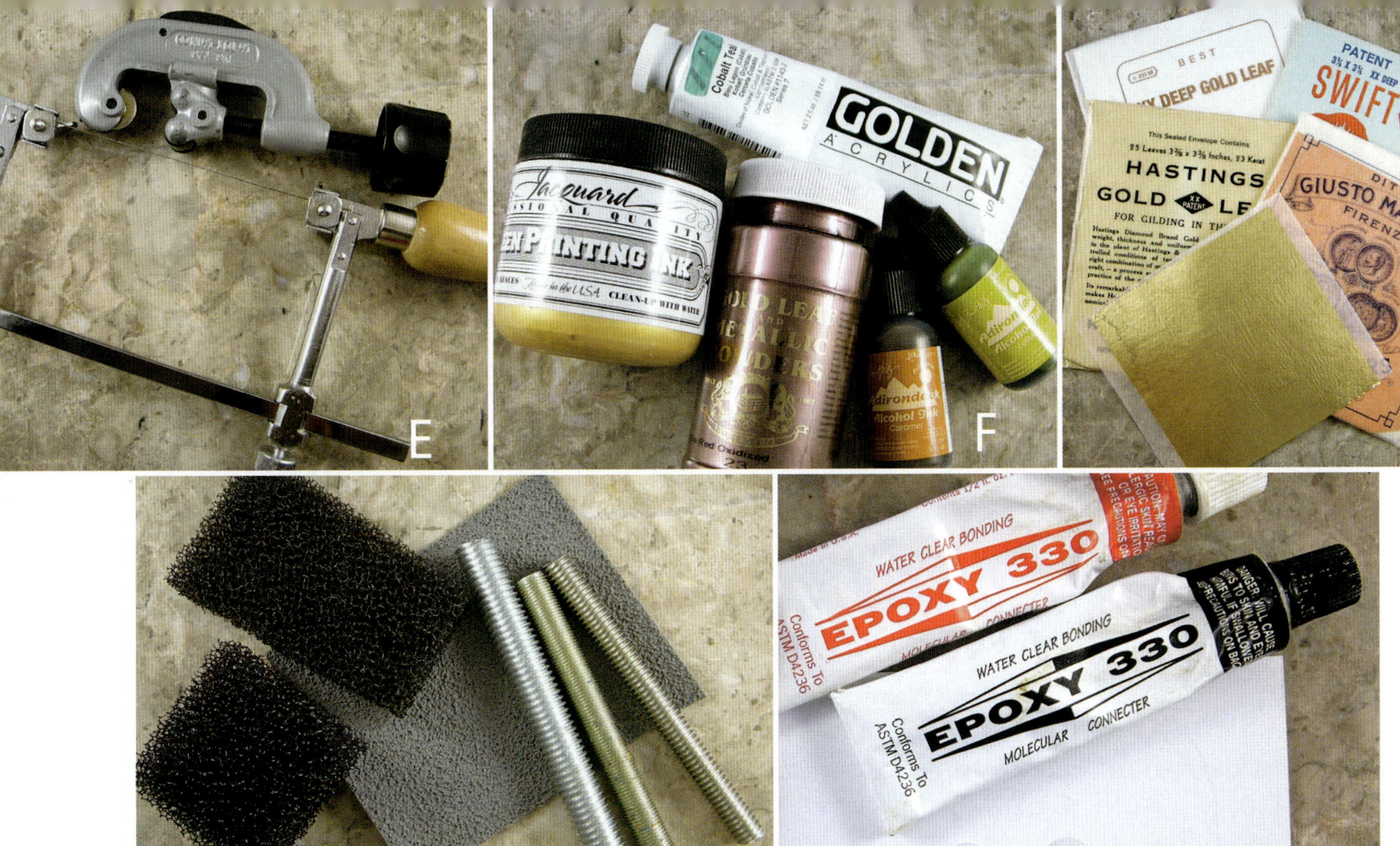

von Drahtenden, einen Flussmittelpinsel, um die Perlen nach dem Schleifen und Polieren von Claystaub und Fasern zu befreien, einen Drehstift zur Herstellung von Rollen, einen Handbohrer und mein Lieblingswerkzeug, eine Präzisionsfeile mit Hieb 3 **[D]**.

Weitere Werkzeuge und Zubehör

Beim Projekt „Anhänger" auf S. 66 wird eine Anhängerschlaufe aus Dekorblech hergestellt. Dafür sind ein paar Metallwerkzeuge nützlich. Bleche lassen sich mit einer Juweliersäge oder mit einer Metallschere zerteilen, Rohre können Sie mit einem Rohrabschneider zerschneiden **[E]**. Aus kurzen Rohrstücken lassen sich Lochnieten, aus längeren Stücken Aufhängerösen machen.

Mit Heavy-Body-Acrylfarben, Metallicpulver, Siebdruckfarben und Alkoholtinten **[F]** können Sie den ganzen Prägestapel oder Teile der Perlen betonen, die Sie daraus formen.

Beim Aufbau des Prägestapels können Sie Blattmetall **[G]** einfügen. Ich benutze echtes 23 kt Blattgold, weil mir der sanfte Farbschleier gefällt, den es erzeugt. Außerdem reißt es nicht so leicht wie Schlagmetall. Für einen silbrigen Schimmer nehme ich Blattsilber oder -aluminium. Bei Blattmetall verwende ich die Transfervariante auf Trägerpapier, sie lässt sich leichter handhaben als lose Blätter.

Ich habe viele Strukturplatten, Stempel und Abdruckformen, doch die einfachen Werkzeuge mag ich am liebsten **[H]**. Das kleine schwarze Quadrat ist ein Strukturschwamm aus dem Scrapbooking-Bereich, das größere Rechteck ist ein Stück einer Filtermatte für Aquarien. Anti-Rutsch-Klebebänder sind für Treppen und Leitern gedacht und Gewindestangen gibt es in allen möglichen Variationen. Mit all diesen Dingen lassen sich feine Linien und Gittermuster erzeugen, die Sie mit Farbe oder Pulver hervorheben können.

2-Komponentenkleber ist fest und beständig **[I]**. Sie können ihn auch mit den oben aufgelisteten Pigmenten einfärben und Vertiefungen damit ausgießen.

Prägetechniken und abschließende Bearbeitung

Jedes Projekt in diesem Buch baut auf der grundlegenden Prägetechnik auf. Die einzelnen Arbeitschritte finden Sie in diesem Kapitel zusammengefasst, sodass Sie bei Bedarf nachlesen können und dieser Teil der Anleitung nicht ständig wiederholt werden muss. Während die Projekte jeweils eine Variante der Prägetechnik vorstellen, werden hier die immer gleichen Schritte beschrieben wie Aufbau, Prägen und Schneiden des Stapels und Schleifen, Polieren und Versiegeln.

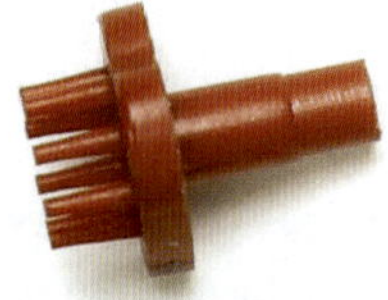

2

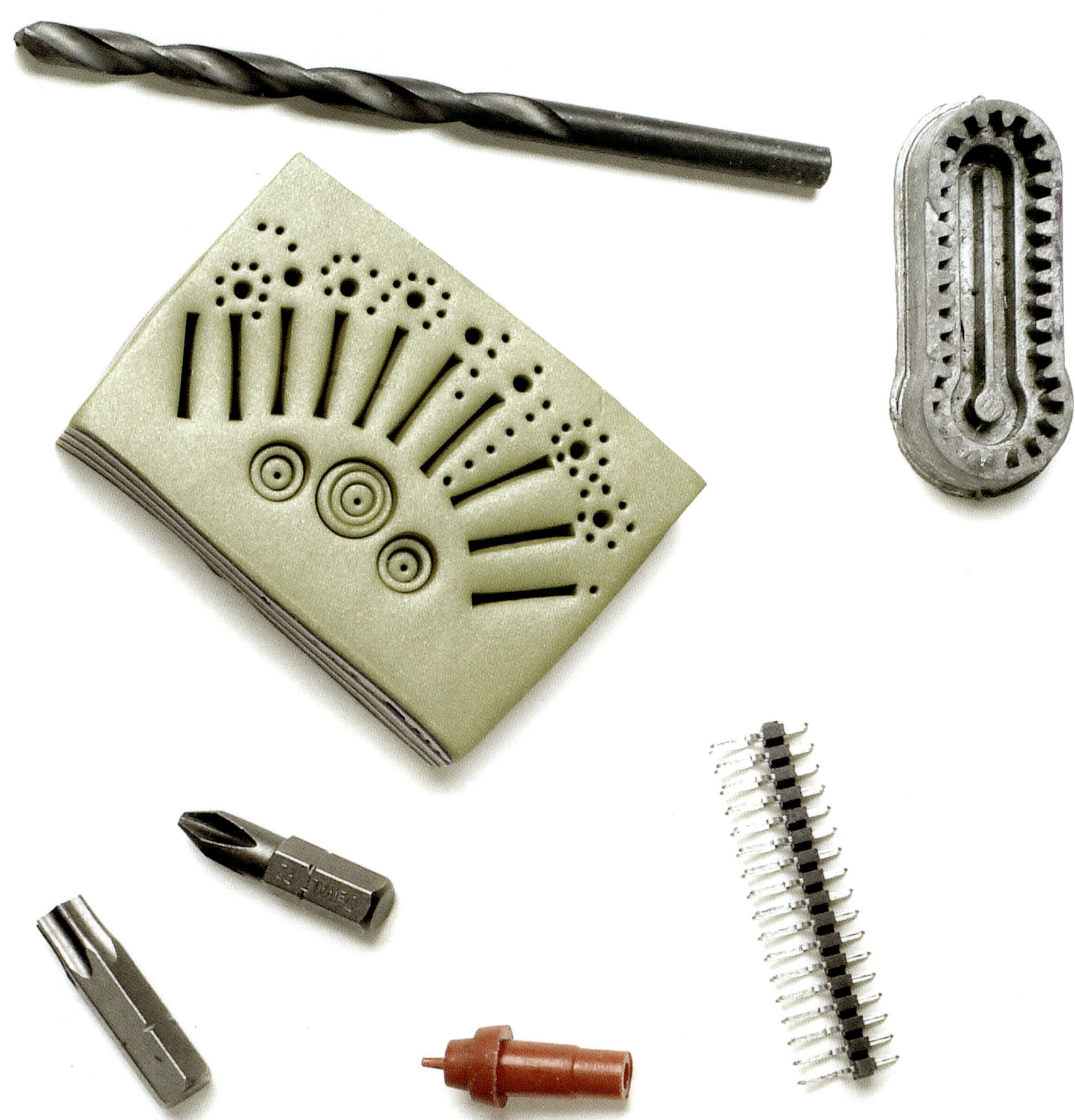

Die Grundlagen der Prägetechnik

Das Wichtigte vorweg: Nichts von dem, was Sie hier tun, muss perfekt sein ... Sie müssen nichts ausmessen oder schnurgerade abschneiden, Sie brauchen sich keine Gedanken um exakt ausgerichtete Kanten zu machen und auch bei Mustern und Formen können Sie nichts falschmachen. Also: Atmen Sie einmal tief durch und entspannen Sie sich.

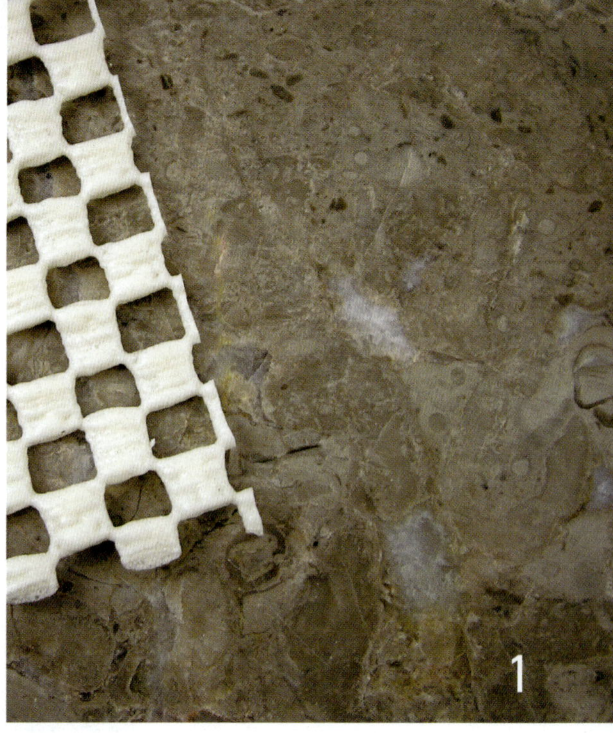

1

Die Arbeitsfläche

Der Versuch, Clay zu schneiden, der nicht fest auf der Arbeitsfläche haftet, kann sehr frustrierend enden: Der Clay wird angehoben und rutscht, und das macht es schwierig, wenn nicht gar unmöglich, saubere, gleichmäßige Scheiben zu schneiden.

In der Wahl Ihrer Arbeitsfläche sind Sie vollkommen frei, solange der Clay unverrückbar darauf haftet und die Arbeitsfläche selbst so gut befestigt ist, dass sie sich während des Schneidens nicht bewegt.

Ich arbeite am liebsten an einer 30x30 cm großen Marmorfliese, die ich in einem Baumarkt in der Nähe entdeckt habe. Die Fliese ist so schwer, dass sie sich beim Schneiden nicht von der Stelle rührt, Sie können aber auch eine rutschhemmende Unterlage wie eine Schubladeneinlage aus Gummi darunterlegen, um ganz sicherzugehen, dass sie sich nicht verschiebt. Ein weiterer Vorteil von Marmor ist, dass es von Natur aus ein kühles Material ist – ideal für Clay **[1]**.

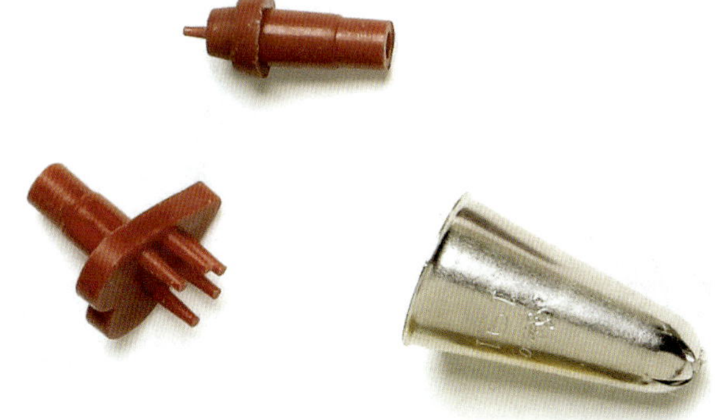

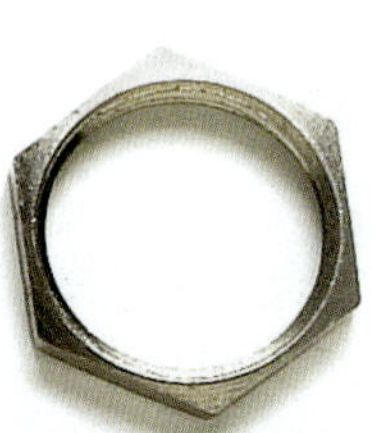

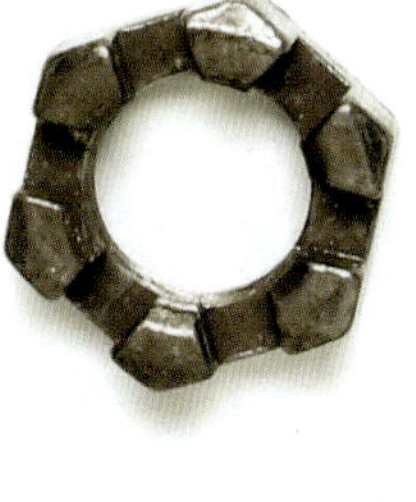

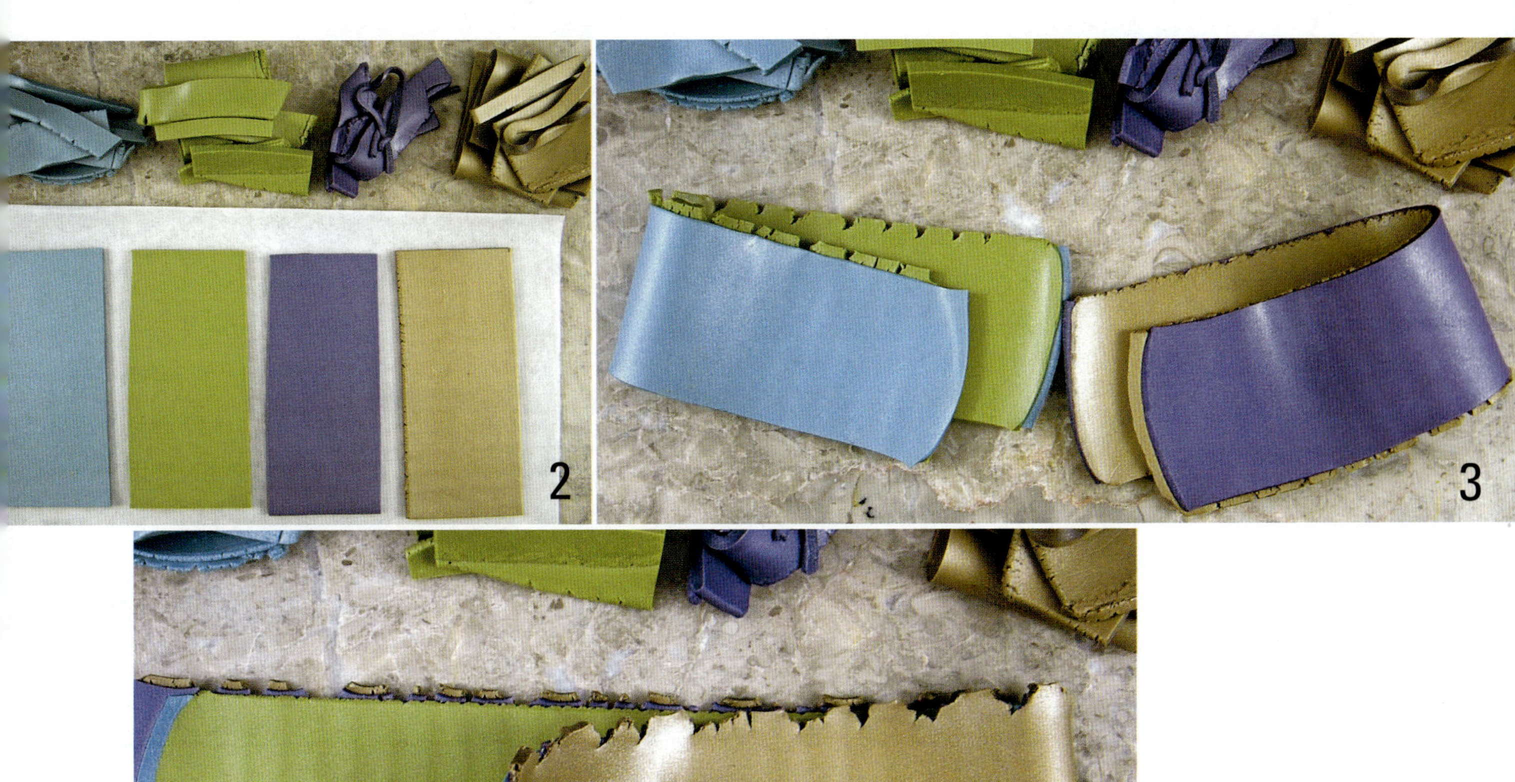

Den Stapel aufbauen

Sie brauchen nicht viel Clay für einen Prägestapel: vier Streifen in klar unterscheidbaren Farben, nicht größer als 5x10 cm und etwa 3 mm dick. Das entspricht ungefähr dem breitesten Walzenabstand der Nudelmaschine. Für den Kern Ihrer Perlen legen Sie von jeder Farbe einen gleichgroßen Streifen beiseite. Insgesamt sollten Sie pro Farbe mindestens die Hälfte eines 56 g-Clay-Päckchens haben.

Wenn Sie die Streifen ungefähr auf die gleiche Größe zugeschnitten haben, können Sie jeweils zwei Farben aufeinanderlegen und durch die Nudelmaschine drehen. Bei der Wahl der Farben, die Sie aufeinanderschichten, spielt der Kontrast die wichtigste Rolle. Die beiden Streifen, die Sie zusammen durch die Maschine drehen, müssen sich genügend voneinander abheben, um nicht miteinander zu verschwimmen. Achten Sie darauf, dass immer eine helle Farbe mit einer dunklen zusammentrifft **[2]**.

Wenn Sie mit der Farbfolge zufrieden sind, nehmen Sie ein Streifenpaar in die Hand und drehen es beim größten Walzenabstand durch die Maschine. Mit dem zweiten Streifenpaar machen Sie es genauso. Nun haben Sie zwei zweifarbige längere Streifen. In diesem Stadium brauchen Sie die Kanten nicht beizuschneiden, lassen Sie die Ränder für den Moment ruhig so ungleichmäßig, wie sie sind **[3]**.

Legen Sie die beiden zweifarbigen Streifen aufeinander. Achten Sie wieder auf den Hell-Dunkel-Kontrast. Drehen Sie sie durch die Nudelmaschine, wiederum bei größtem Walzenabstand. Nun haben Sie einen einzigen, ziemlich langen vierfarbigen Streifen **[4]**.

Widerstehen Sie der Versuchung, den vierfarbigen Streifen ein zweites Mal durch die Maschine zu drehen! Sonst werden die Farbschichten so dünn, dass sie nicht mehr voneinander zu unterscheiden sind.

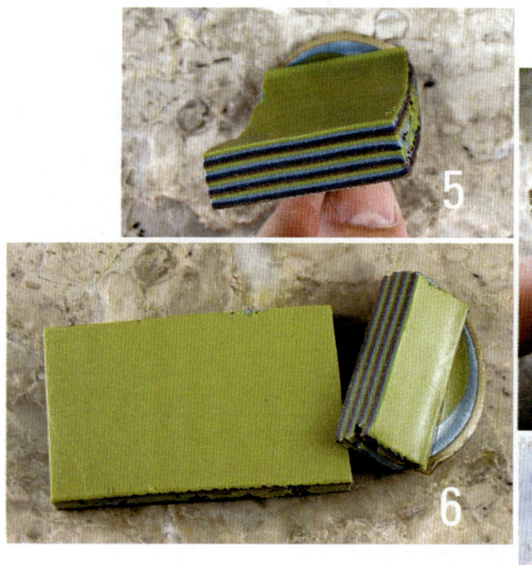

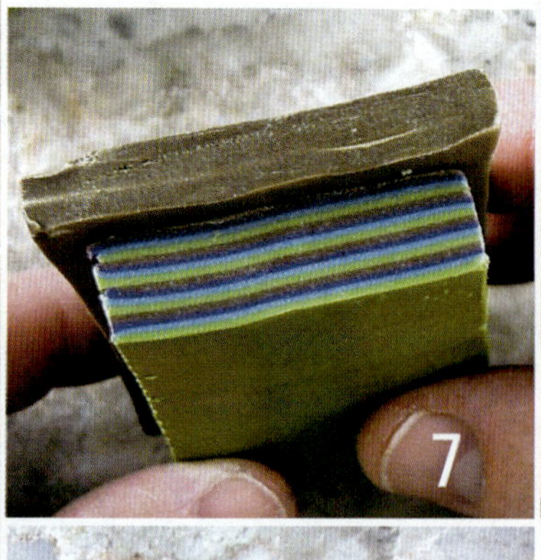

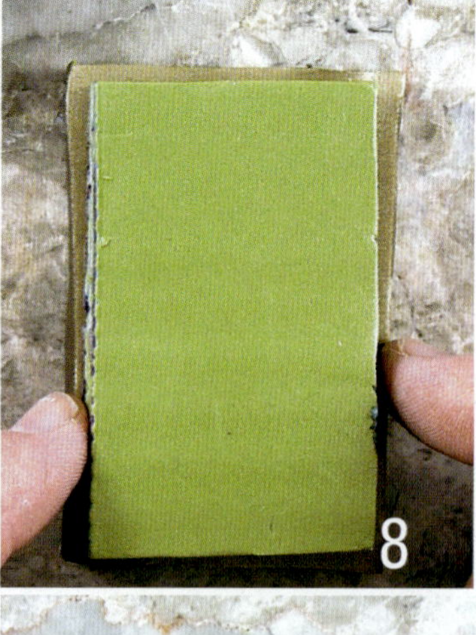

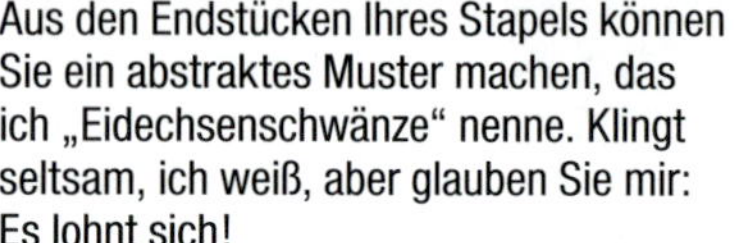

Aus den Endstücken Ihres Stapels können Sie ein abstraktes Muster machen, das ich „Eidechsenschwänze" nenne. Klingt seltsam, ich weiß, aber glauben Sie mir: Es lohnt sich!

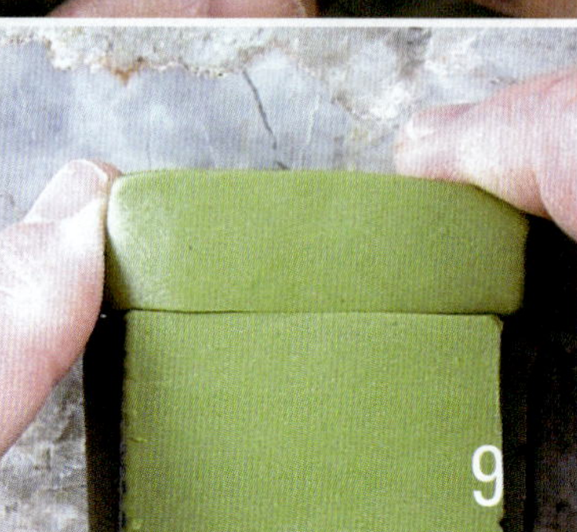

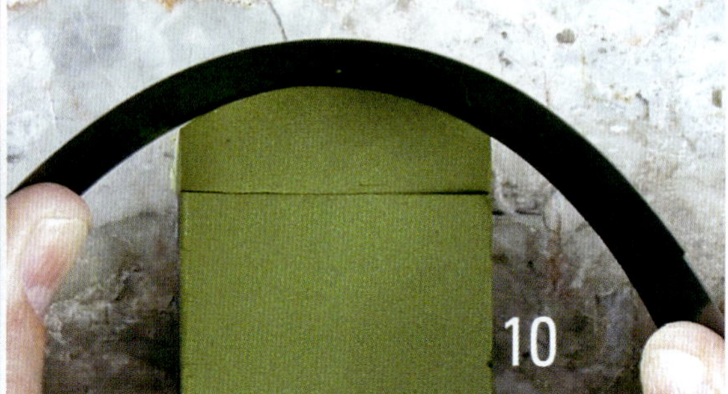

Halbieren Sie den langen Streifen und legen Sie die Hälften aufeinander. Achten Sie darauf, dass Sie die Farbfolge beibehalten. Fahren Sie leicht mit der Handdruckwalze über den Stapel, damit die Hälften aneinander haften. Dann halbieren Sie den Stapel erneut und legen eine Hälfte auf die andere. In Ihrem Stapel kommt jede Farbe nun viermal vor **[5]**.

Beim Schneiden und Aufstapeln messe ich nicht genau die Mittellinie aus, also habe ich zum Schluss meist eine bündige und eine ungleichmäßige Schmalseite, von der ich ein etwa 1,2 cm abschneide und beiseitelege **[6]**.

Nun können Sie den Stapel fürs Prägen vorbereiten. Da er nur etwa 1,5 cm hoch ist, legen Sie am besten eine zusätzliche Clayplatte darunter, um ihn später leichter schneiden zu können. Diese Clayplatte dient lediglich als Stütze, sie ist nicht Teil Ihres Projekts. Machen Sie sie so hoch, wie es für Sie bequem ist **[7]**.

Legen Sie den Prägestapel – mit oder ohne stützende Clayplatte – an den Rand der Arbeitsfläche, der Ihnen am nächsten ist. Beim Schneiden müssen Sie über den ganzen Stapel hinweggreifen. Sie können die Klinge sicherer führen, wenn er unmittelbar vor Ihnen liegt **[8]**.

Zusätzlich zu der stützenden Clayplatte unter dem Prägestapel können Sie auch an den Schmal- und sogar an den Längsseiten weiteren Clay anfügen. Vor allem bei weichem und/oder warmem Clay können diese angesetzten „Leisten" verhindern, dass sich das Muster beim Schneiden verzieht. Durch kühlen, festen Clay gleitet die Klinge glatt und sauber durch den Stapel, doch wenn der Clay zu weich ist, bleibt die Klinge stecken und verzerrt das Muster.

Ebenso wie die untere Clayplatte sind auch diese „Leisten" lediglich als Arbeitshilfen und nicht als Teil Ihres Gestaltungsprozesses gedacht. Sie sollten die gleiche Höhe wie der Prägestapel haben und dicht neben die Stapelkanten platziert werden. Sie müssen nicht perfekt ausgerichtet sein, sollten aber mit dem Stapel verbunden sein **[9]**. Mit einer flexiblen Klinge runden Sie die Kanten der „Leisten". Auf diese Weise reduzieren Sie den Bereich, mit dem Sie beim Schneiden in Berührung kommen **[10]**.

Begradigen Sie die seitlichen Ränder des Stapels. Dann fahren Sie mit der Handdruckwalze ein paarmal über den gesamten Stapel mitsamt den angefügten „Leisten", damit er gut auf der Arbeitsfläche liegt. Es ist ganz wichtig, dass der Clay sicher haftet, damit Sie ihn beim Schneiden nicht anheben oder er verrutscht **[11]**.

Prägemuster

Ihr Prägestapel ist nun bereit und es ist Zeit, ans Prägen zu gehen. Wie ich bereits sagte, sind Ihnen bei der Wahl Ihrer Prägewerkzeuge kaum Grenzen gesetzt. Vielmehr liegt die Schwierigkeit nicht darin zu entscheiden, welche Muster Sie wählen sollen, sondern wann es genug ist. Dieser Stapel ist wie eine Leinwand aus Clay, die „Mach mich voll!" schreit, und es kann gut sein, dass Sie sich dieser Aufforderung nur mit Mühe widersetzen können.
Bevor Sie also wild drauflos prägen, sollten Sie sich in Erinnerung rufen, dass der Negativraum eines der wichtigsten Elemente beim Gestalten ist. Ohne ihn kann ein Muster so lebhaft und konfus werden, dass es kaum zu deuten ist. Abstände zwischen Teilen eines Musters lassen das Auge ausruhen und geben ihm Gelegenheit, das Muster als Ganzes zu erfassen.

Bevor Sie mit dem Prägen beginnen, sollten Sie Ihre Prägewerkzeuge an dem Clay ausprobieren, den Sie beiseitegelegt haben. Wenn Sie wissen, welchen Abdruck die Werkzeuge hinterlassen – tief oder flach, scharf umrandet oder stumpf –, können Sie die Gestaltung Ihres Musters besser steuern. In diesem Beispiel **[12]** *sieht man den feinen Abdruck eines dünnwandigen Kemper-Ausstechers und den breiteren und auffälligeren des dickwandigen Kugelschreiberteils.*

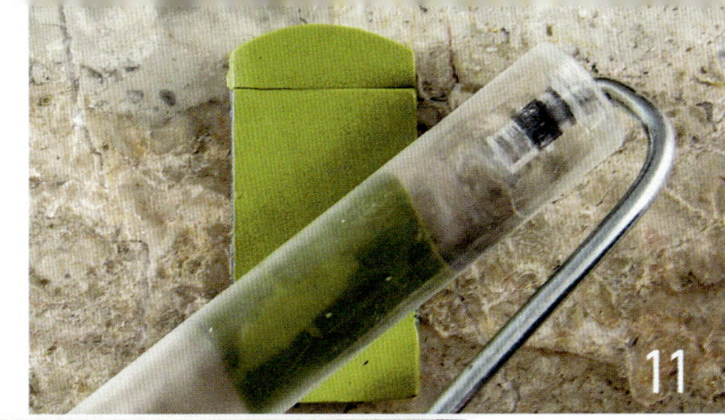
11

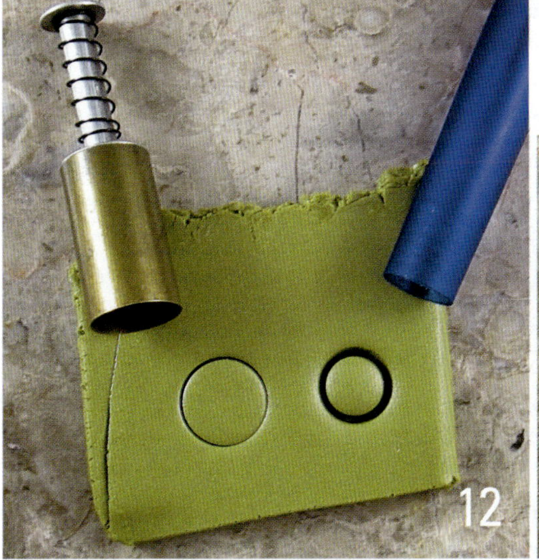
12

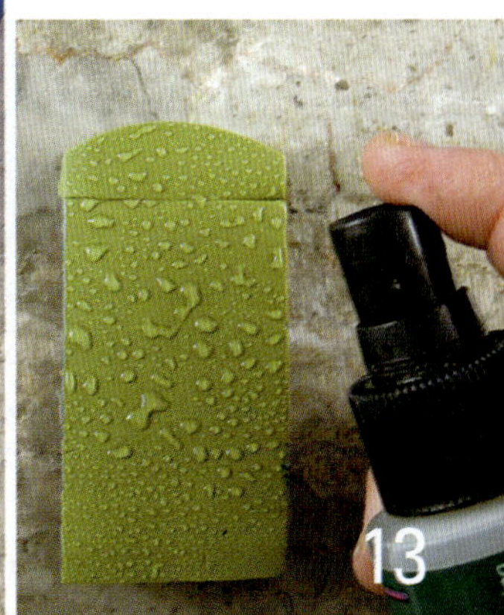
13

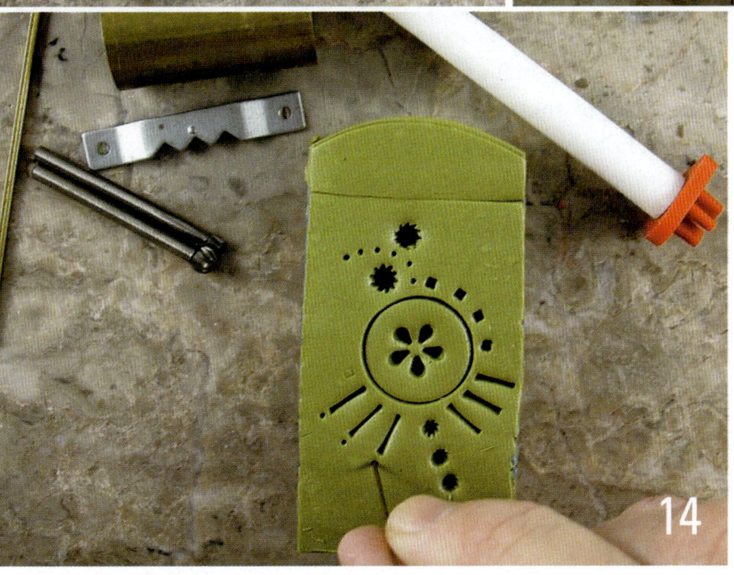
14

Ich liebe meine Werkzeuge und sie lieben mich. Oder vielleicht lieben sie den Clay mehr als mich. Tatsächlich scheinen sie ihn so sehr zu lieben, dass sie ihn manchmal gar nicht mehr loslassen wollen! Also sorge ich dafür, dass meine Werkzeuge und der Clay in Freundschaft auseinandergehen und besprühe den Clay mit einem einfachen Trennmittel: Wasser **[13]**. Es klappt hervorragend, lässt sich leicht abwischen und hinterlässt keine Spuren.

Stellen Sie die Werkzeuge zusammen, die Sie für Ihr Prägemuster benutzen wollen. Drücken Sie nun eines der Werkzeuge so tief wie möglich in den Stapel. Dabei sollte die Oberfläche des Stapels möglichst wenig eingedrückt werden. In dem abgebildeten Beispiel **[14]** ließen sich die winzige Perlenstechnadel (die ich in den Fingern halte), das kleine quadratische Röhrchen und das größere runde Röhrchen bis zum Boden des Stapels eindrücken. Die Form des Aufhängers, der Bohrspitzen und des Kemper-Designer-Dots-Stempels mit Blümchenmuster ließ nur einen flachen Abdruck zu.

Schneiden

Der Umgang mit einer scharfen Clayklinge erfordert einige Übung. Nachdem Sie nun Zeit und Mühe darauf verwandt haben, eine Farbkombination zu mischen, einen Stapel zu bauen und ein Muster zu prägen, werden Sie vielleicht zögern, Ihrem Prägestapel mit der Klinge zu Leibe zu rücken, wenn Sie sich mit dieser Klinge nicht ganz wohlfühlen.

> *Bauen Sie sich einen Übungsstapel aus beiseitegelegtem Clay oder konditionieren Sie frischen Clay. Und dann schneiden Sie drauflos! Sie werden feststellen, dass Sie viel forscher in einen Stapel schneiden, der Sie nicht viel Zeit und Mühe gekostet hat. Auf diese Weise lernen Sie, mit Ihrer Klinge umzugehen.*

Legen Sie zunächst ein Stück Papier neben Ihre Arbeitsfläche. Darauf legen Sie die abgeschnittenen Scheiben, damit Sie, während Sie mit dem restlichen Stapel beschäftigt sind, nicht plötzlich eine Clayscheibe am Ellenbogen hängen haben. (Alles schon mal da gewesen!)
Konzentrieren Sie sich eher auf Ihre Hände als auf die Klinge. Setzen Sie die Klinge am äußersten Ende des Stapels etwa 1,5 mm unterhalb der Oberkante an, damit die Scheibe nicht papierdünn wird. Eine etwas dickere Scheibe reißt nicht so leicht. Wenn Sie beide Hände mit gleichmäßigem Druck zu sich hinziehen, bleibt auch die Klinge gerade und neigt sich nicht nach oben oder unten **[15-17]**.

> *Wenn Sie den Eindruck haben, dass Sie schräg schneiden, neigen Sie Ihre Klinge vorsichtig in die Gegenrichtung und schneiden weiter.*

Bevor die Klinge an der vorderen Schmalseite vollständig aus dem Stapel hervortritt, heben Sie die Scheibe vorsichtig mit der Klinge vom Stapel. Wenden Sie die Scheibe und legen Sie sie auf das Papier **[18]**.

Nachprägen

Mit jeder Scheibe dringen Sie in tiefere Schichten des Stapels vor. Ihr Prägemuster ist nun weniger deutlich zu erkennen, vor allem, wenn Sie mit flachen Prägewerkzeugen gearbeitet haben, deren Abdruck nicht so weit in den Prägestapel hineinreicht. Das ist kein Problem, der Stapel kann jederzeit mit denselben oder mit anderen Werkzeugen nachgeprägt werden. Besprühen Sie zuvor den Stapel mit Wasser als Trennmittel **[19]**.
Wieviele Scheiben Sie von Ihrem Stapel schneiden können, hängt natürlich von ihrer Dicke ab. Meist dürften es 4-8 Scheiben sein, bevor Sie die stützende Clayplatte erreichen. Je nachdem, mit welchen Werkzeugen Sie geprägt haben, haben die Scheiben Bereiche, in denen Musterelemente herausgefallen sind. Diese Löcher finde ich sehr erstrebenswert, und wenn sie nicht von allein

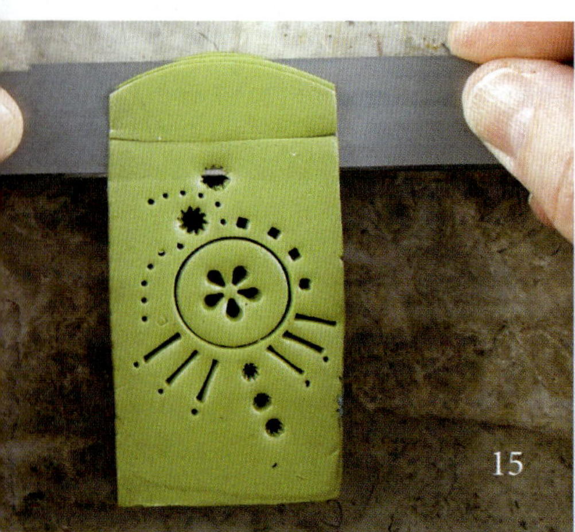
15

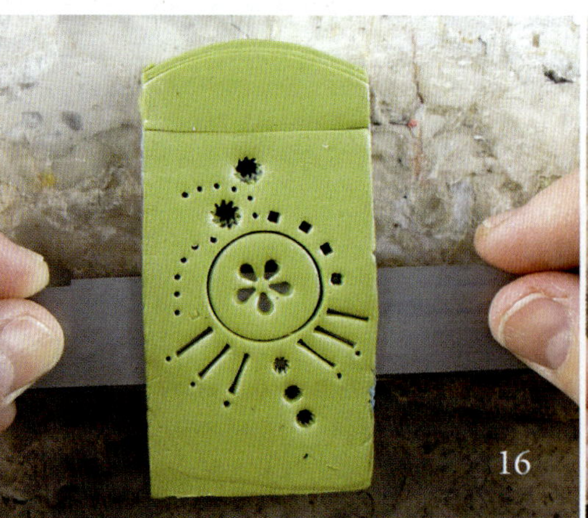
16

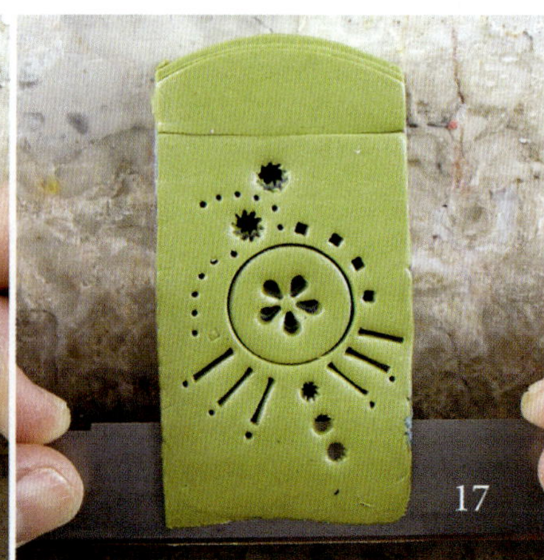
17

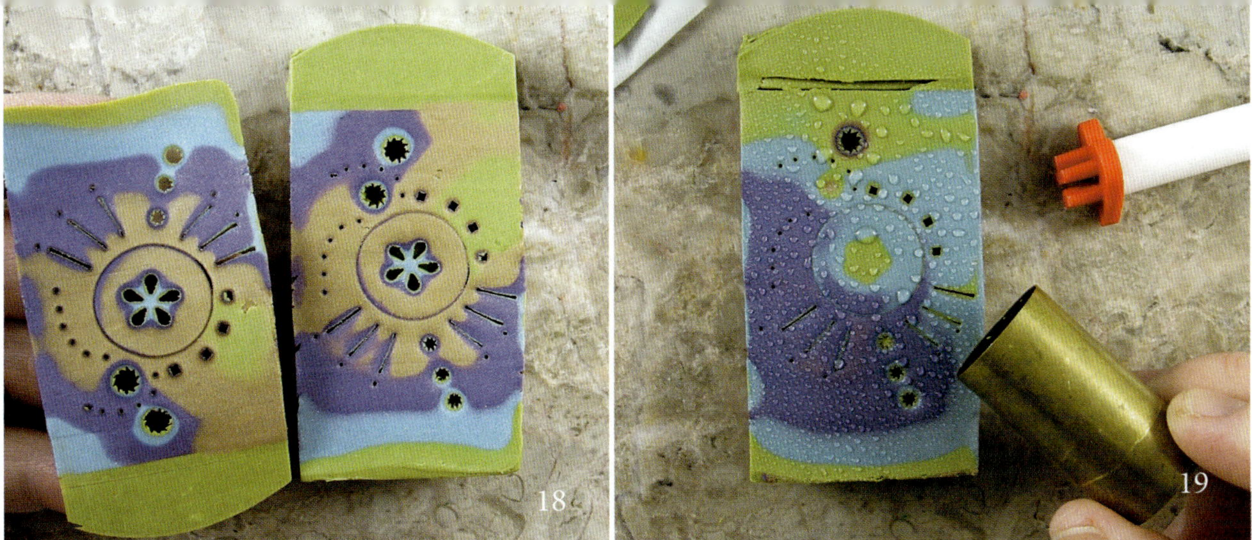

entstehen, helfe ich oft nach. Sie geben meinen Perlen Tiefe und Dimension, und die herausgefallenen Stücke lassen sich anderweitig verwenden **[20]**.

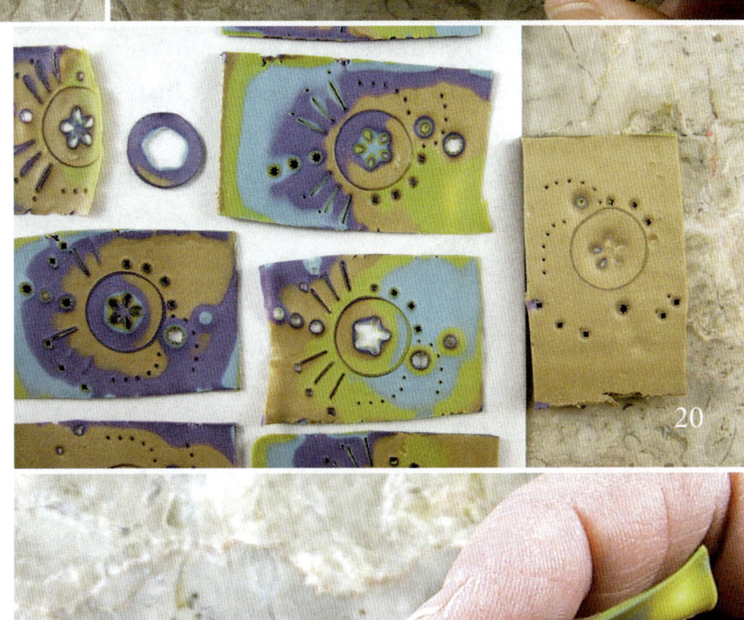

Ungleichmäßige Scheiben

Wenn Sie Ihre Hände beim Schneiden nicht gleichmäßig nach vorn ziehen, wird die Klinge sehr wahrscheinlich auch nicht gerade durch den Stapel gleiten. Das Ergebnis ist eine Scheibe mit einem dickeren und einem dünneren Ende **[21]**.

Bei der Perlenherstellung ist die gleichmäßige Stärke der Scheibe ganz wesentlich, die Dicke ist dagegen nicht so wichtig. Aus einer ungleichmäßigen Scheibe wird dann das, was ich eine „Skipisten-Perle" nenne – ein Ende ist dicker als das andere.

Um eine unregelmäßige Scheibe zu retten, sehen Sie sich zunächst beide Seiten an und entscheiden Sie, welche Ihnen besser gefällt. Legen Sie sie mit der schöneren Seite nach unten auf die saubere Arbeitsfläche, das dicke Ende ist Ihnen zugewandt. Drücken Sie die Scheibe mit den Fingern sanft, aber fest auf die Arbeitsfläche, bis sie gut haftet **[22]**.

Setzen Sie die Klinge dort an, wo die Erhöhung beginnt und fangen Sie an, diesen Bereich abzutragen **[23]**. Schneiden Sie solange dünne Späne ab, bis die Scheibe gleichmäßig dick ist. Dann heben Sie sie vorsichtig mit der Klinge von der Arbeitsfläche und legen sie beiseite. Die Späne lassen sich zu einer bunten Perlenrückseite zusammensetzen.

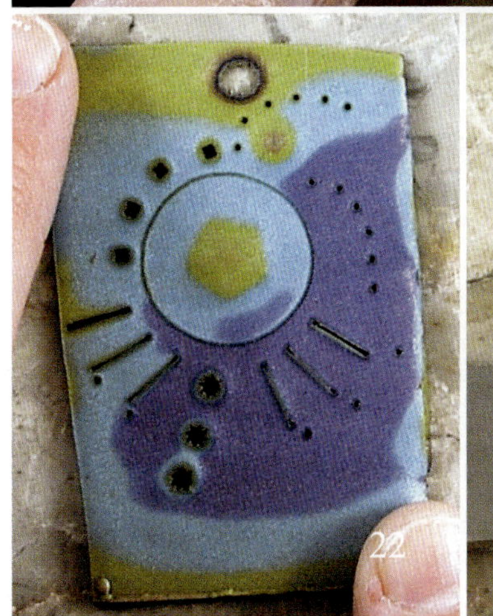

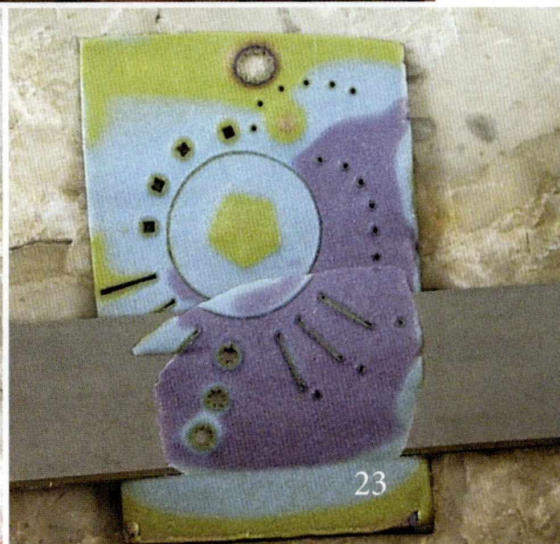

Perlen formen und bearbeiten

Wenn ich eine Perle forme, gehe ich davon aus, dass sie aus drei Teilen besteht: Vorderseite, Kern und Rückseite. Für das Mittelstück, den Kern, nehme ich normalerweise einfarbigen Clay, den man an der Vorderseite durch Löcher in der geprägten Scheibe sehen kann. Und statt mein Zeichen auf die fertige Perle zu drücken und möglicherweise die Oberfläche zu verzerren, drücke ich meinen Namensstempel auf den dritten Teil der Perle: die texturierte oder mit Mustern versehene Rückseite. Durch die Dicke von Kern und Rückseite der fertigen Perle können Sie die Dicke der Perle steuern.

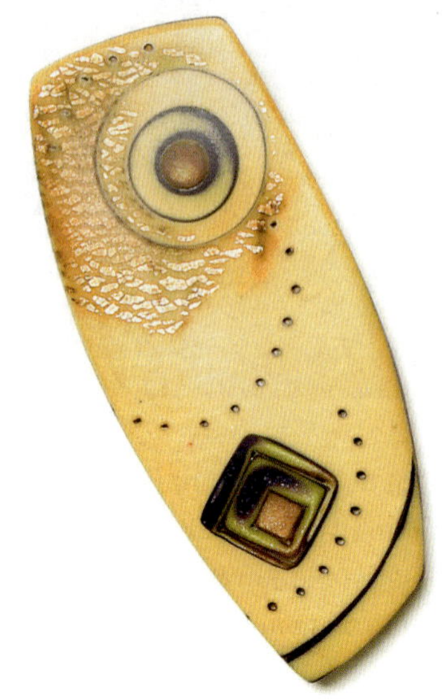

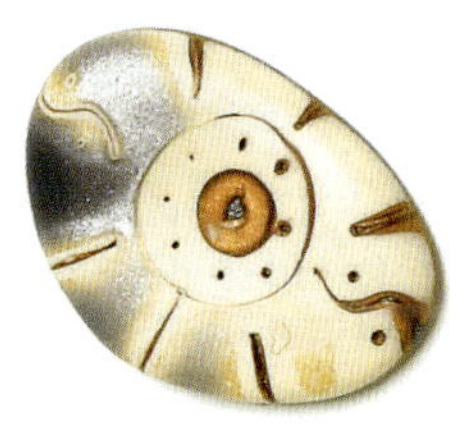

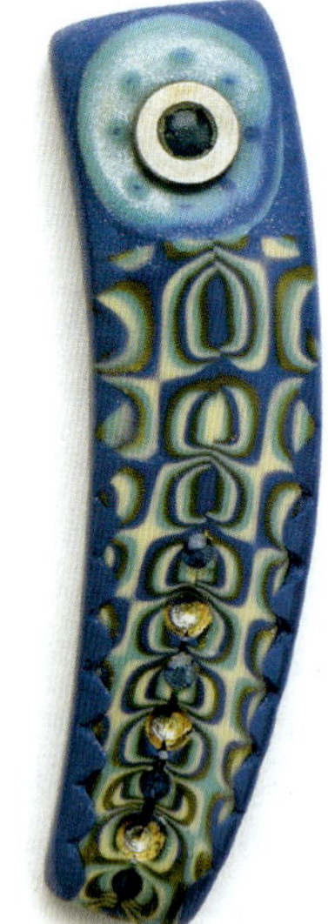

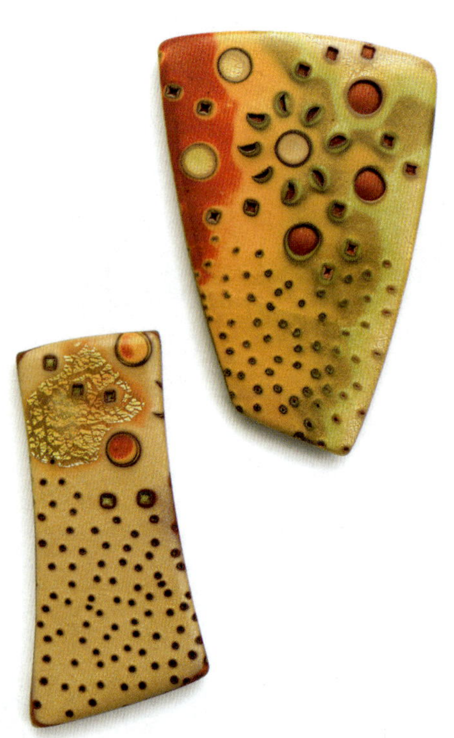

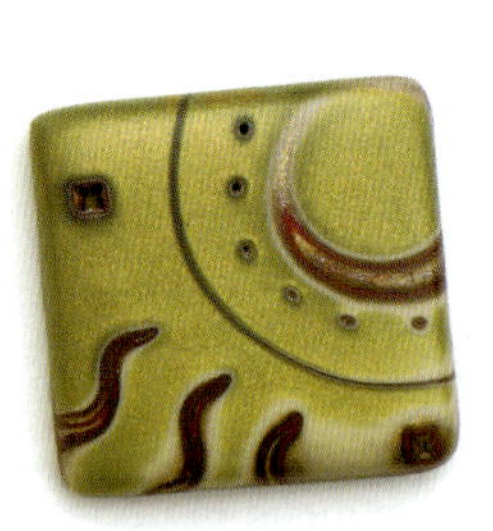

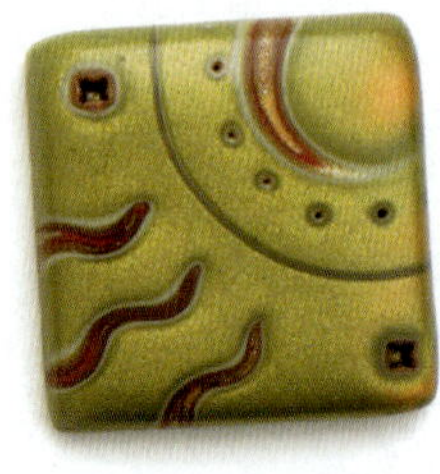

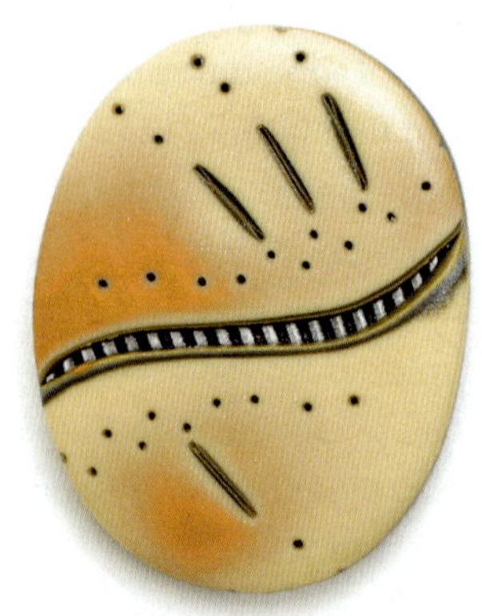

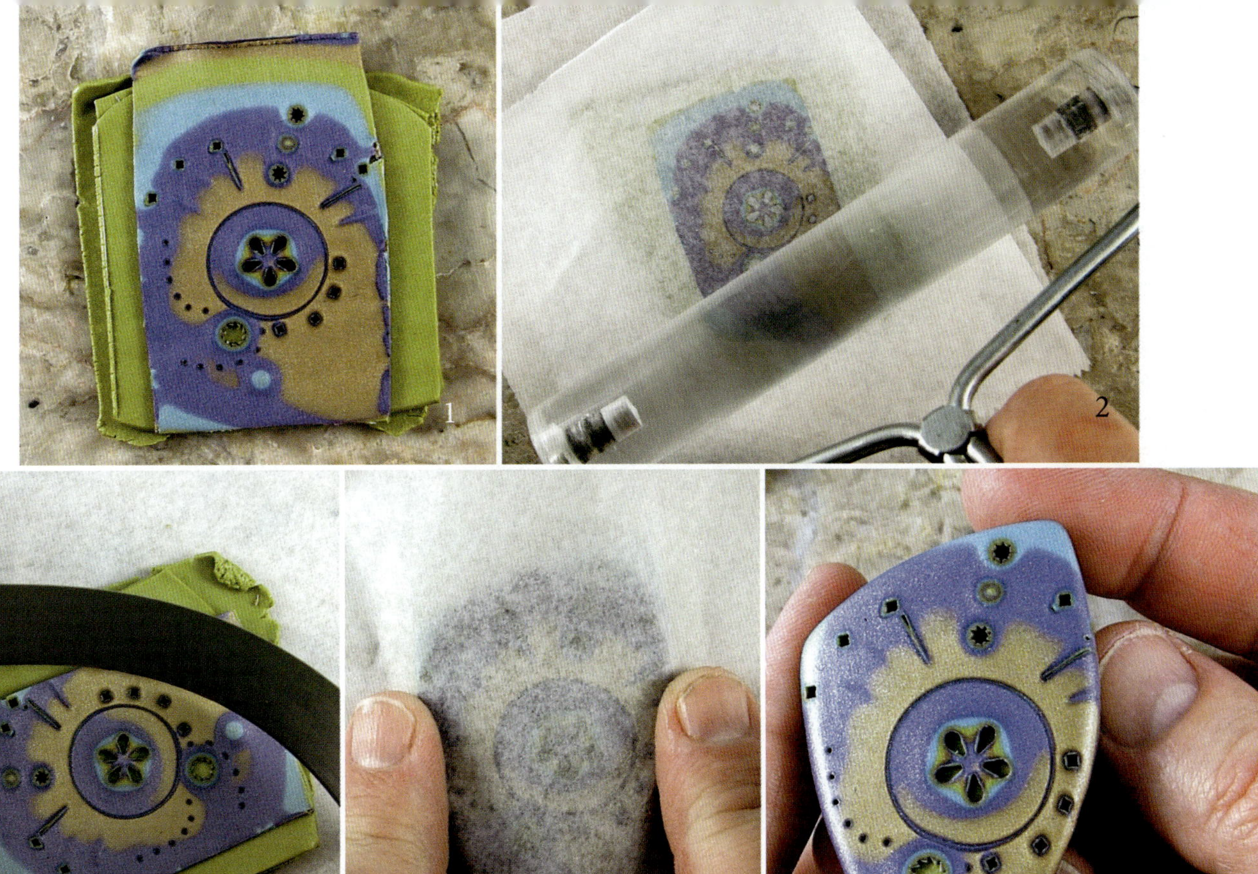

Eine Perle aufbauen

Legen Sie die Vorderseite, den Kern und die umgedrehte Rückseite aufeinander **[1]**. Legen Sie unter und auf die Perle ein Stück Papier. Fahren Sie vorsichtig über die Perle, damit die Schichten aneinander haften und sich der Clay glatt und gleichmäßig anfühlt.

> *Zu viel Druck beim Glätten kann das Muster verzerren. Immer, wenn Sie einmal mit der Handdruckwalze über den Clay gefahren sind, drehen Sie das Papier um 90°, bevor Sie noch einmal darüberrollen. Auf diese Weise wird das Prägemuster gleichmäßig in alle Richtungen geglättet* **[2]**.

Formen

Wenn ich eine Perle mit der Klinge zurechtschneide und forme, schräge ich die Kanten ab. Wenn man die Klinge leicht nach innen neigt, während man von der Vorderseite nach unten schneidet, bekommt man Kanten, die sich leicht und mit wenig Druck formen lassen **[3]**. Legen Sie Papier über die Perle und runden Sie die Kanten, indem Sie sie leicht nach unten drücken. Dadurch wird die Vorderseite der Perle an den Rändern ein wenig nach unten gebogen, sodass Sie gleichmäßig abgerundete Kanten haben **[4]**. Zum Schluss fahren Sie mit der Fingerbeere des Daumens über die Vorderseite und spüren raue Kanten oder Unregelmäßigkeiten auf der Oberfläche auf, die nachgearbeitet werden müssen. Nehmen Sie dazu nicht die Daumenspitze, sie hinterlässt Fingerabdrücke **[5]**.

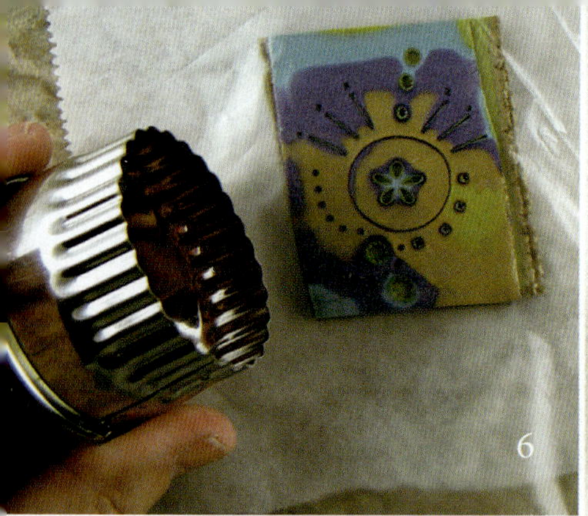

6

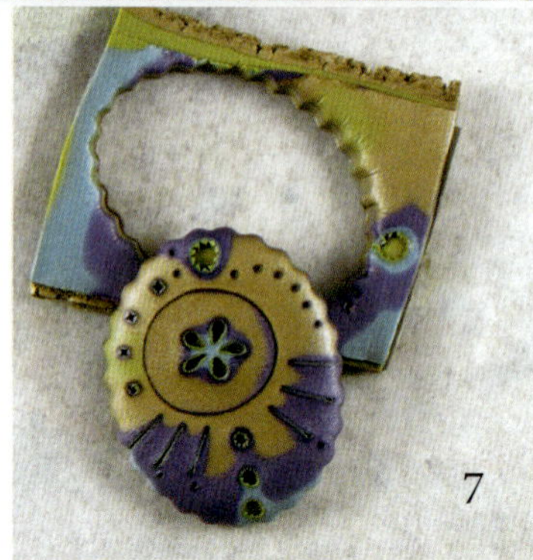

7

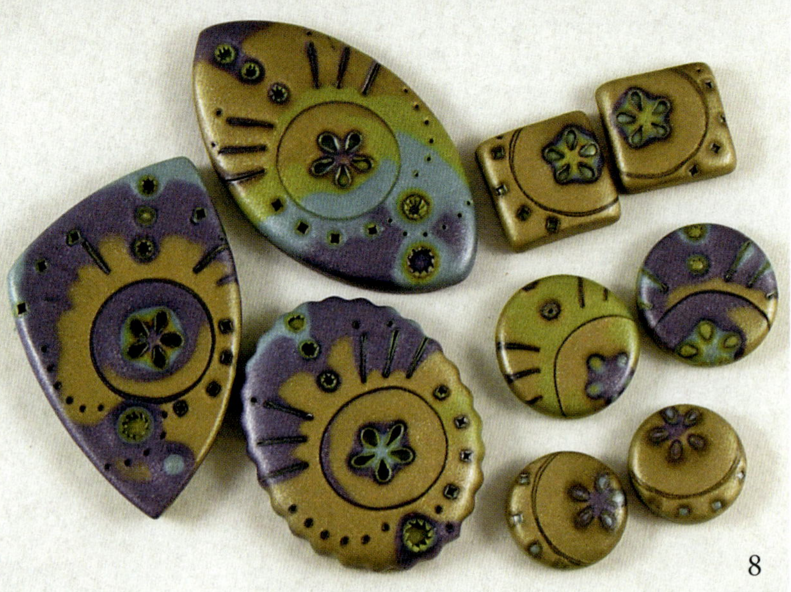

8

Mit Ausstechformen arbeiten

Als Alternative zum freihändigen Schneiden bieten sich die zahlreichen Ausstechformen an, die es auf dem Markt gibt. Hier ist ein nützlicher Trick, wenn Sie mit Ausstechern arbeiten: Legen Sie ein Stück Frischhaltefolie über die Perle, bevor Sie den Ausstecher in den Clay drücken. Sie verhindert, dass der Clay am Ausstecher klebt und sorgt außerdem für schön gerundete Kanten **[6-7]**.

Wenn Sie alle geprägten Scheiben zu Perlen geformt haben, geht es ans Härten **[8]**.

Ich bohre die Fädellöcher nach dem Härten in die Perlen. So kann ich die Löcher beliebig platzieren und laufe nicht Gefahr, die Clayschichten zu verziehen. Wenn Sie die Löcher vor dem Härten stechen wollen, ist jetzt der richtige Zeitpunkt. Setzen Sie eine Perlenstechnadel an den Rand der Perle und drücken Sie sie unter Drehen in den Clay. So ist das Risiko von Verzerrungen des Musters am geringsten.

Den Clay härten

Einer der Vorteile von Clay ist, dass er sich bei sehr niedrigen Temperaturen (125-150° C) härten lässt. Sie brauchen also keinen Brennofen, sondern können einen Haushaltsofen benutzen. Lesen Sie sich auf jeden Fall die Herstellerhinweise auf den Claypäckchen durch, weil die Härtetemperaturen je nach Claysorte leicht voneinander abweichen.

Ich benutze statt „backen“ lieber das Wort „härten“ – schließlich reden wir hier nicht von irgendwelchen Leckereien im Backofen. Viele Hersteller bezeichnen den Härteprozess jedoch als „Backen“ und manche Kursleiter benutzen beide Begriffe. In beiden Fällen ist dasselbe gemeint: Der Clay wird für die empfohlene Zeitspanne bei der empfohlenen Temperatur in den Ofen gelegt, bis er seine höchstmögliche Festigkeit erreicht hat.

Egal ob Sie sich für Ihre Clayarbeiten einen Kleinbackofen anschaffen oder Ihren Küchenofen nehmen: es ist sehr wichtig, dass Sie den Ofen mit einem metallenen Thermometer kalibrieren, um sicherzugehen, dass die Temperatur im Innern des Ofens tatsächlich der Angabe auf dem Regler entspricht **[9]**. Stellen oder hängen Sie das Thermometer während der Aufheizphase in den Ofen und prüfen Sie, ob die Angaben auf dem Thermometer mit denen auf dem Regler übereinstimmen.

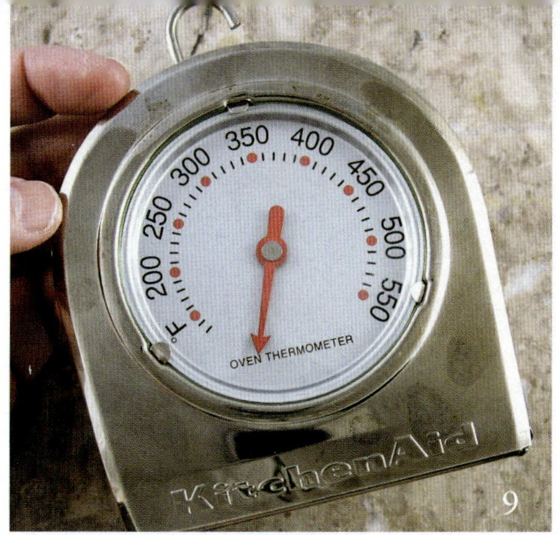

9

Oft müssen Sie den Regler verstellen, bis das Thermometer genau die Temperatur anzeigt, die Sie zum Härten brauchen. So kann es sein, dass Ihr Ofen heißer wird als die Temperatur, die Sie mit dem Regler eingestellt haben, Sie müssen ihn also ein wenig herunterstellen. Markieren Sie die richtige Einstellung auf dem Regler mit einem Permanentmarker. Außerdem sollten Sie das Ofenthermometer eine Weile im Auge behalten, um sicherzugehen, dass der Ofen die gewünschte Temperatur gleichmäßig einhält. Temperaturschwankungen können dazu führen, dass der Clay anbrennt oder nicht ausreichend härtet.

Gerade bei kleinen Öfen kann es sein, dass manche Bereiche heißer werden als andere. Legen Sie zwei Thermometer an gegenüberliegenden Stellen in den Ofen. Sie sollten dieselbe Temperatur anzeigen. Wenn der Ofen tatsächlich nicht gleichmäßig heiß ist, sollten Sie helle und durchscheinende Farben zum Härten an eine „kühlere" Stelle legen, weil sie besonders leicht anbrennen.

Heizen Sie den Ofen immer vor und halten Sie sich bei der Härtezeit an die Angaben des Herstellers. Ich bin mir sicher, dass mein Ofen die empfohlene Härtetemperatur nicht übersteigt, daher lasse ich meine Stücke ohne Zögern etwas länger im Ofen, um sie wirklich durchzuhärten. Normalerweise lasse ich auch die kleinste Clayperle für mindestens 40 Minuten im Ofen. Größere oder dickere Stücke bleiben doppelt so lange drin.

Damit Perlen nicht anbrennen

In einem richtig kalibrierten Ofen können Clayperlen unendlich lange im aufgeheizten Ofen liegen, ohne irgendwelchen Schaden zu nehmen. Wenn Sie sie allerdings zu nah an die Heizspirale platzieren oder den Ofen nicht kalibriert haben, können sie anbrennen. Leicht angebrannter Clay bekommt einen sepiabraunen Schleier, bei sehr hohen Temperaturen kann er jedoch Blasen bilden und braun oder schwarz werden.
Im rohen Zustand gehen von Clay kaum oder keine gesundheitlichen Gefahren aus, *die Dämpfe, die bei Temperaturen von 180° C oder mehr entstehen, sind allerdings giftig.* Sobald Sie feststellen, dass Ihr Clay verbrennt, stellen Sie den Ofen aus, lüften den Raum, bringen Leute und Haustiere nach draußen und warten ab, bis sich die Dämpfe verzogen haben.

Zu niedrige Temperaturen

Wenn Clay bei zu niedrigen Temperaturen und zu kurze Zeit gehärtet wird, ist er brüchiger als richtig gehärteter Clay. Die meisten Claysorten weisen nach dem Härten noch einen gewissen Grad an Flexibilität auf, unzureichend gehärteten Clay erkennt man jedoch daran, dass er sehr biegsam ist. Er bricht leichter und ist nicht so fest wie ausreichend gehärteter Clay. Lieber würde ich meine Claystücke tagelang in einem gut kalibrierten Ofen liegenlassen als sie zu früh aus dem Ofen zu holen.

Gehärteten Clay formen

Ich lege meine ungehärten Claystücke auf eine Fliese oder ein Backblech, das ich vorher mit Papier bedecke. Dabei achte ich darauf, dass die Stücke nicht zu nahe zusammenliegen. Bei Temperaturen unter 160° C brennt Papier nicht und kann bedenkenlos im Ofen benutzt werden. Wenn ich die Fliese oder das Backblech aus dem Ofen hole, ist der Clay noch zu heiß zum Anfassen, doch ich kann die gehärteten Stücke mit dem Papier hochnehmen und auf der Arbeitsfläche nahe am Waschbecken auskühlen lassen.

Um ein Anbrennen zu vermeiden, können Sie die Perlen zum Härten locker mit Alufolie zudecken, vor allem, wenn Sie sie nahe an der Heizspirale platzieren.

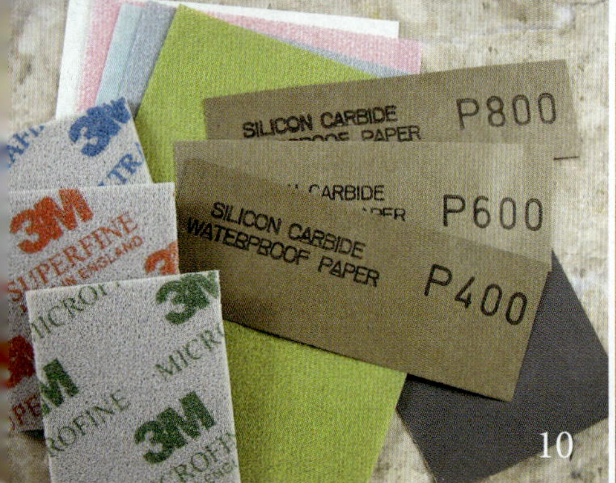

10

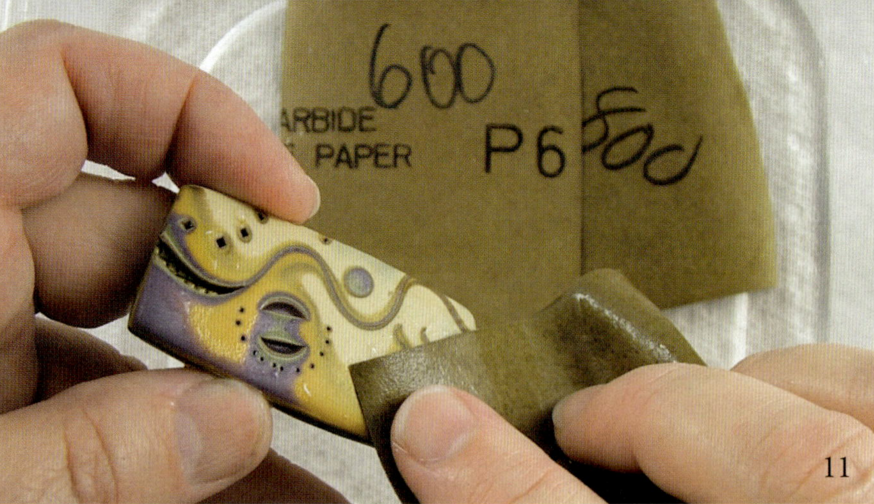

11

Auch wenn der Clay flach aus dem Ofen kommt, können Sie ihn immer noch dauerhaft umformen, indem Sie den heißen Clay unter fließend kaltem Wasser umbiegen. Drehen Sie den Wasserhahn auf, nehmen Sie das Stück vorsichtig (heiß!) auf und biegen Sie es vorsichtig mit beiden Händen. Halten Sie das Stück beim Biegen in den Wasserstrahl, damit es schneller abkühlt und um Ihre Finger zu schützen.

Abschließende Bearbeitung

Was mir an der Prägetechnik am besten gefällt ist die Tatsache, dass sie so nachsichtig ist. Eigentlich gibt es dabei kein „falsch" oder „richtig", und die Technik bietet viele Möglichkeiten zu experimentieren. Bei der abschließenden Bearbeitung Ihrer Perlen sollten Sie jedoch immer nach Perfektion streben. Durch einfaches Schleifen und Polieren entsteht, wenn man es richtig macht, eine Perle mit einem feinen Schimmer, die schön anzusehen und zu fühlen ist.

Schleifen

Ich kennen nur wenige Künstler, die wirklich gerne schleifen. Manche versuchen, diese Arbeit von Maschinen wie Trommelschleifern oder geschickt umgebaute elektrische Werkzeuge erledigen zu lassen. Trotzdem ist da etwas am Schleifen von Hand, das ich nicht missen möchte. Ich halte jedes Stück in der Hand, sehe es mir genau an und prüfe, ob es überall gut geschliffen ist. Dabei kann ich manche Bereiche besonders energisch schleifen, wenn ich eine bestimmte Farbe hervorheben will.

Ich empfehle, wasserfestes Schleifpapier und Schleifschwämme im Wasser zu verwenden, um den Claystaub aufzufangen **[10]**. Ich beginne normalerweise mit Körnung 320, wenn ich sehr grobe Kanten habe, die ich bearbeiten will, sonst fange ich mit 400er Körnung an. Unter fließendem Wasser mache ich mit 600er, 800er, 1000er, 1500er und dann mit 2000er Körnung weiter. Dabei gehe ich sanft vor, zu viel Druck kann zu Rillen und Unebenheiten führen. Schleifen Sie mit leichtem Druck und kreisenden Bewegungen und vergessen Sie Seiten und Rückseite Ihrer Perle nicht **[11]**. Wenn Sie Schwierigkeiten haben, Perle und Schleifpapier gleichzeitig zu halten, legen Sie das Schleifpapier oder den Schwamm auf dem Boden eines Plastikbehälters ins Wasser, drücken das Stück an und schleifen mit kreisenden Bewegungen. Nehmen Sie frisches Wasser, wenn es trübe wird, spätestens aber bei jedem zweiten Körnungswechsel. Nach dem Schleifen spülen Sie das Schleifpapier ab und lassen es trocknen. Es kann immer wieder verwendet werden, bis die Körnung vollkommen abgenutzt ist.

Polieren

Das Schleifen allein erzeugt bei Clay keinen Glanz, doch die Kombination aus Schleifen und Polieren tut es. Mit einer Tischdrehbank oder Bohrmaschine mit weicher Schwabbelscheibe aus Baumwolle polieren Sie Ihre Perlen schnell auf Hochglanz, wenn Sie sie von Hand polieren, ist der Glanz matter. Ich poliere von Hand und zwar auf einem

Für Schleifpapier gibt es keine allgemeingültigen Richtlinien, daher kann es z.B. passieren, dass die 600er Körnung eines Herstellers eher der 800er Körnung eines anderen Herstellers entspricht. Am besten kaufen Sie alle benötigten Körnungen von ein und demselben Hersteller.

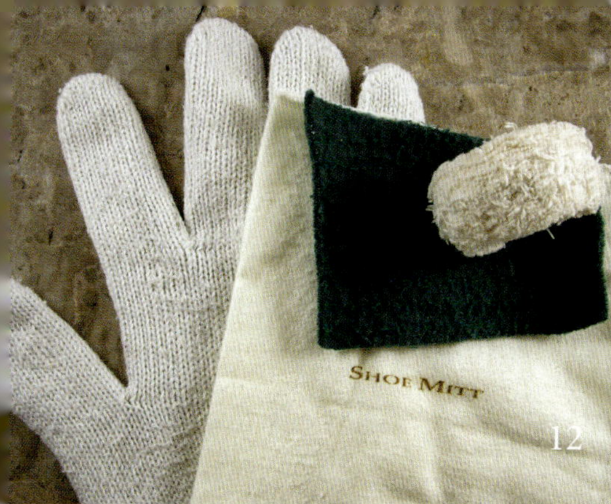

12

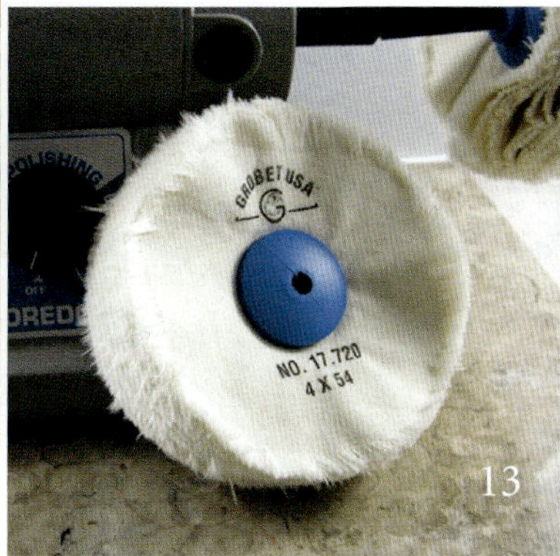

13

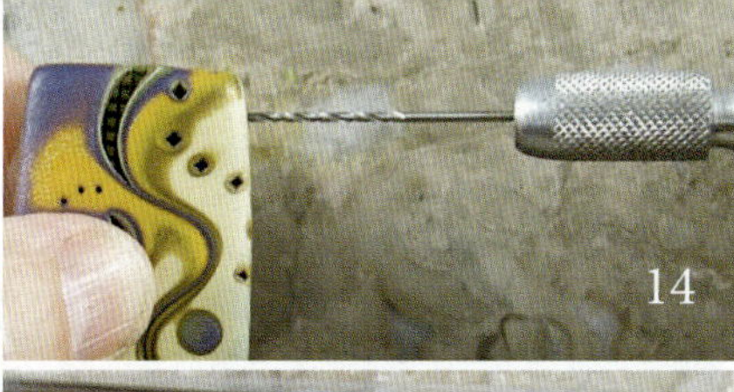

14

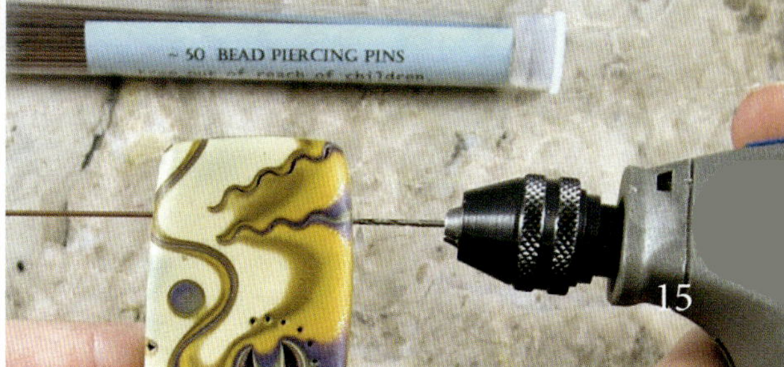

15

Hosenbein, mit einem Polierhandschuh für Schuhe oder sogar mit einem Schwabbel, den ich in der Hand halte. Wenn Sie ein Paar Polierhandschuhe aus Baumwolle anziehen, polieren Sie beide Seiten gleichzeitig **[12]**. Egal welches Material Sie nehmen: Wichtig ist, dass beim Reiben ein wenig Wärme entsteht.

Viele Clay-Künstler arbeiten gerne mit einer kleinen Drehbank. Damit lässt sich mit wenig Mühe ein tiefer, gleichmäßiger Glanz erzeugen. Gerade für Leute, die Probleme mit den Händen oder Handgelenken haben, ist dies sicher die ideale Methode. Verwenden Sie eine weiche ungesteppte Polierscheibe, um Schäden am Clay zu vermeiden. Eine 10 cm-Scheibe mit 54 Lagen ist gut geeignet **[13]**. Binden Sie lange Haare zusammen und halten Sie die Perle gut fest, wenn Sie sie am unteren Rand der Polierscheibe ansetzen. Achtung: Wenn Sie eine Perle nicht richtig festhalten, wird sie weggeschleudert!

Bohren

Wenn Sie Ihre Perlen nach dem Härten durchbohren, können Sie das Fädelloch überall anbringen, ohne zu riskieren, dass Form oder Muster verzogen werden. Jahrelang habe ich mit einem kleinen Handbohrer gearbeitet **[14]**, doch als die Perlenhalde vor mir zu groß wurde, bin ich auf ein Multifunktionsgerät umgestiegen. Und habe mich geärgert, dass ich damit so lange gewartet hatte!

Ich liebe meinen schnurlosen Dremel Stylus! Er ist ein Einhandgerät, d.h. ich muss ihn zum An- und Ausschalten nicht aus der Hand legen.

Um ein Loch in eine Perle zu bohren, setze ich den Bohrer mit leichtem Druck an die Perle und schalte die Maschine an. Der Bohrer dringt sofort in das Material ein und ruckelt nicht. Ich halte die Perle so, dass zwei Finger genau spüren, wo der Bohrer sich vorarbeitet. So merke ich, wenn ich mit dem Bohrer zu nah an die eine oder andere Kante komme. Beim Bohren drehe ich die Perle ständig, um die Vorderseite und dann die seitliche Kante im Blick zu haben, um sicherzugehen, dass ich gleichmäßig bohre.

Um Ein- und Austrittspunkt des Bohrers auf gleiche Höhe zu bringen, können eine Perlenstechnadel oder ein Stück Draht helfen. Beginnen Sie an einer Seite mit dem Bohren und stecken Sie den Draht in die Vertiefung. Nun haben Sie eine Sichtlinie zur Orientierung. Setzen Sie den Bohrer an der anderen Kante genau gegenüber von dem Draht an, fangen Sie an zu bohren **[15]**, *entfernen Sie den Draht und bohren Sie das Loch fertig.*

Versiegeln oder glasieren

Ich versiegle oder glasiere meine Clayperlen nicht. Ich mag es nicht, wenn sie zu stark glänzen. Außerdem werden manche Versiegler mit der Zeit gelb, reißen oder blättern ab. Nachdem ich die Perlen mit so viel Mühe geschliffen und poliert habe, möchte ich den matten Glanz, der dabei entsteht, nicht überdecken. Die Farben bleichen nicht aus und die Perlen können bei Bedarf nachpoliert werden.

Falls Sie ein Loch wieder verschließen wollen, nehmen Sie ein wenig gleichfarbigen Clay und schieben ihn in das Loch. Um den Rand des Loches herum streichen Sie den Clay mit dem Finger glatt. Härten Sie die Perle noch einmal und falls nötig schleifen Sie sie erneut.

Projekte: Perlen

Im vorangegangenen Kapitel habe ich die Grundlagen der Prägetechnik vorgestellt, doch wie bei allen Techniken gibt es auch hier zahlreiche Möglichkeiten zu variieren.

Bei der Arbeit mit der Prägetechnik fragen Sie sich vielleicht: „Was ist, wenn ich das anders mache?" oder „Was ist, wenn ich das hinzufüge?". Ich liebe Satzanfänge mit „Was ist, wenn ..?", weil sie zeigen, dass die kreativen Ideen sprudeln und spannende Entdeckungen bevorstehen.

In diesem Kapitel finden Sie fünf Perlenprojekte, die die grundlegende Prägetechnik in abgewandelter Form einsetzen. Aus einem Prägestapel lassen sich meist mehrere Perlen in unterschiedlicher Größe herstellen.

Für die Projekte benötigen Sie die Grundausstattung an Werkzeugen und Zubehör. Lesen Sie sich zunächst die Anleitung zu Ihrem Wunschprojekt durch und listen Sie auf, was Sie zusätzlich brauchen oder womit Sie gerne experimentieren möchten. Ich hoffe, Sie fühlen sich nicht an meine Farbrezepte und die Prägewerkzeuge gebunden, die ich nenne, sondern nehmen die Werkzeuge, die Sie zur Hand haben, und die Farben, die Sie besonders mögen. Und bald werden Sie Ihre eigenen „Was ist, wenn ...?"-Ideen erkunden.

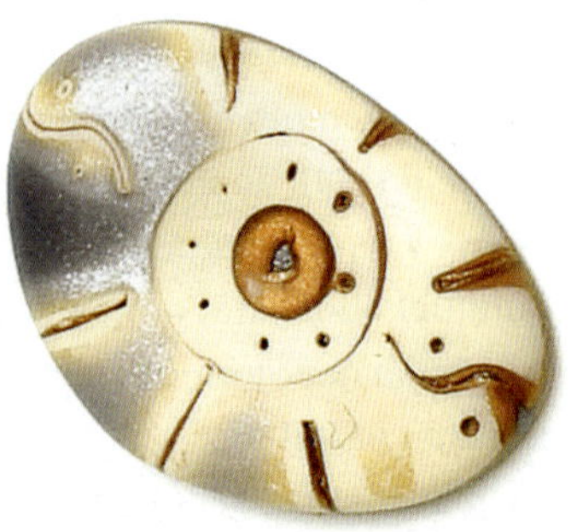

3

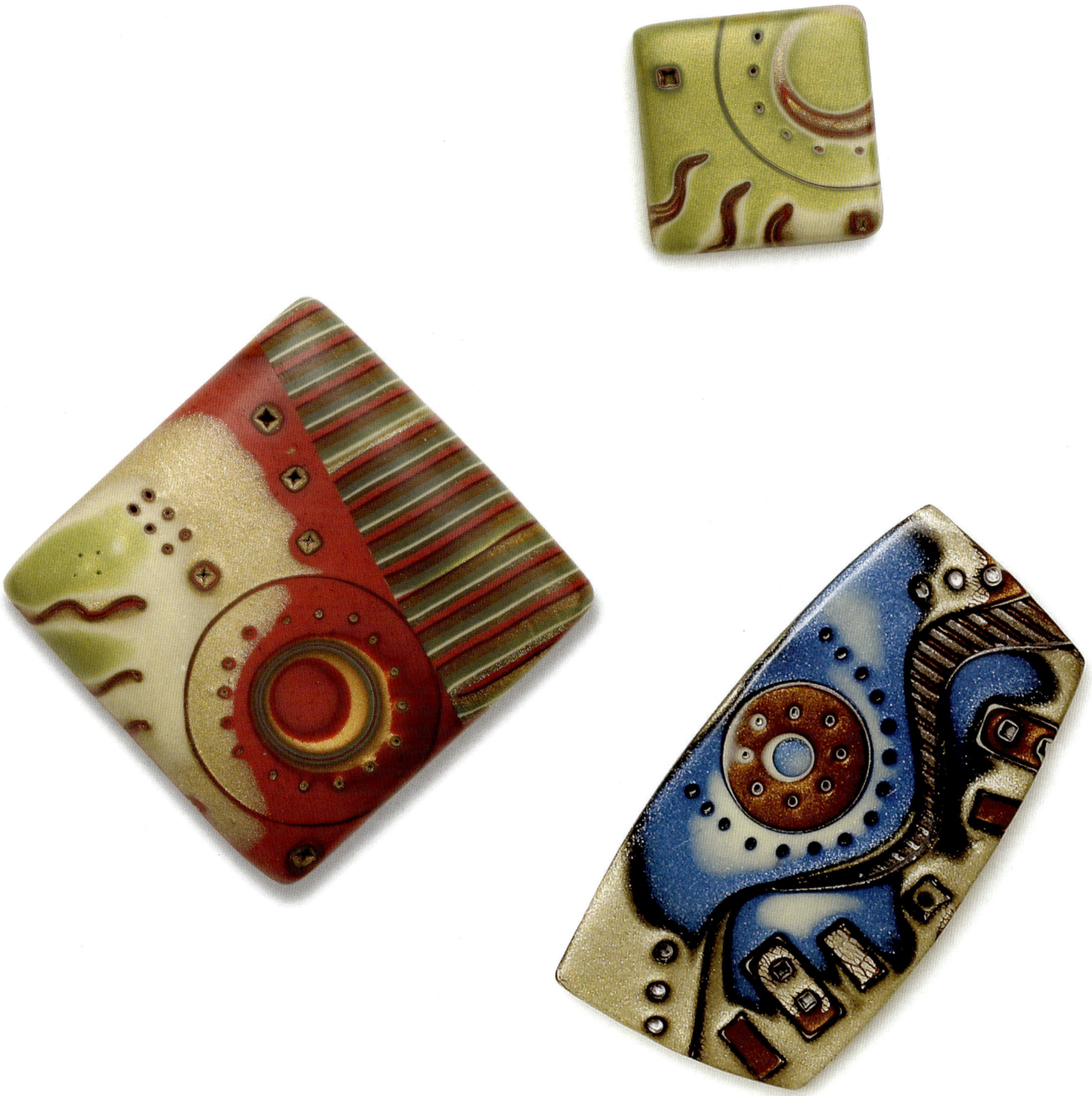

Prägemuster mit zwei Farben

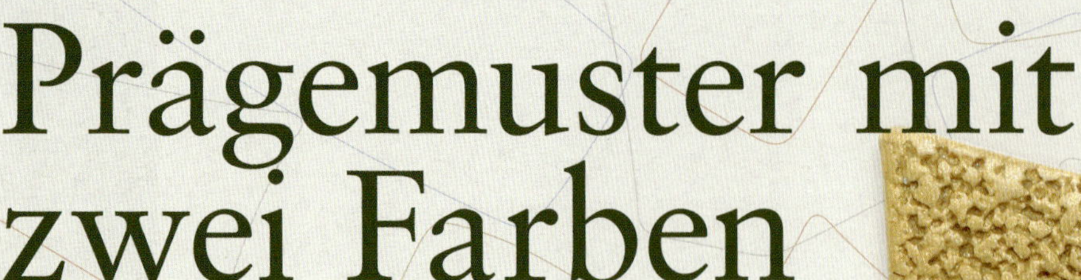

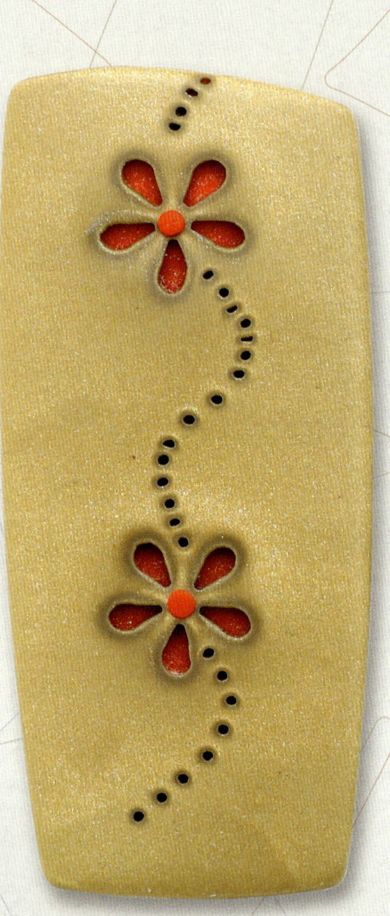

Bei der grundlegenden Prägetechnik und den anderen Projekten in diesem Buch wird eine Vier-Farben-Kombination verwendet, doch die Technik eignet sich auch für einfarbigen Clay. Mit einer einzigen Farbe lässt sich gut üben, weil Sie Ihre Fähigkeit zu schneiden trainieren, ohne einen Prägestapel aufschichten zu müssen. Bei diesem Projekt bauen Sie einen Prägestapel aus einer Farbe auf und versehen die Perle mit einem kontrastierenden Kern und kleinen fühlbaren Pünktchen auf der Oberfläche.

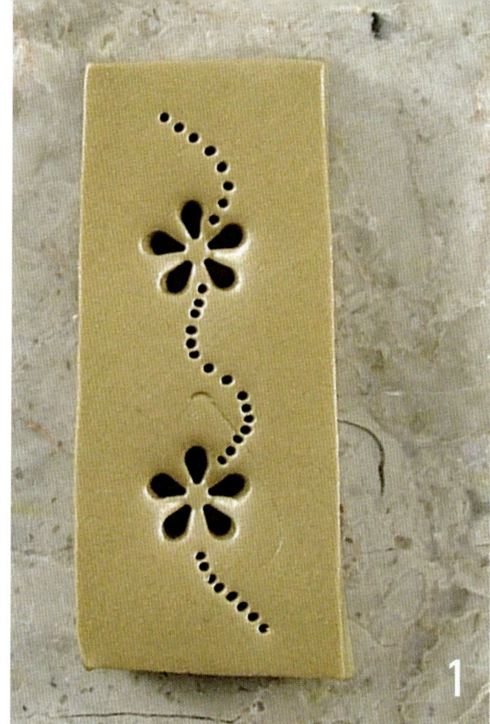

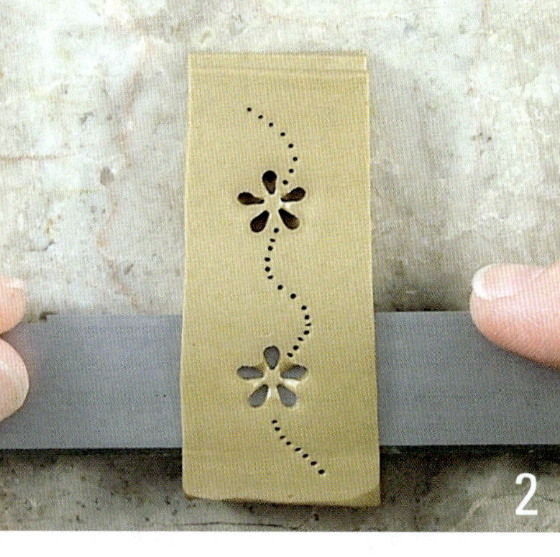

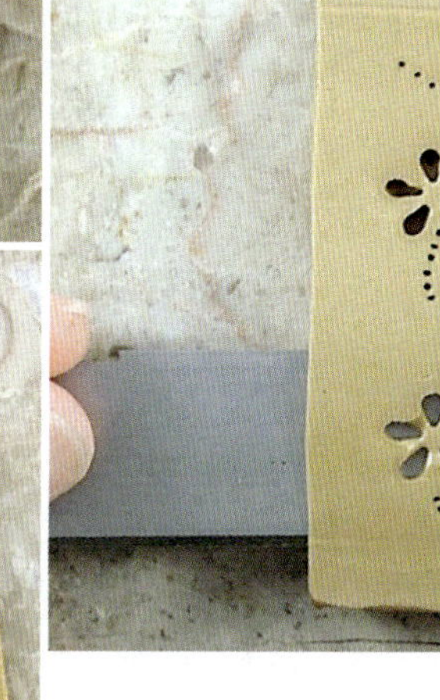

Um den Prägestapel aufzubauen, drehen Sie eine Clayplatte bei größtem Walzenabstand durch die Nudelmaschine und schneiden ihn in vier Streifen. Legen Sie die Streifen aufeinander, halbieren Sie den vierlagigen Stapel und legen Sie die Hälften aufeinander. Drücken Sie den Stapel mit der Handdruckwalze an die Arbeitsfläche, sodass er gut darauf haftet. Bei einer einfachen Kombination aus zwei Farben verwende ich normalerweise auch ein einfaches Muster. Hier setze ich mit einer Perlenstechnadel eine mäandernde Linie aus kleinen Punkten zwischen zwei Blumen, die ich mit einem Aufsatz der „Kemper Designer Dots" geprägt habe **[1]**.

Schneiden Sie von dem Prägestapel Scheiben ab, so wie es in Kapitel 2 beschrieben wird **[2]**.

Wenden Sie die Scheiben. Dabei werden Sie feststellen, dass die Blumen von einem etwas dunkleren Hof umgeben sind **[3]**. Das liegt daran, dass die Farbmischung einen Metallic-Clay enthält. Der Rand entsteht durch die Ausrichtung der Glimmerpartikel im Clay.

Auf dem Foto zeigt sich, dass der Abdruck der Prägewerkzeuge immer weniger scharf ist, je tiefer Sie in den Stapel schneiden. Bei der Scheibe ganz rechts sind alle Blütenblätter durchgedrückt, bei der Scheibe ganz links ist nur eine der Blumen „gelocht". Als ich diese Scheibe zur Hälfte abgeschnitten hatte, habe ich die Klinge leicht nach unten geneigt, sodass die untere Hälfte

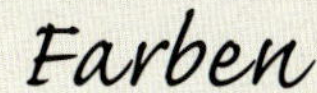

Dunkles Lachsrot
1 Teil Cadmium Red (Kadmiumrot)
1 Teil Jecru

Taupe
1 Teil Gold
1 Teil Silver (Silber)

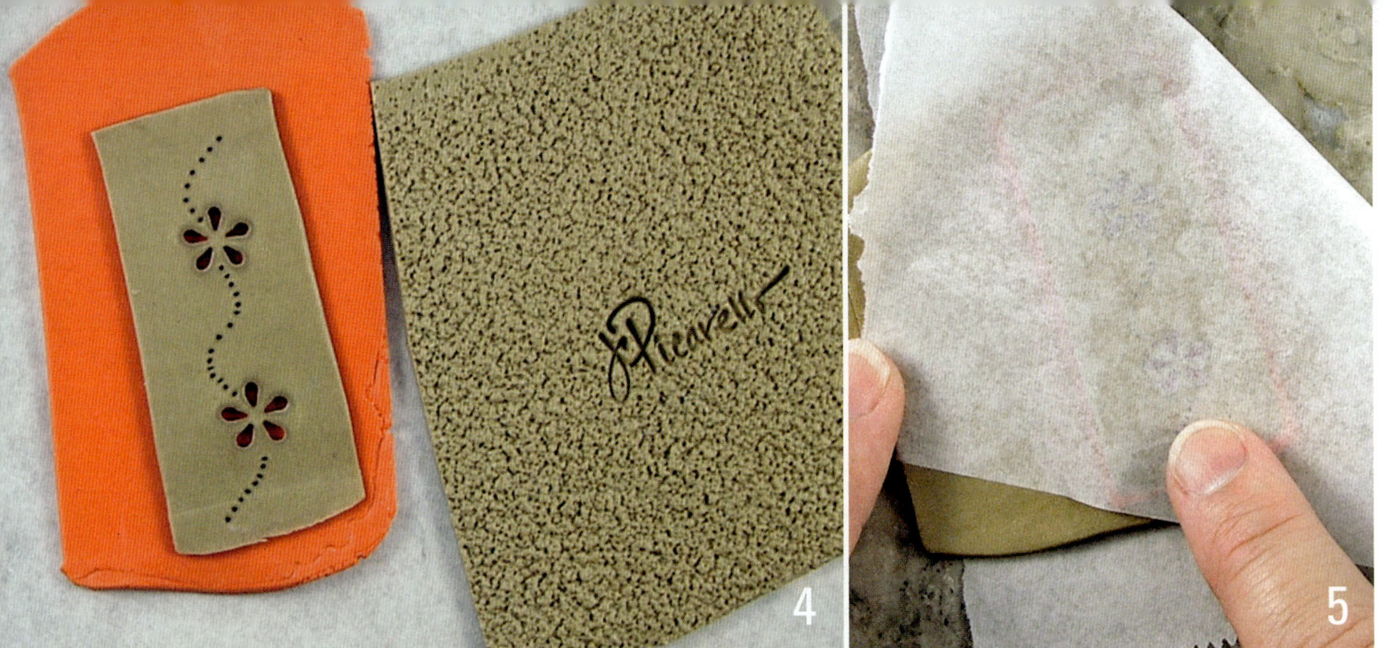

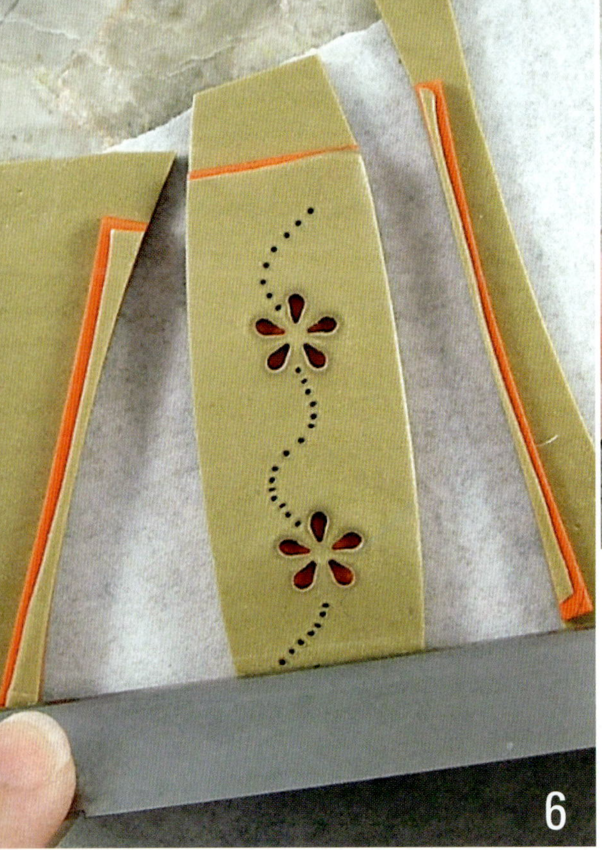

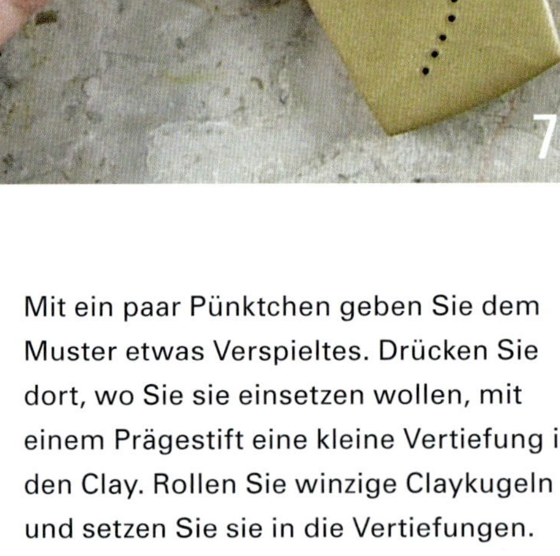

ein weniger klares Muster zeigt. Die letzte Scheibe (Mitte) hat gar keine Löcher mehr. Der Clay des Perlenkerns ist durch die Löcher im Prägemuster zu sehen. Gehen Sie nach den Anleitungen zu Perlenaufbau und freihändigem Schneiden in Kapitel 2 vor, um die Rückseite anzufügen, die Schichten miteinander zu verbinden und die Perle zu formen **[4-6]**.

Mit ein paar Pünktchen geben Sie dem Muster etwas Verspieltes. Drücken Sie dort, wo Sie sie einsetzen wollen, mit einem Prägestift eine kleine Vertiefung in den Clay. Rollen Sie winzige Claykugeln und setzen Sie sie in die Vertiefungen. Klopfen Sie mit der Fingerspitze darauf, um sie etwas abzuflachen und für eine feste Verbindung zur Perlenoberseite zu sorgen **[7]**.

Eine Kugel können Sie schnell formen, indem Sie die Handflächen wölben und den Clay mit den Handballen rollen.

Härten, schleifen und polieren Sie die Perlen wie in Kapitel 2 beschrieben.

Schatten und Streifen

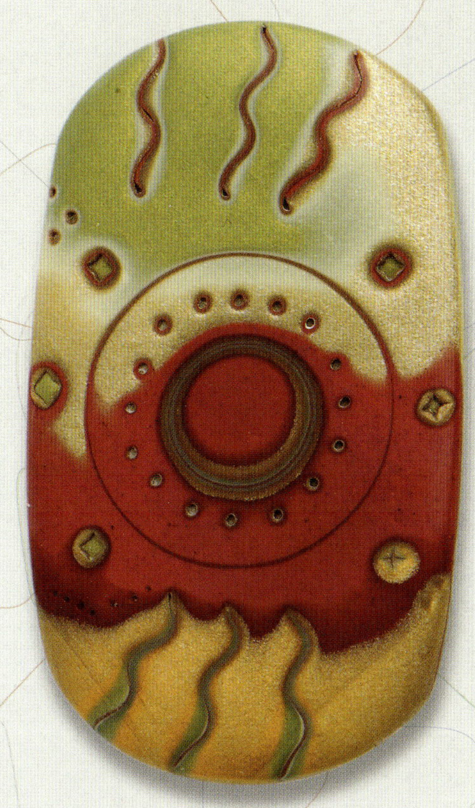

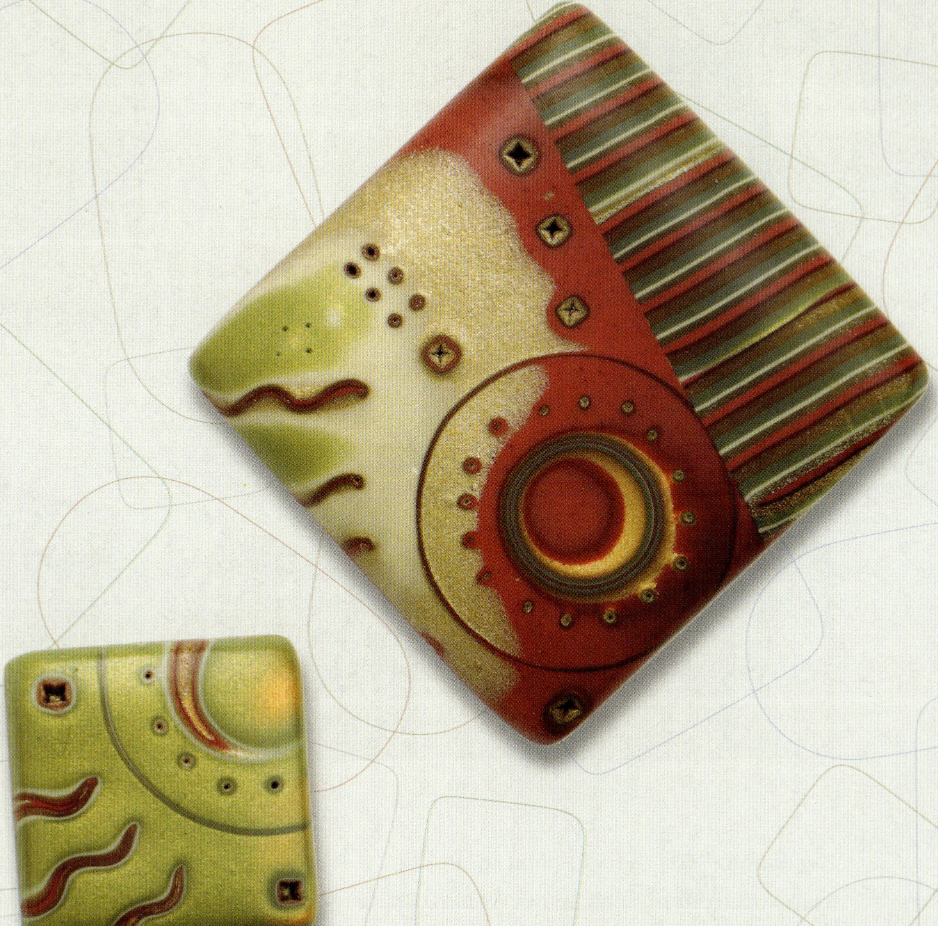

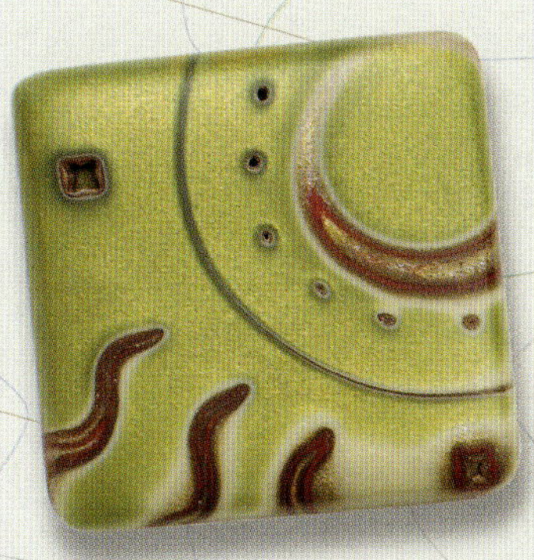

Fügen Sie Ihrem Prägestapel weitere Farben hinzu, die eine oder mehrere der Schichten als Umrisslinie betonen. Auf den Scheiben zeigt sich dann ein feiner hellerer oder dunklerer Schattenrand, der die Schichten des Kerns einschließt. Wenn ich z.B. eine Kernfarbe mische, in der Gold enthalten ist, nehme ich als Schattenfarbe vielleicht reinen Goldclay, so wie er aus der Packung kommt.

Vor dem Prägen und Schneiden könnten Sie vertikale Streifen von Ihrem Prägestapel schneiden und daraus eine gestreifte Clayplatte machen, mit der Sie das Prägemuster ergänzen. Einfach, aber eindrucksvoll!

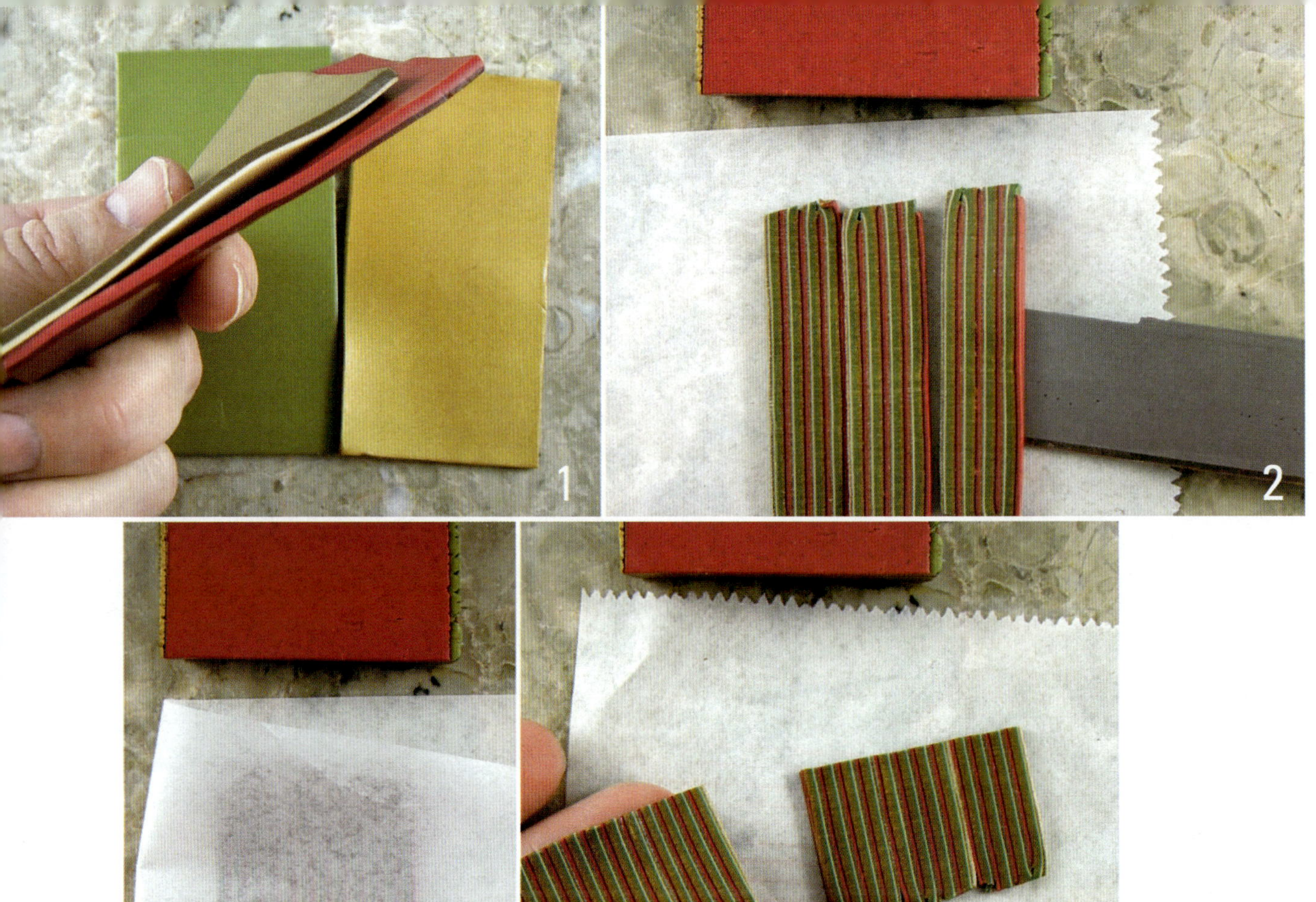

Sie können jede Schicht in Ihrem Prägestapel mit einem Schatten versehen. Bei diesem Beispiel habe ich drei Schichten im Kern „geschattet", die vierte Schicht ist ohne Schatten. Drehen Sie die Schattenschichten bei mittlerem Walzenabstand durch die Nudelmaschine. Drehen Sie eine Kernschicht bei größtem Walzenabstand durch die Nudelmaschine und legen Sie sie auf die Schattenschicht. Drehen Sie beide Schichten bei größtem Walzenabstand durch die Nudelmaschine und schneiden Sie den Streifen auf seine ursprünglichen Maße zurück. Nun kann er in einen Prägestapel eingefügt werden, wie es in Kapitel 2 beschrieben wird **[1]**.
Durch zusätzliche Streifenelemente bekommt Ihre Perle einen ganz besonderen Reiz. Dazu schneiden Sie vor dem Prägen drei oder vier Scheiben von einer Schmalseite des Stapels. Ich schneide normalerweise 3 mm dicke Scheiben und achte vor allem darauf, dass sie alle gleichmäßig dick sind, weil ich sie zu einer zusammenhängenden Platte aneinanderlegen will. Legen Sie die gestreiften Scheiben auf ein Blatt leicht gewachstes Papier, damit sie nicht an der Arbeitsfläche kleben. Auf dem Papier können Sie die äußeren Streifen außerdem vorsichtig zusammenschieben, bis sie ohne Lücke aneinanderstoßen **[2]**.
Finger sind warm. Wenn Sie mit dem Finger unmittelbar über den Clay reiben, wird auch der Clay möglicherweise so warm, dass die Farben verschmieren. Legen Sie daher ein gefaltetes Stück Papier über den Clay, bevor Sie mit leichtem Druck mit dem Finger über die Ansatzstellen fahren, damit sie gut aneinander haften **[3]**.

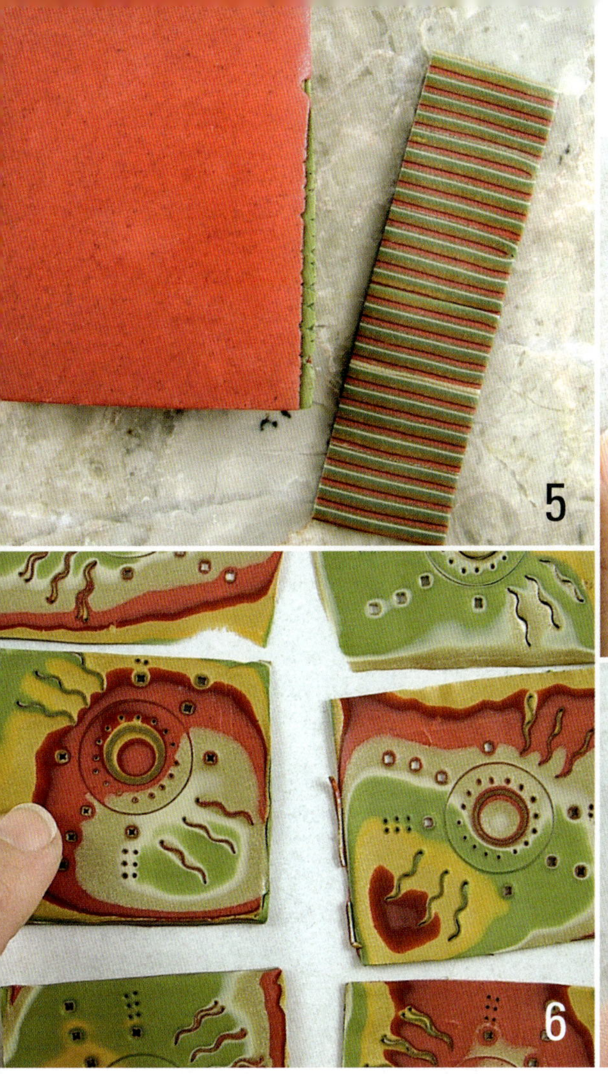

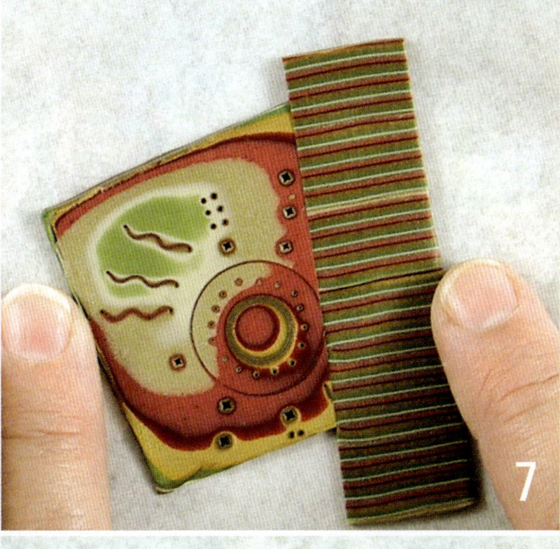

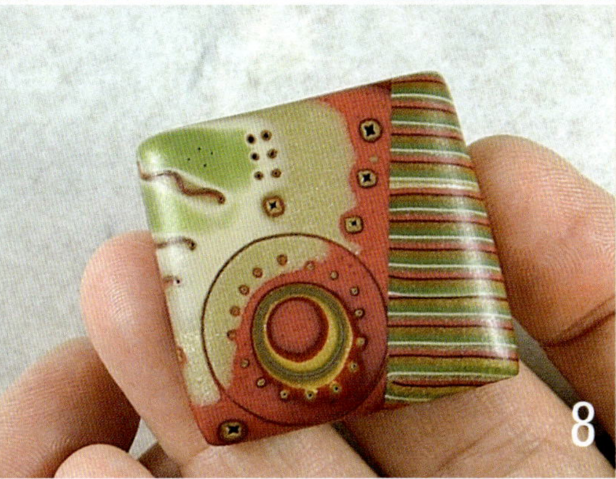

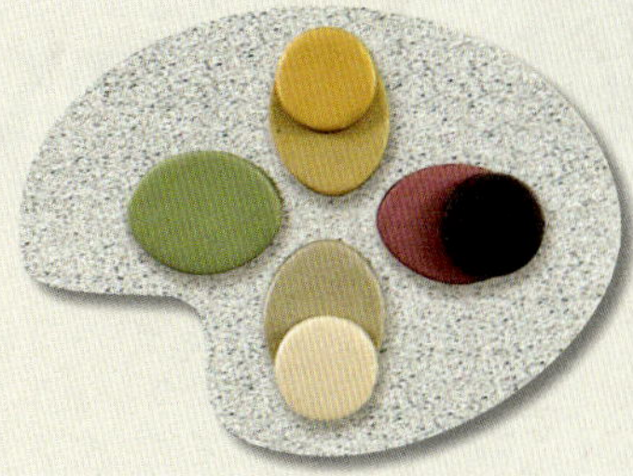

Farben

Moosgrün
1 Teil Gold
1 Teil Turquoise (Türkis)

Goldrute
2 Teile Gold
1 Teil Silver (Silber)
(Schatten = Gold)

Himbeere
1 Teil Alizarin (Krapprot)
1 Teil Jecru
(Schatten = Alizarin/Krapprot)

Taupe
1 Teil Gold
2 Teile Silver (Silber)
(Schatten = Jecru)

Wenn Sie mögen, halbieren Sie die gestreifte Platte im rechten Winkel zum Streifenverlauf **[4]**. Legen Sie die Hälften mit den Schmalkanten aneinander, decken Sie sie mit Papier ab und sichern Sie die Ansatzstellen **[5]**.

Prägen und schneiden Sie nun den ursprünglichen Prägestapel. Am Rand der jeweiligen Kernschicht sehen Sie die daran haftende Schattenschicht. Schattenschichten können eine bestimmte Farbe hervorheben oder einen Kontrast zwischen Schichten bilden, die ansonsten zu stark miteinander verschmelzen würden **[6]**.

Um Bewegung und visuelle Harmonie in das Muster zu bringen, platzieren Sie die Streifen so, dass sie auf der fertigen Perle horizontal und vielleicht ein wenig schräg verlaufen **[7]**.

Drehen Sie ein Stück Clay durch die Nudelmaschine und teilen Sie es mit einer Clayklinge in zwei Hälften. Sie werden feststellen, dass die Oberseite der Schnittkante durch der Druck auf die Klinge ein klein wenig gerundet wird. Wenn Sie den Clay jedoch wenden, sehen Sie, dass die Rückseite eine klare, scharf geschnittete Kante aufweist. Aus diesem Grund drehe ich Stücke, die ich zu einer Platte zusammensetzen will, mit der Rückseite nach oben, bevor ich schneide. Dann drehe ich sie um, lege die Kanten aneinander und habe – voilà! – einen nahtlosen Übergang.

Folgen Sie der Anleitung in Kapitel 2, um die Perlen aufzubauen, zu formen, zu härten und abschließend zu bearbeiten **[8]**.

Lazy River

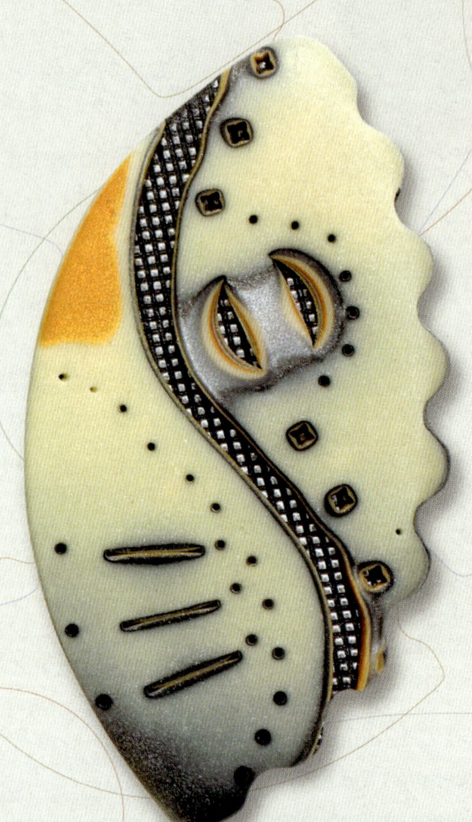

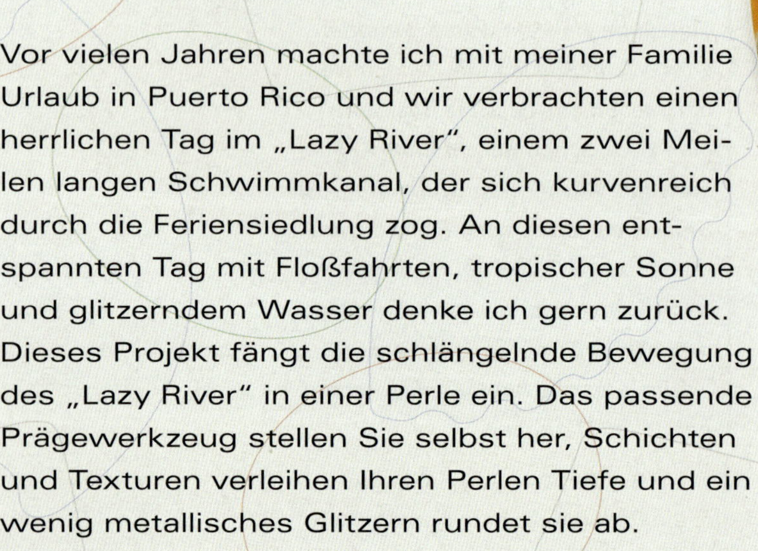

Vor vielen Jahren machte ich mit meiner Familie Urlaub in Puerto Rico und wir verbrachten einen herrlichen Tag im „Lazy River", einem zwei Meilen langen Schwimmkanal, der sich kurvenreich durch die Feriensiedlung zog. An diesen entspannten Tag mit Floßfahrten, tropischer Sonne und glitzerndem Wasser denke ich gern zurück. Dieses Projekt fängt die schlängelnde Bewegung des „Lazy River" in einer Perle ein. Das passende Prägewerkzeug stellen Sie selbst her, Schichten und Texturen verleihen Ihren Perlen Tiefe und ein wenig metallisches Glitzern rundet sie ab.

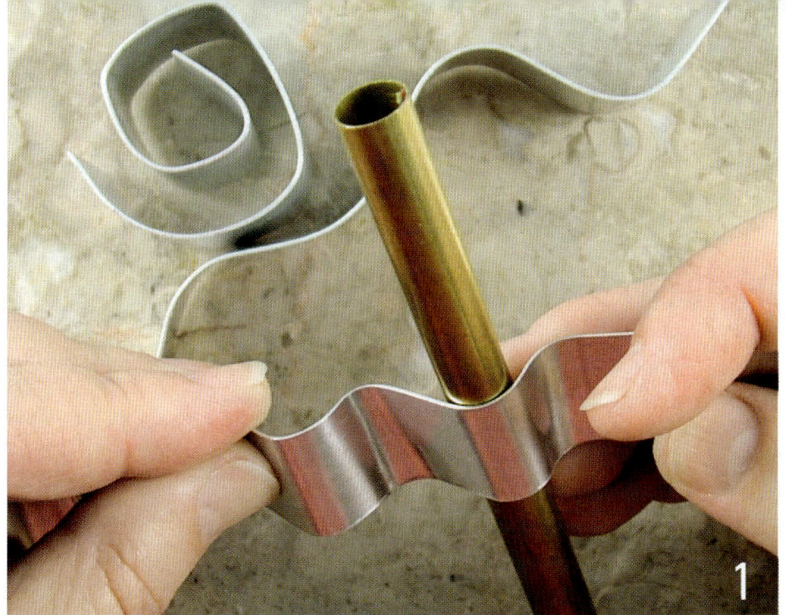

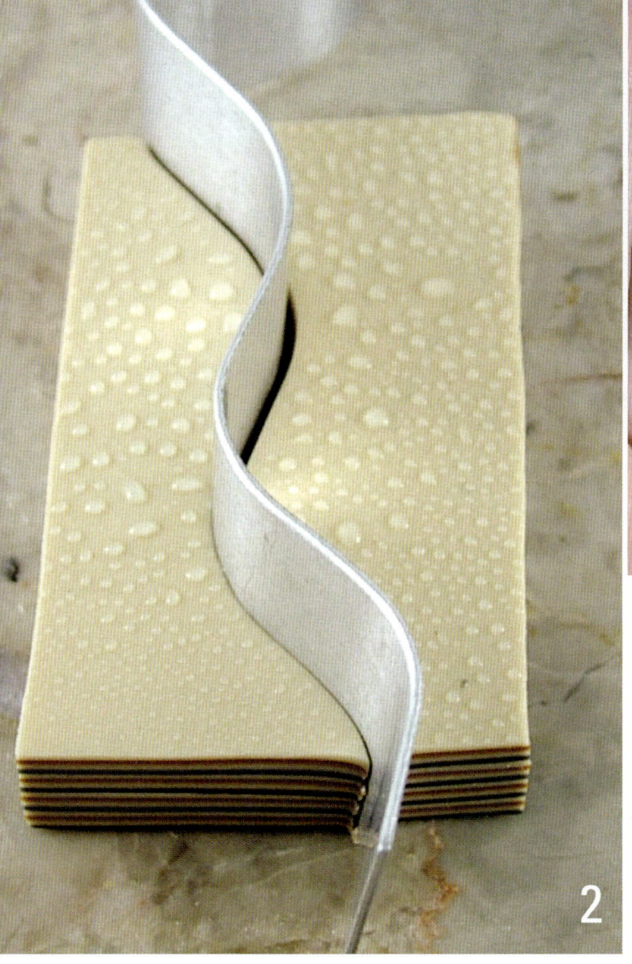

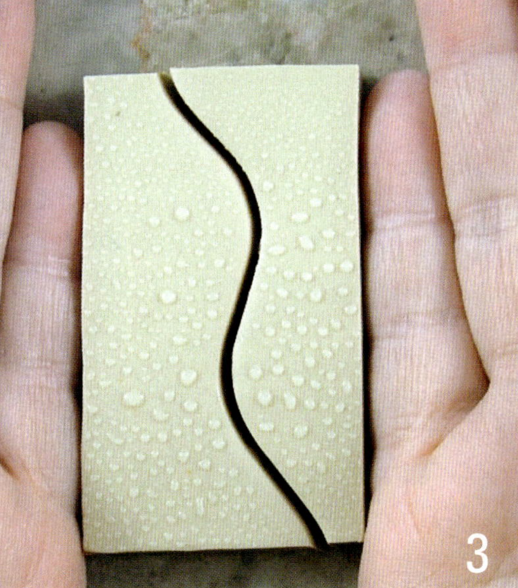

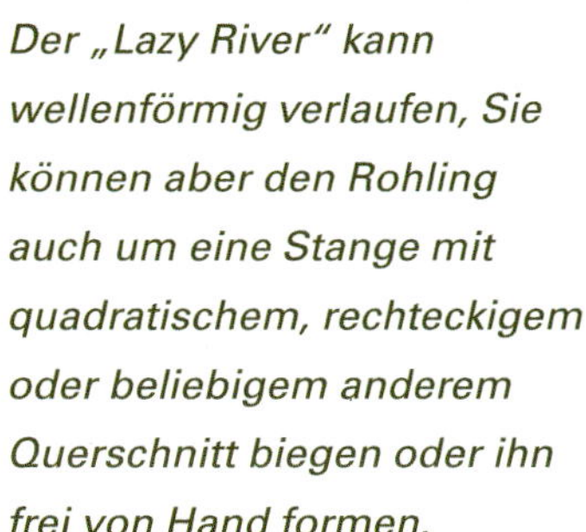

Der „Lazy River" kann wellenförmig verlaufen, Sie können aber den Rohling auch um eine Stange mit quadratischem, rechteckigem oder beliebigem anderem Querschnitt biegen oder ihn frei von Hand formen.

Biegen Sie zunächst Ihr Prägewerkzeug aus einem Armreifrohling aus Aluminium. Rohlinge bekommen Sie in verschiedenen Längen und Stärken. Dünn- und dickwandige Rohlinge funktionieren gleichgut. Sie können sie um jeden beliebigen Zylinder biegen, z.B. Drehstifte, Rundhölzer oder Bleistifte **[1]**. Bauen Sie Ihren Prägestapel auf. Besprühen Sie die Oberfläche mit Wasser und drücken Sie Ihr neues Werkzeug durch den gesamten Stapel, bis Sie auf der Arbeitsfläche ankommen **[2]**. Entfernen Sie das Werkzeug und drücken Sie die beiden Teile des Stapels wieder zusammen, damit kein Wasser unter den Stapel läuft und er beim Schneiden verrutscht **[3]**. Prägen und schneiden Sie den Stapel.

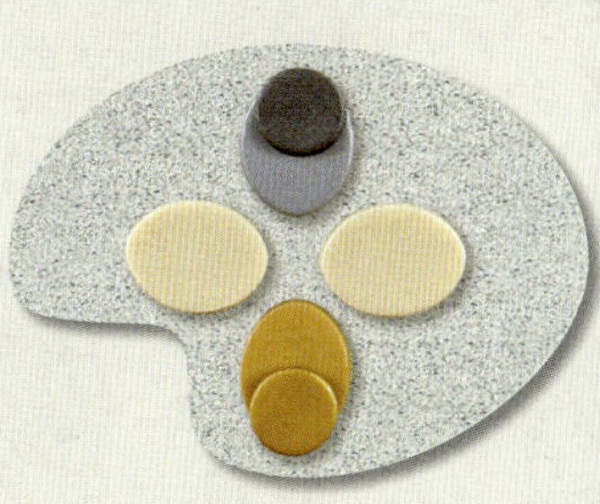

Farben

Jecru
1 Teil Ecru
1 Teil White Translucent (Weiß transparent)
0,5 Teile Pearl (Perlmuttweiß)

Goldrute
2 Teile Gold
1 Teil Silver (Silber)
(Schatten = Gold)
Silver (Silber)
(Schatten =
1 Teil Black/Schwarz,
1 Teil Silver/Silber)

Weiteres Werkzeug & Zubehör

- Armreifrohling Aluminium
- Gewindestangen
- Miniaturschraubenschlüssel
- Metallic-Pulver

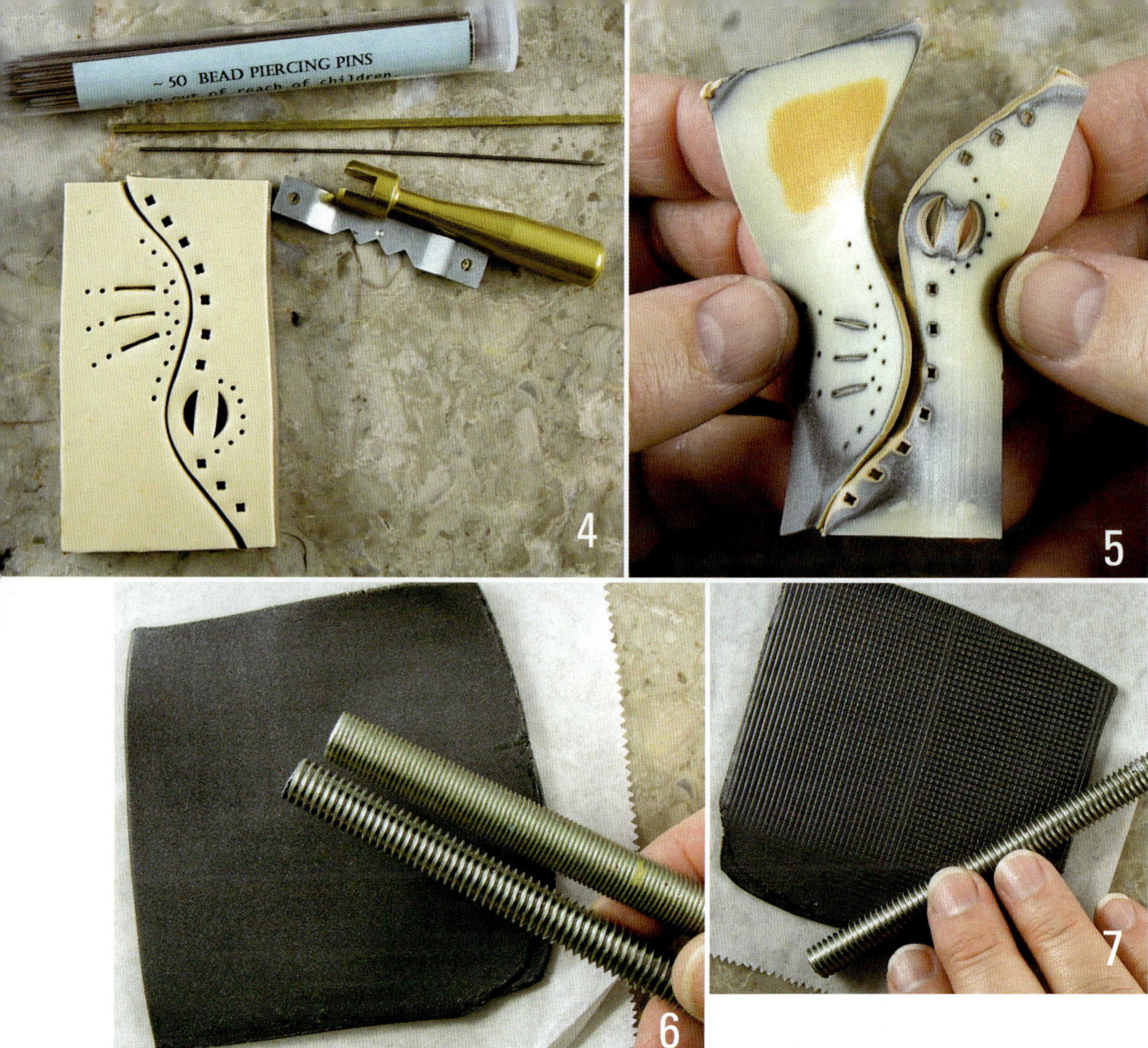

Zum Prägen habe ich Perlenstechnadeln, ein winziges quadratisches Röhrchen, einen Zackenaufhänger und einen kleinen Schraubenschlüssel aus einem Modellbausatz verwendet **[4]**. Der Schraubenschlüssel macht schöne halbkreisförmige Parallelabdrücke.

Normalerweise lassen sich die ersten Scheiben ohne Probleme von einem Lazy-River-Stapel entlang des „Flusses" teilen. Wenn Sie tiefer in den Stapel schneiden und das Muster weniger präzise wird, teilen sie sich nicht mehr von selbst. Halten Sie eine Scheibe mit beiden Händen fest und drücken Sie die Seitenkanten vorsichtig nach hinten, so als wollten Sie ein Stück Papier falten **[5]**. Wenn sich der „Fluss" nicht von allein öffnet, versuchen Sie nicht nachzuhelfen, weil der Clay dabei reißen kann. Auch Ihr Prägewerkzeug hilft hier nicht weiter: Meist sind die nachgeprägten Kanten nicht sehr präzise. Am besten verwenden Sie diese Scheiben im Ganzen, ohne Spaltung. Schließlich haben sie trotz allem ein schönes Muster.

Eine Textur, die in dem Spalt zu sehen ist, betont das Dreidimensionale der Perle und fügt ein spielerisches Element hinzu. Da es sich um einen sehr kleinen Bereich handelt, ist eine kleingemusterte Struktur am besten geeignet. Prägen Sie diese Schicht mit Anti-Rutsch-Klebebändern oder experimentieren Sie mit Gewindestangen aus dem Baumarkt **[6]**.

Kaufen Sie Stangen mit unterschiedlichen Gewindegrößen, sodass Sie verschiedene Linien- und Gittermuster prägen können.

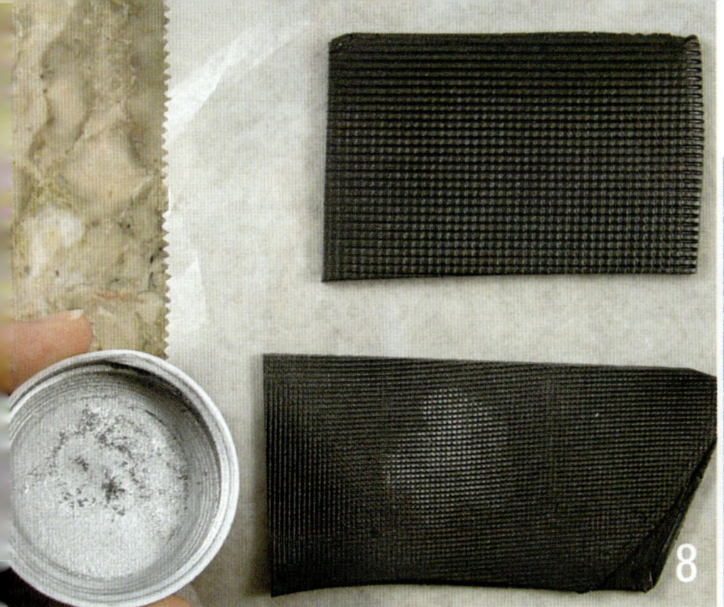

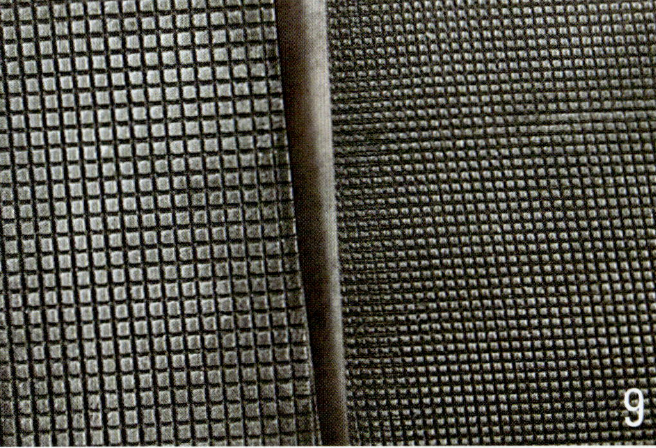

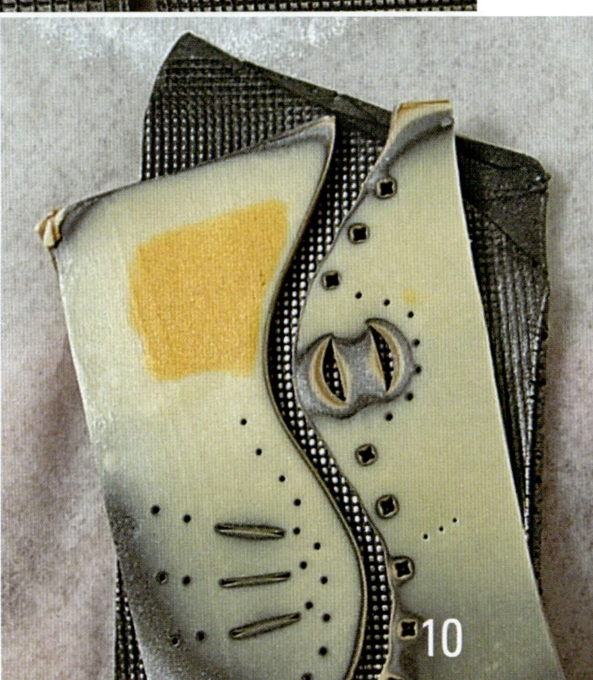

Für gerade Linien drücken und rollen Sie in eine Richtung über eine Clayplatte. Drehen Sie sie um 90° und drücken und rollen Sie die Stange wieder über die Clayplatte. So entsteht ein Kachelmuster. Wenn Sie von zwei gegenüberliegenden Ecken aus drücken und rollen, entsteht ein Rautenmuster. Eine Kombination aus beiden Mustern ergibt eine weniger strenge Struktur **[7]**.

Für gerade Linien drücken und rollen Sie in eine Richtung über eine Clayplatte. Drehen Sie sie um 90º und drücken und rollen Sie die Stange wieder über die Clayplatte. So entsteht ein Kachelmuster. Wenn Sie von zwei gegenüberliegenden Ecken aus drücken und rollen, entsteht ein Rautenmuster. Eine Kombination aus beiden Mustern ergibt eine weniger strenge Struktur **[7]**.

Sie können die Textur mit Acrylfarbe oder Metallic-Pulver hervorheben **[8]**. Dazu nehmen Sie vom Deckel der Pulverdose mit der Fingerspitze eine winzige Menge Pulver auf und tupfen ganz leicht mit dem Finger auf die Textur. So landet das Pulver nur auf den erhabenen Stellen der Textur **[9]**.

Mit Heavy-Body-Acrylfarben erzielen Sie einen ähnlichen Effekt. Verwenden Sie nur kleinste Farbmengen, damit keine Farbe in die Rillen im Muster gelangt.

Legen Sie die Lazy-River-Scheiben auf den texturierten Clay. Die mit Metallic-Pulver hervorgehobene Textur erzielt als Fluß zwischen den gemusterten Plattenteilen eine erstaunliche Wirkung. Die Hintergrundtextur wird somit zu einem wichtigen gestalterischen Element der Perlen **[10]**.

> *Sie können die gemusterten Teile dicht aneinander legen und so den Fluß sehr schmal machen, durch einen größeren Abstand einen breiteren Fluß entstehen lassen oder den Abstand variieren. Die Form des Flusses ist entscheidend für das gesamte Aussehen der Perlen.*

Wenn Sie mit der Position Ihrer Lazy-River-Scheiben zufrieden sind, stellen Sie die Perlen wie gewohnt fertig.

Prägemuster mit Blattmetall und Tinten

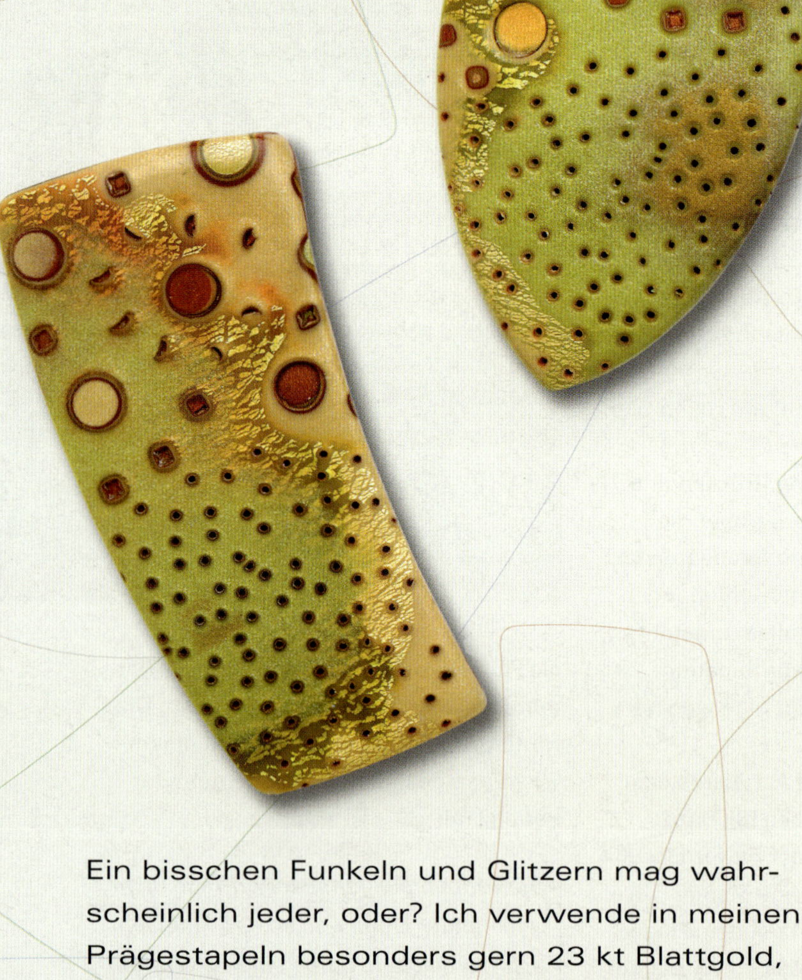

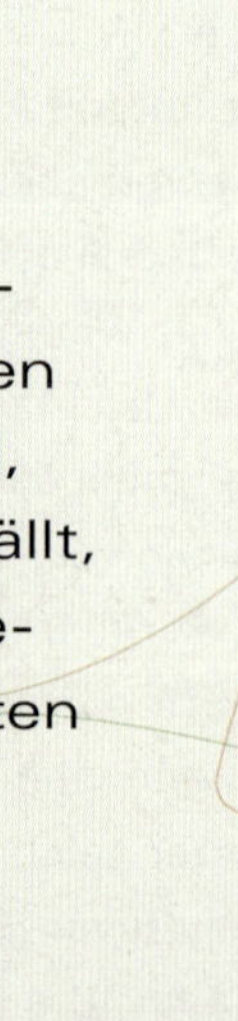

Ein bisschen Funkeln und Glitzern mag wahrscheinlich jeder, oder? Ich verwende in meinen Prägestapeln besonders gern 23 kt Blattgold, weil mir der schimmernde Goldhauch so gefällt, der sich dabei über meine Perlen legt. Bei diesem Projekt bekommen sie durch Alkoholtinten in kräftigen Tönen zusätzlichen Pfiff. Aber sagen Sie nicht, ich hätte Sie nicht gewarnt: Dieses Farbenspiel kann süchtig machen!

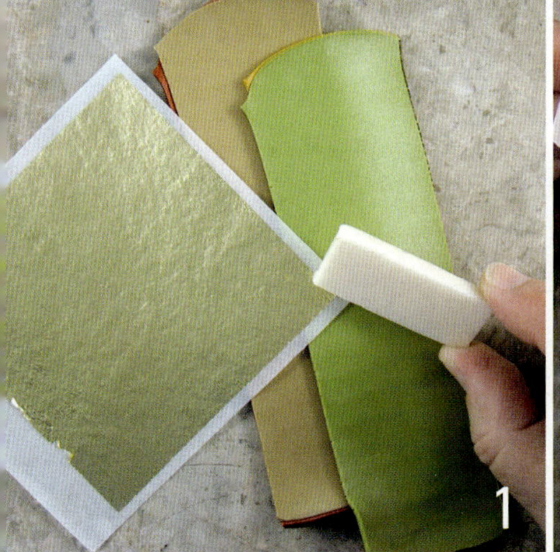

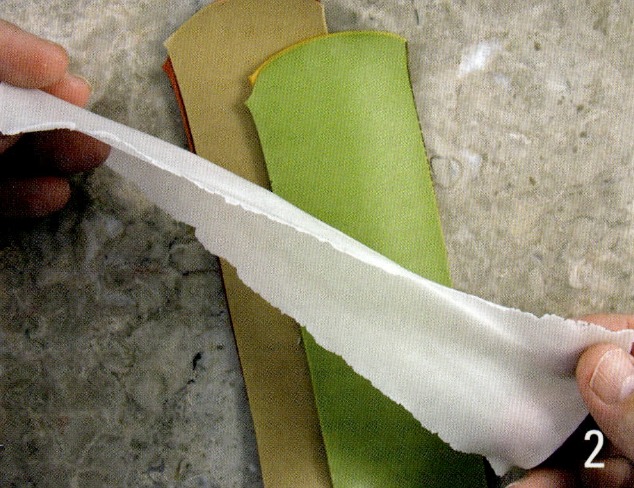

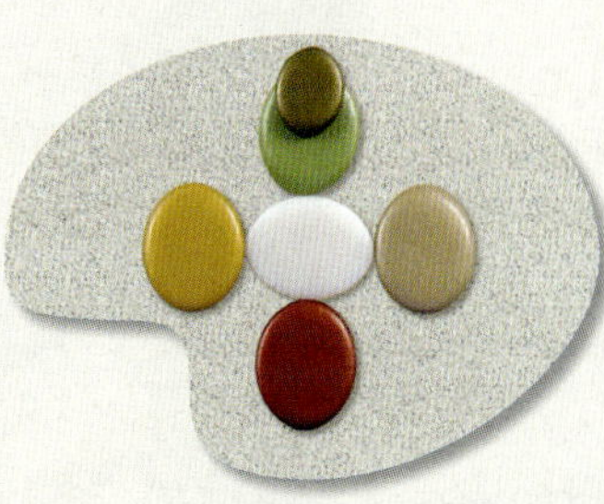

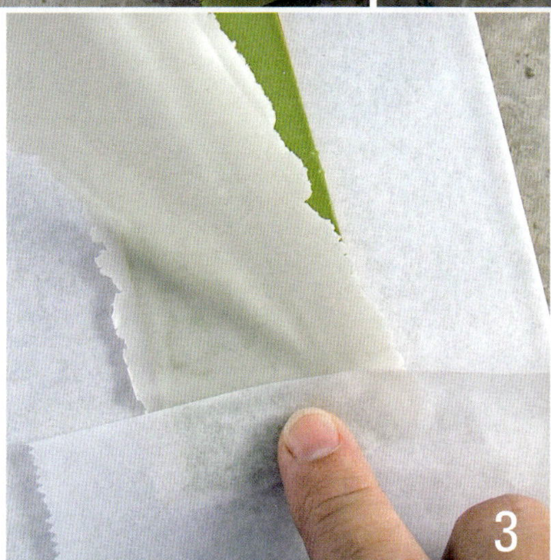

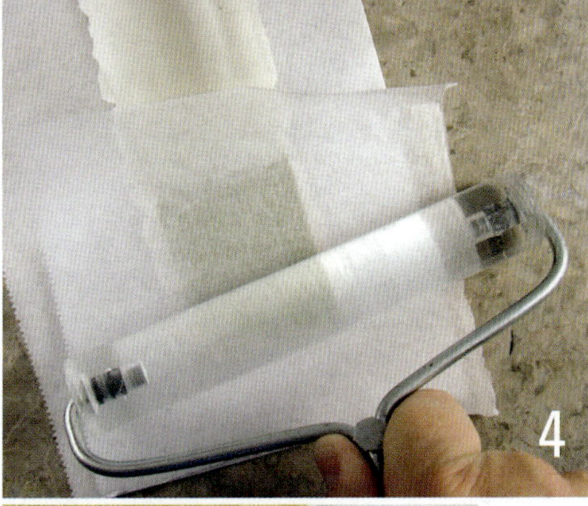

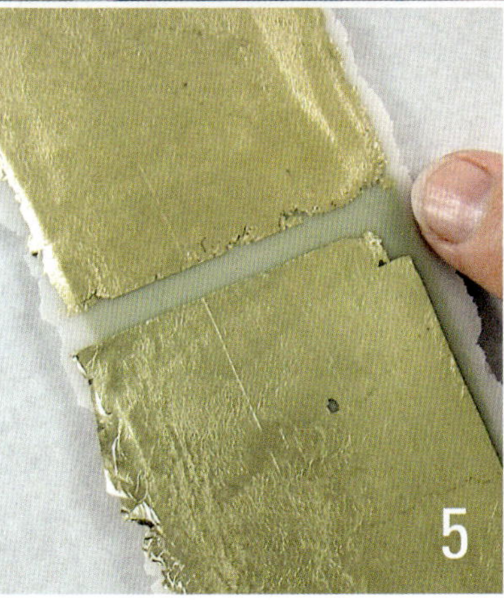

Blattmetall kann zu jedem beliebigen Zeitpunkt während des Stapelaufbaus eingefügt werden, und das nicht nur einmal. Bei diesem Projekt wird es aufgelegt, nachdem Sie den zweifarbigen Streifen durch die Nudelmaschine gedreht haben. Blattgold muss immer zwischen zwei hauchdünne Schichten durchscheinenden Clays gelegt werden, egal an welcher Stelle im Prägestapel Sie es einfügen. Nach dem Härten schützt diese feine transparente Schicht das Blattgold beim Schleifen.

Schneiden Sie eine schmale Scheibe durchscheinenden Clay ab **[1]** und walzen Sie sie so dünn wie möglich aus **[2]**. Es macht nichts, wenn der Rand kräuselig ist oder kleine Risse hat – sie lassen sich glattstreichen und reparieren. Nehmen Sie einen Ihrer zweifarbigen Streifen und beginnen Sie, die durchscheinende Schicht aufzulegen **[3]**. Mit einer Lage Papier zwischen Handdruckwalze und Clay legen Sie den Clay glatt auf und verhindern Luftblasen **[4]**. Legen Sie ein Blatt Blattgold mit der Goldseite nach unten auf den durchscheinenden Clay. Zum Lösen der Goldschicht reiben Sie vorsichtig mit dem Finger über das Trägerpapier. Das Gold sollte nicht die gesamte Clayfläche bedecken, weil sonst keine Haftpunkte für weitere Clayschichten bleiben. Daher lasse ich immer ein paar Lücken in der Goldschicht **[5]**. Schneiden Sie überstehenden durchscheinenden Clay ab.

Farben

Senf
2 Teile Yellow (Gelb)
1 Teil Gold

Helles Selleriegrün
1 Teil Gold
1 Teil Turquoise (Türkis)
0,5 Teil Jecru
(Schatten = 1 Teil Gold,
1 Teil Black/Schwarz)

Goldenes Taupegrau
2 Teile Gold
1 Teil Silver (Silber)

Weinrot
1 Teil Alizarin (Krapprot)
5 Teile Gold

White Translucent
(Weiß transparent)
oder Translucent
(Transparent)

Weiteres Werkzeug & Zubehör

- Alkoholtinten
- 23 kt Blattgold

Ich arbeite lieber mit Transfer-Blattmetall, weil das Blatt auf einem Trägerpapier haftet und sich leicht auftragen lässt. Das ist viel besser als loses Blattmetall, das meist in meinem Atelier herumschwebt!

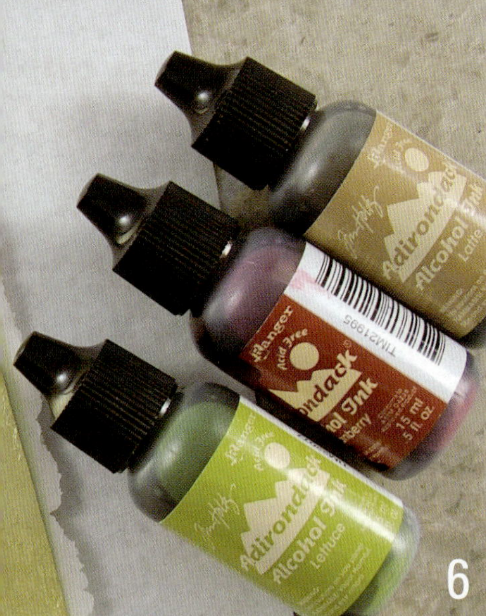

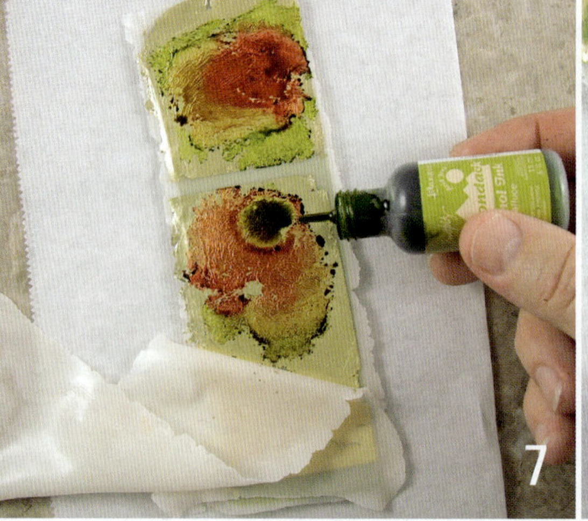

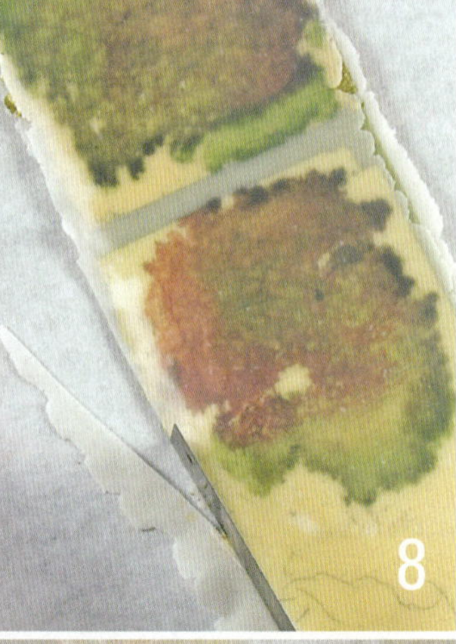

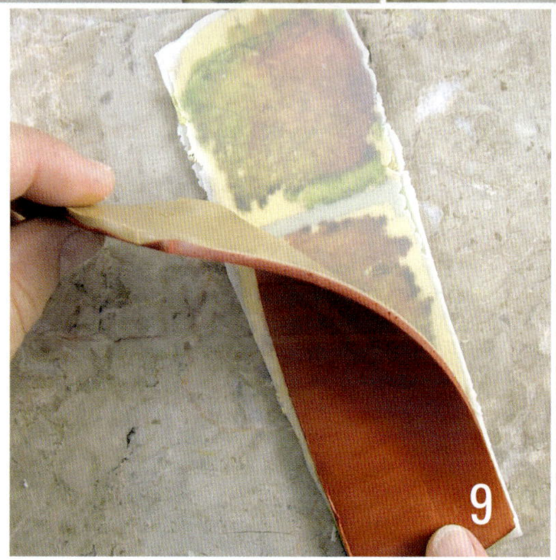

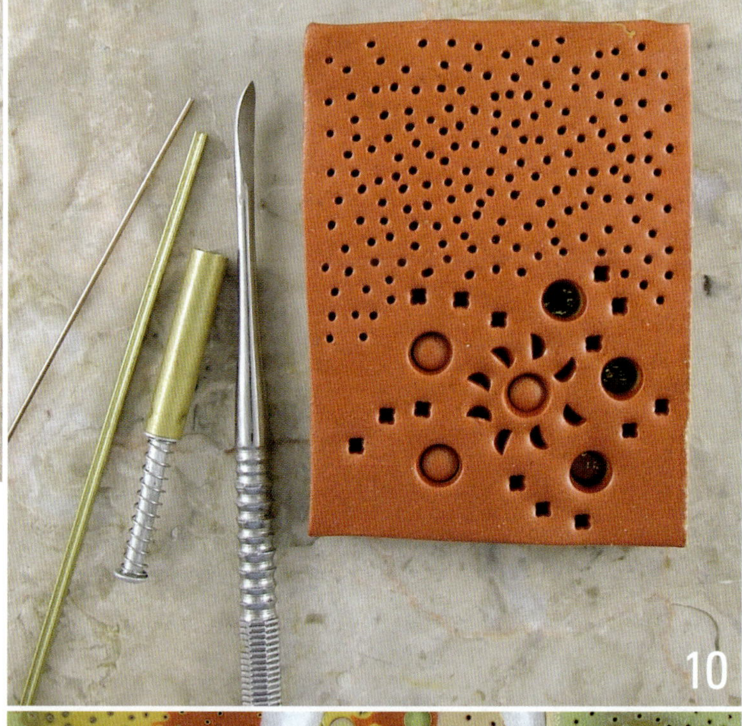

Für den nächsten Schritt ziehen Sie am besten Einmalhandschuhe aus Nitril an. Bevor Sie die Goldschicht mit der zweiten Lage durchscheinenden Clays versiegeln, können Sie Alkoholtinten aufträufeln. Ich verwende meist zwei bis vier Farben. Hier haben die Tinten ähnliche Farben wie der Clay **[6]**, doch Sie können auch vollkommen andere Farben wählen. Drücken Sie Tropfen einer Farbe auf das Gold und machen Sie rasch mit der nächsten Farbe weiter. Die Tinte verläuft, wie bei Knüpfbatikstoffen **[7]**. Wenn die Tinten durchgetrocknet sind, legen Sie den zweiten Streifen durchscheinenden Clay auf **[8]**. Legen Sie den zweiten zweifarbigen Streifen auf das eingekapselte Gold **[9]**. Drehen Sie beide Streifen bei größter Einstellung durch die Nudelmaschine. Prägen und schneiden Sie den Stapel **[10-11]** und bauen, formen, härten, schleifen und polieren Sie die Perlen.

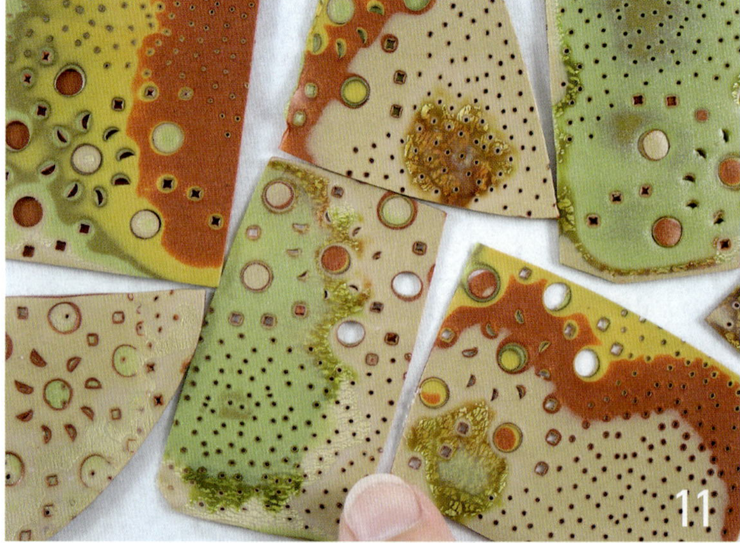

Eidechsenschwänze

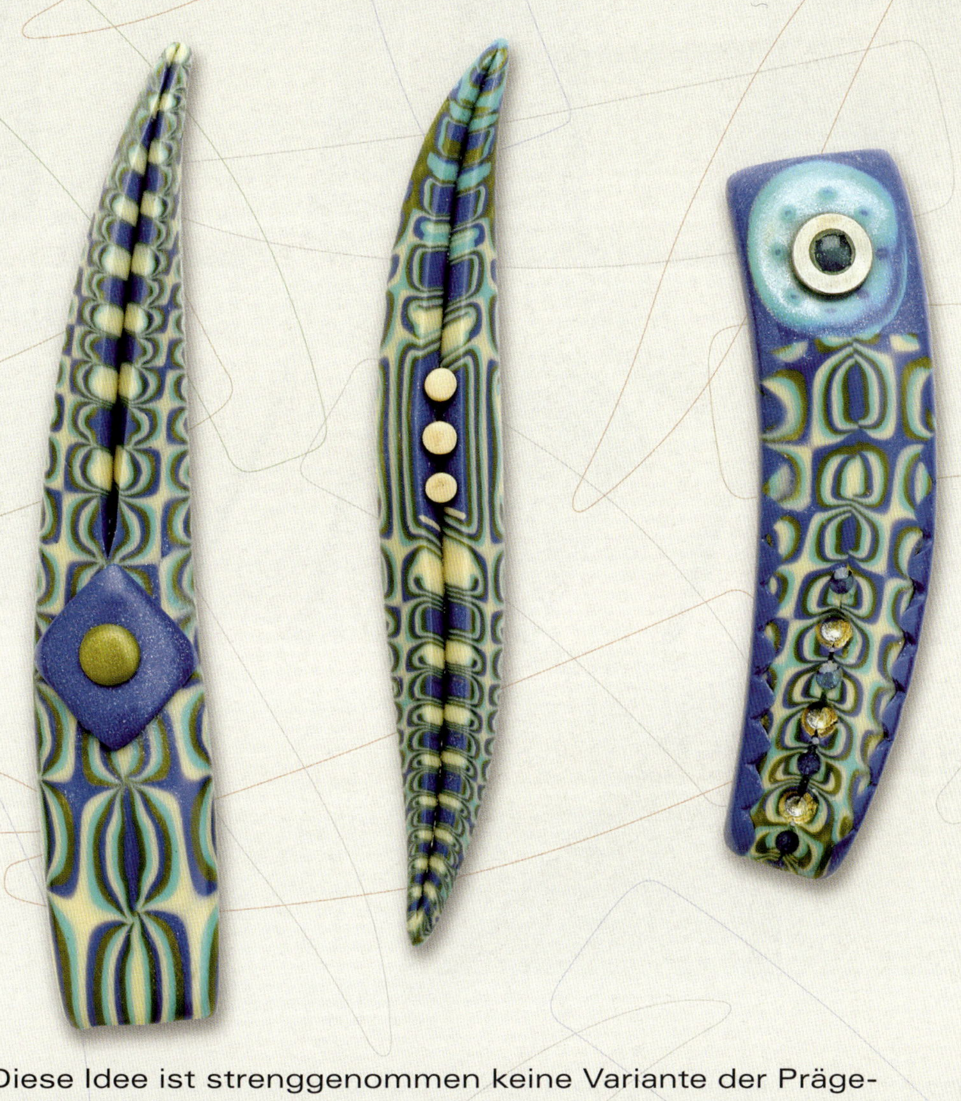

Diese Idee ist strenggenommen keine Variante der Prägetechnik, doch sie entstand, als ich mit Resten eines Prägestapels experimentierte. Dabei stellte ich fest, dass sich aus den Resten zwar hübsche Sachen machen ließen, dass eine dicke Scheibe vom eigentlichen Prägestapel jedoch ein klareres und ansprechenderes Muster ergab.

Diese Eidechsenschwänze sehen hinreißend aus, wenn Sie sie zu einer Kette auffädeln oder Ohrringe oder einzigartige Anhängerschlaufen daraus machen.

Metallelemente jeder Art machen sich auf diesen Perlen besonders gut. Wenn Ihr Metallelement ein Loch aufweist, wie das Uhrenteil, das ich hier verwendet habe, können Sie es mit gefärbtem Zwei-Komponentenkleber ausfüllen. Diese Idee stammt aus einem Workshop mit dem fantastischen Künstler Robert Dancik. Cool!

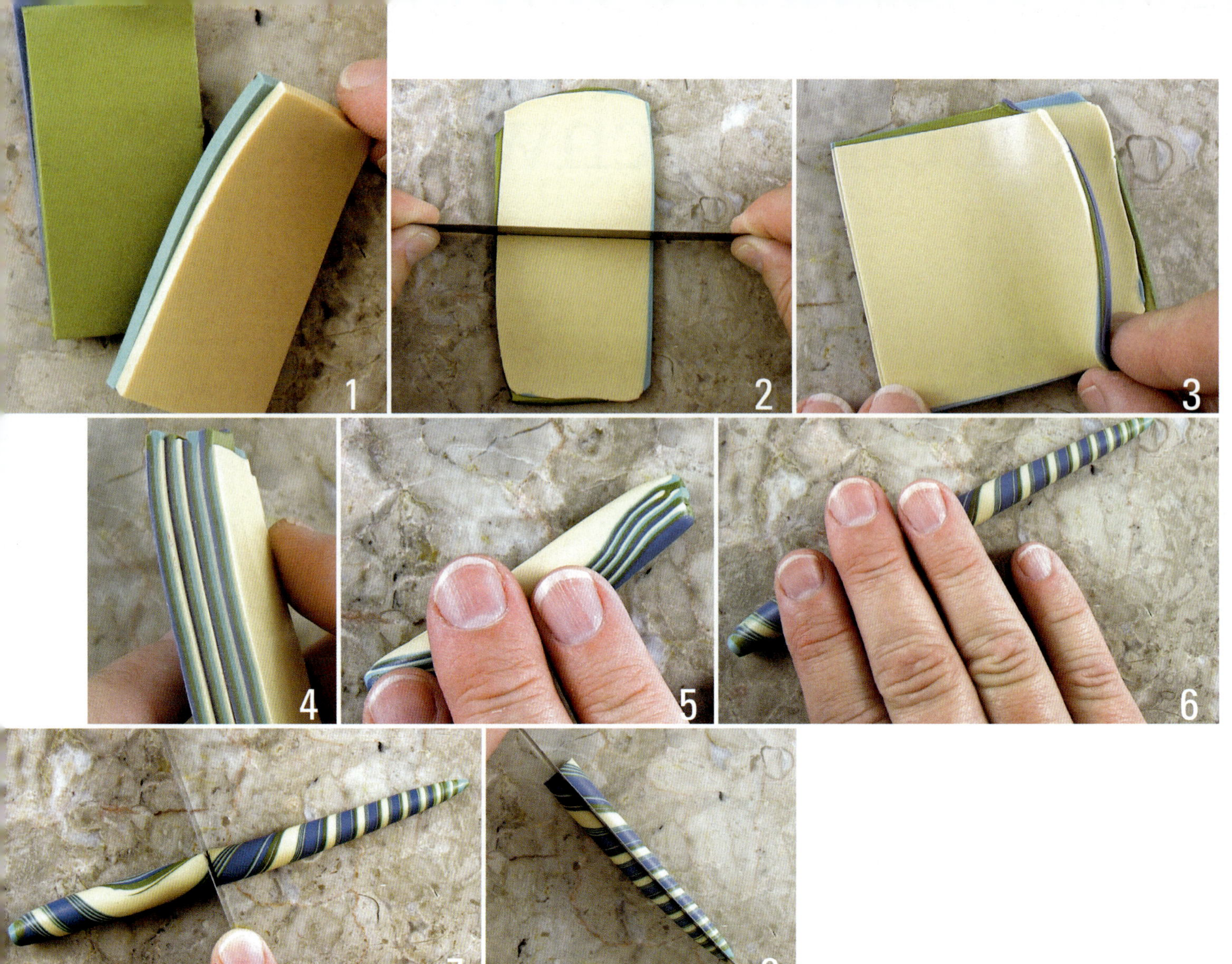

Wie ich bereits erwähnte, schneide ich normalerweise von einer Schmalseite meines Prägestapels eine dicke Scheibe ab und hebe sie für einen Eidechsenschwanz auf. Sie können auch einen kleinen Stapel aus Clayresten von anderen Projekten nur für Eidechsenschwänze aufbauen.

Drehen Sie 2,5 x 5 cm große Streifen bei größtem Walzenabstand durch die Nudelmaschine **[1]**. Sie gehen so vor wie beim Aufbau eines normalen Prägestapels, nur mit kleineren Abmessungen **[2-4]**. Bauen Sie einen etwa 5 cm langen und 1,3 – 2,5 cm hohen Stapel.

Stellen Sie den Stapel quer auf die saubere Arbeitsfläche und drücken Sie sanft auf die Oberkante, bis der Stapel sich zu runden beginnt **[5]**. Setzen Sie die Fingerspitzen auf und fahren Sie dann mit der flachen Hand über den Clay, bis Sie am Ende Ihrer Handfläche angekommen sind. Nehmen Sie die Hand hoch und wiederholen Sie diesen Schritt. Sie rollen die Hand immer von sich weg, nicht zu sich hin. Wenn Sie die Hand immer in ein und dieselbe Richtung bewegen, entsteht die Farbspirale. An der Schwanzspitze wird die Spirale enger **[6]**. Das schöne dichte Muster, das so entsteht, zeigt sich, wenn der Eidechsenschwanz aufgeschnitten wird.

Schneiden Sie den Teil des Schwanzes ab, der kein Spiralmuster hat, und legen Sie ihn beiseite **[7]**. (Sie können ihn zu einem zweiten Eidechsenschwanz rollen.) Drücken Sie den Teil mit Spiralmuster sanft auf die Arbeitsfläche, damit er nicht

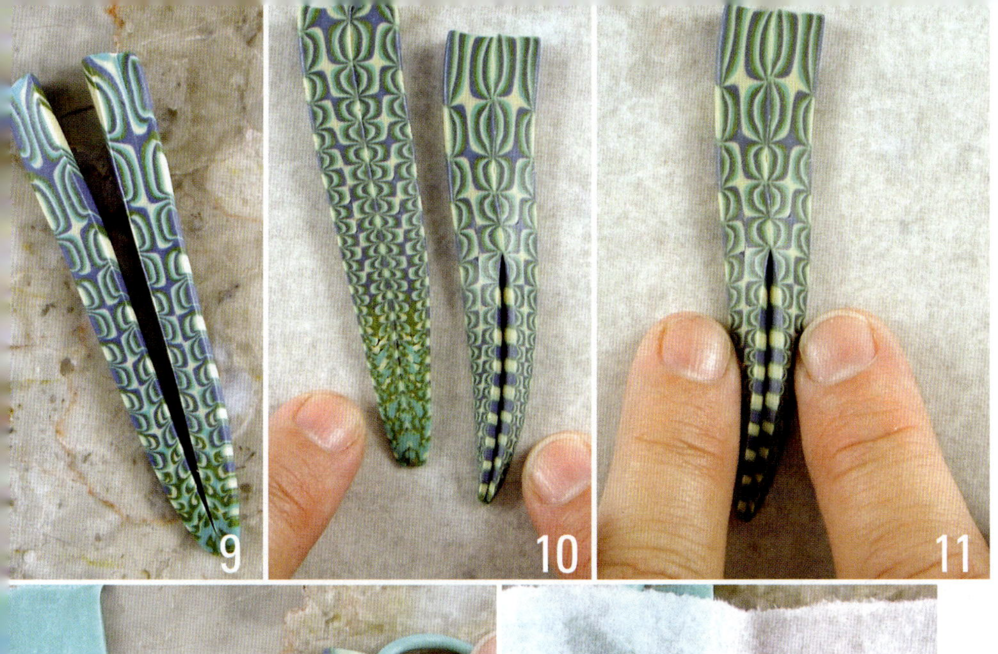

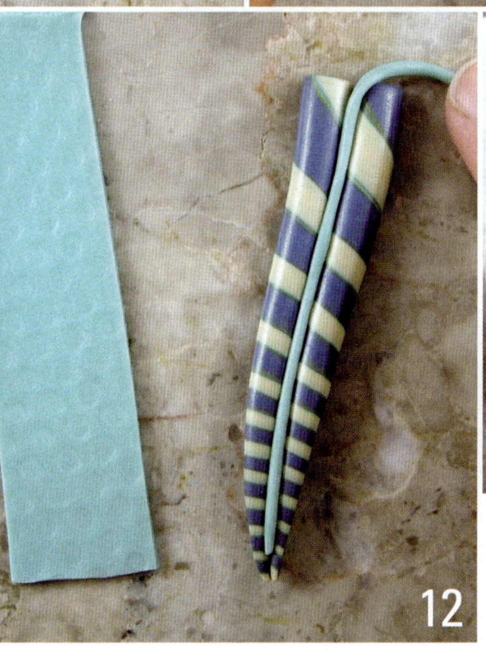

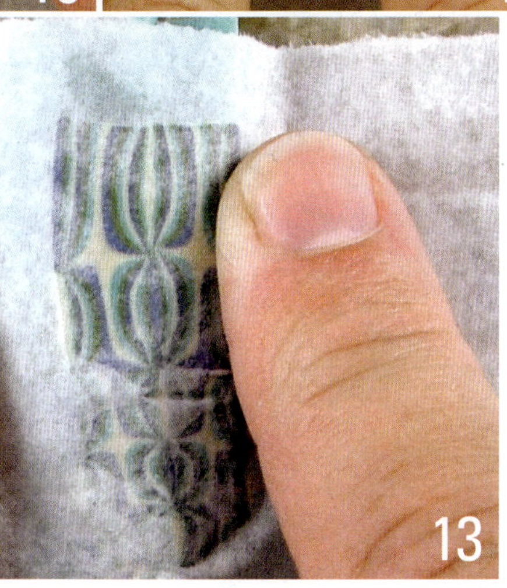

wegrollt, dann halbieren Sie ihn der Länge nach mit der Klinge **[8]**. Wenn die Klinge auf die Arbeitsfläche trifft, bewegen Sie sie leicht hin und her, damit sich die Hälften lösen und das spiegelbildliche Muster zeigen **[9]**. Legen Sie die beiden Hälften auf ein Stück Papier, damit sie nicht an der Arbeitsfläche haften, und legen Sie sie aneinander. Sie können die Hälften so aneinanderfügen, dass sie einen durchgehende Oberfläche bilden. Oder Sie können die Ansatznaht teilweise öffnen, sodass das Spiralmuster auf der Rückseite vorgestülpt wird **[10]**. Dazu legen Sie ein Stück Papier über den Clay und schließen die Naht am oberen Ende des Schwanzes durch sanften Druck mit dem Finger. Dann legen Sie die Finger an die Seitenkanten und drücken vorsichtig zur Mitte und gleichzeitig nach oben **[11]**.

Um die beiden Hälften auf ganzer Länge miteinander zu verbinden, formen Sie eine dünne Schlange aus Clay. Drehen Sie den Schwanz um und drücken Sie die Schlange in die Furche zwischen den beiden Hälften. Drücken Sie sie vorsichtig flach. Auf diese Weise wird die Fläche glatt und ebenmäßig **[12]**. Für die Rückseite drehen Sie etwas Clay bei mittlerem Walzenabstand durch die Maschine. Der Clay sollte gerade dick genug sein, um eine feste Rückseite für die beiden Hälften des Schwanzes zu bilden und sie sicher miteinander zu verbinden. Drehen Sie den Schwanz um, legen Sie ihn auf den Clay und streichen Sie die Kanten des Schwanzes auf den Clay **[13]**.

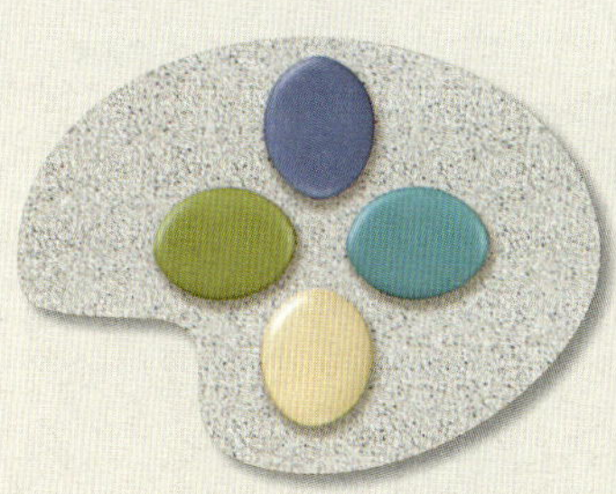

Farben

Immergrün
2 Teile Turquoise (Türkis)
0,5 Teil Purple (Violett)
0,5 Teil Pearl (Perlmuttweiß)
0,5 Teil Ecru

Türkis
1 Teil Turquoise (Türkis)
0,5 Teil Pearl (Perlmuttweiß)
0,5 Teil Ecru

Jecru
1 Teil Ecru
1 Teil White Transparent (Weiß transparent)
0,5 Teil Pearl (Perlmuttweiß)

Dunkles Apfelgrün
1 Teil Turquoise (Türkis)
1 Teil Gold
0,5 Teil Pearl (Perlmuttweiß)
0,5 Teil Cadmium Yellow (Kadmiumgelb)

Weiteres Werkzeug & Zubehör

- Zwei-Komponentenkleber
- Kleine Uhrenteile
- Acrylfarben

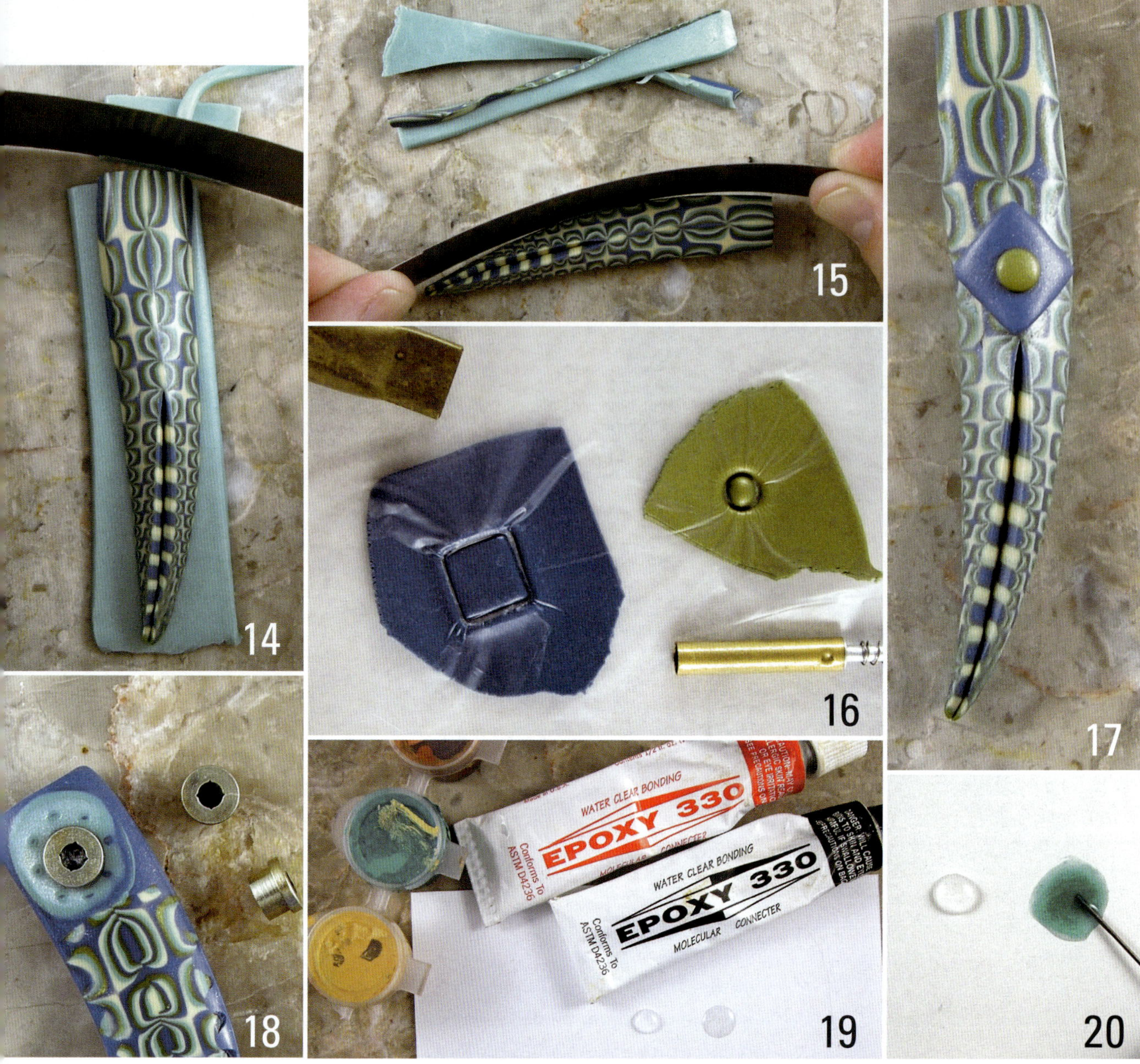

Schneiden Sie Oberkante und Seiten des Schwanzes in Form. Glätten Sie, wenn nötig, mit Papier **[14-15]**.

Eidechsenschwanzperlen sind durch ihr Muster und ihre Form lebhaft und voller Energie. Mit Clay oder Metallelementen können Sie einen ruhigeren Punkt schaffen. Walzen Sie dünne Clayplatten in kontrastierenden Farben aus und stechen Sie mit kleinen Ausstechern oder Röhrchen Formen aus **[16]**. Setzen Sie sie vorsichtig auf den Schwanz und drücken Sie sie leicht an **[17]**.

Ich füge meinen Eidechsenschwanzperlen oft alte Uhrenteile als Blickfang hinzu. Besonders gern mag ich diese hülsenartigen Teile, die, wenn sie in den Clay eingesetzt werden, eine ideale Mulde für gefärbten Epoxidkleber bilden. Dabei befestigt der Kleber das Metallteil im Clay und stellt gleichzeitig ein gestalterisches Element dar. Setzen Sie die Hülse in den Clay und härten Sie ihn. Nehmen Sie die Hülse wieder heraus, schleifen und polieren Sie den Clay und setzen Sie sie wieder ein **[18]**. Geben Sie die beiden Komponenten des Epoxids zu gleichen Teilen auf eine Karteikarte oder ein Stück Pappe **[19]**. Tauchen Sie eine Perlenstech- oder Töpfernadel in Acrylfarbe, Alkoholtinte oder Pigmentpulver, und nehmen Sie eine winzige Menge auf. Mischen Sie die Farbe gründlich, aber langsam in eine der beiden Komponenten, bis sie gleichmäßig

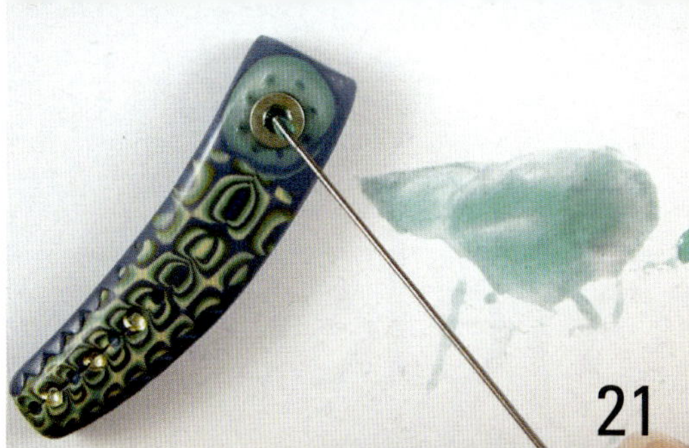
21

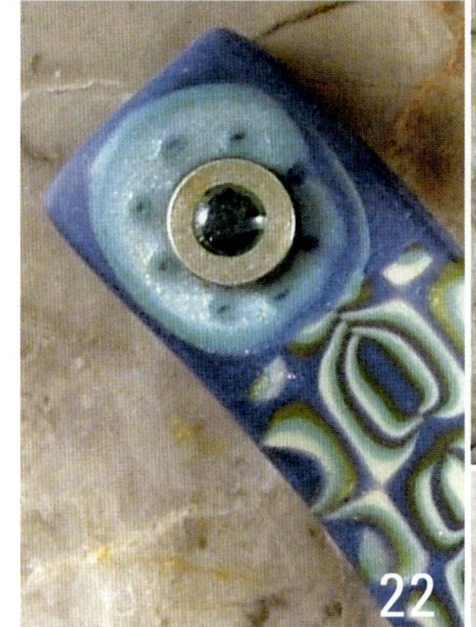
22

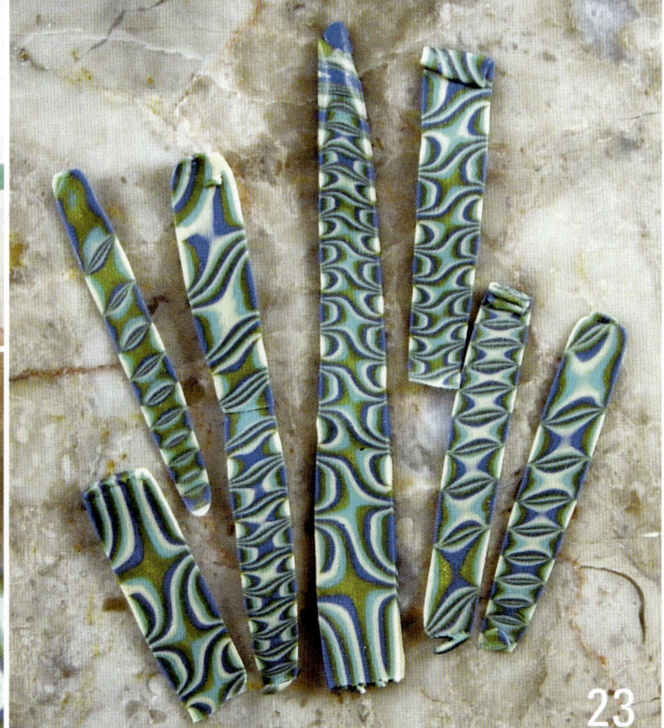
23

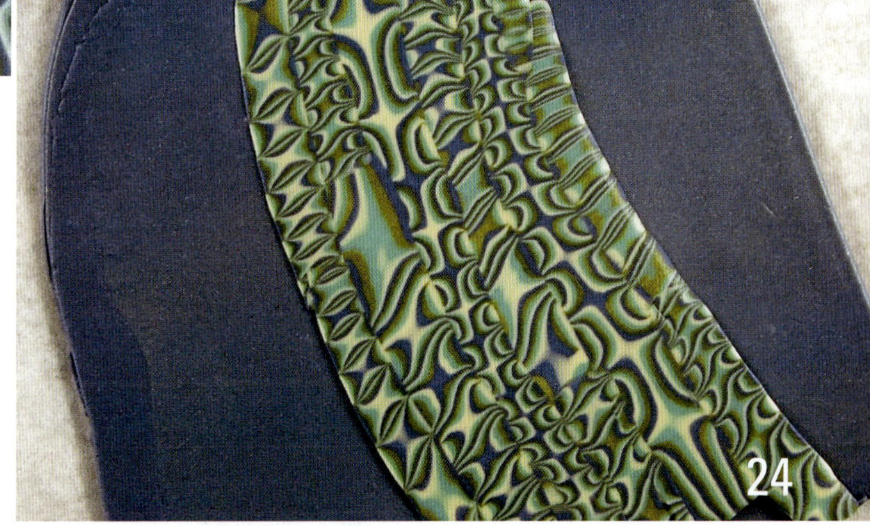
24

verteilt ist **[20]**. (Zu rasches Mischen kann Luftblasen erzeugen.) Mischen Sie die beiden Komponenten. Nehmen Sie mit der Nadel kleine Mengen des gefärbten Klebers auf und füllen Sie die Mulde damit **[21]**. Machen Sie sie nicht zu voll; der Kleber verteilt sich von selbst und bildet eine gleichmäßige Oberfläche **[22]**.

Für Clay verwende ich lieber Epoxid als anderen Kleber. Es ist beständig und sehr wirksam. Es gibt unterschiedliche Arten, Farben, Verarbeitungs- und Härtezeiten und Klarheit. Für sichtbare Klebestellen gibt es kristallklares Epoxid, zum Einfärben sind alle Sorten geeignet. Falten Sie die Karteikarte mit dem Epoxidrest zusammen und lassen Sie sie 24 Stunden lang liegen. Wenn Sie die Anteile korrekt abgemessen haben, haften die Kartenhälften fest aufeinander und Sie können sich sicher sein, dass die Verbindung oder Füllung mit Epoxid halten wird.

Sie können die Eidechsenschwänze nicht nur auf unterschiedliche Weise formen und mit Clay oder Metall zusätzlich verzieren, sondern können sie auch in dünne Streifen schneiden **[23]** und eine Musterplatte daraus zusammensetzen. Drehen Sie eine Trägerplatte bei größtem Walzenabstand durch die Nudelmaschine und legen Sie dann die gemusterten Streifen nebeneinander oder leicht überlappend darauf. Breiten Sie Papier über den Clay und fahren Sie mit einer Handdruckwalze oder einem Acrylstab darüber, bis die Nähte nicht mehr zu sehen sind **[24]**.

Schmuckprojekte

Sie haben sich mit den Perlenprojekten in diesem Buch beschäftigt und haben mittlerweile wahrscheinlich eine ganze Menge Perlen hergestellt. Und nun kommt die große Frage: Was machen Sie damit?

In diesem Kapitel finden Sie jede Menge Antworten auf diese Frage! Schnappen Sie sich Ihre Schmuckwerkzeuge und legen Sie sich einen Vorrat an den Drahtsorten zurecht, mit denen Sie am liebsten arbeiten. Sie werden lernen, wie man Anhängerschlaufen aus Clay und Metall macht, Ohrhaken befestigt und eine Perlenkollektion zu einer Kette fädelt.

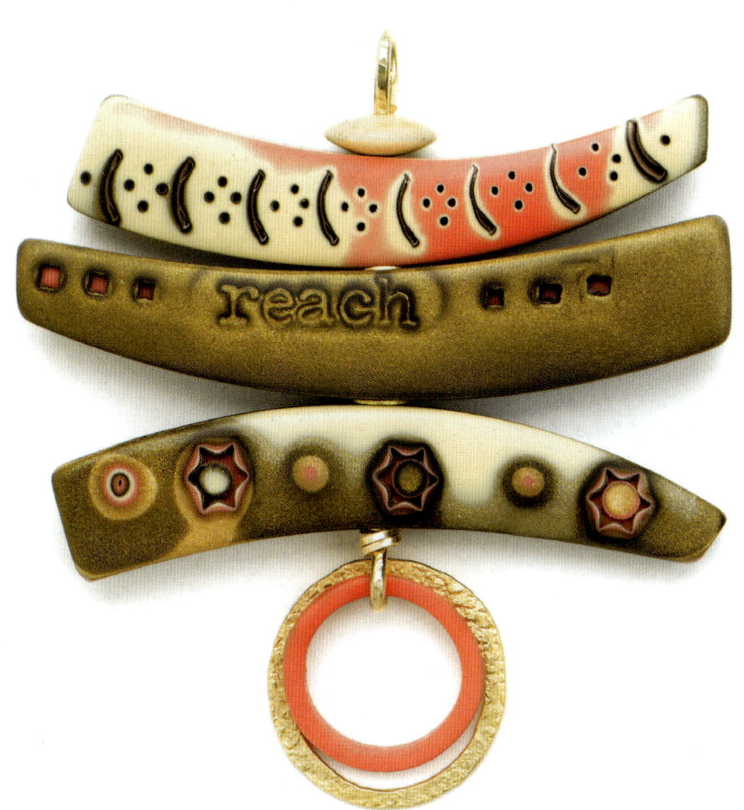

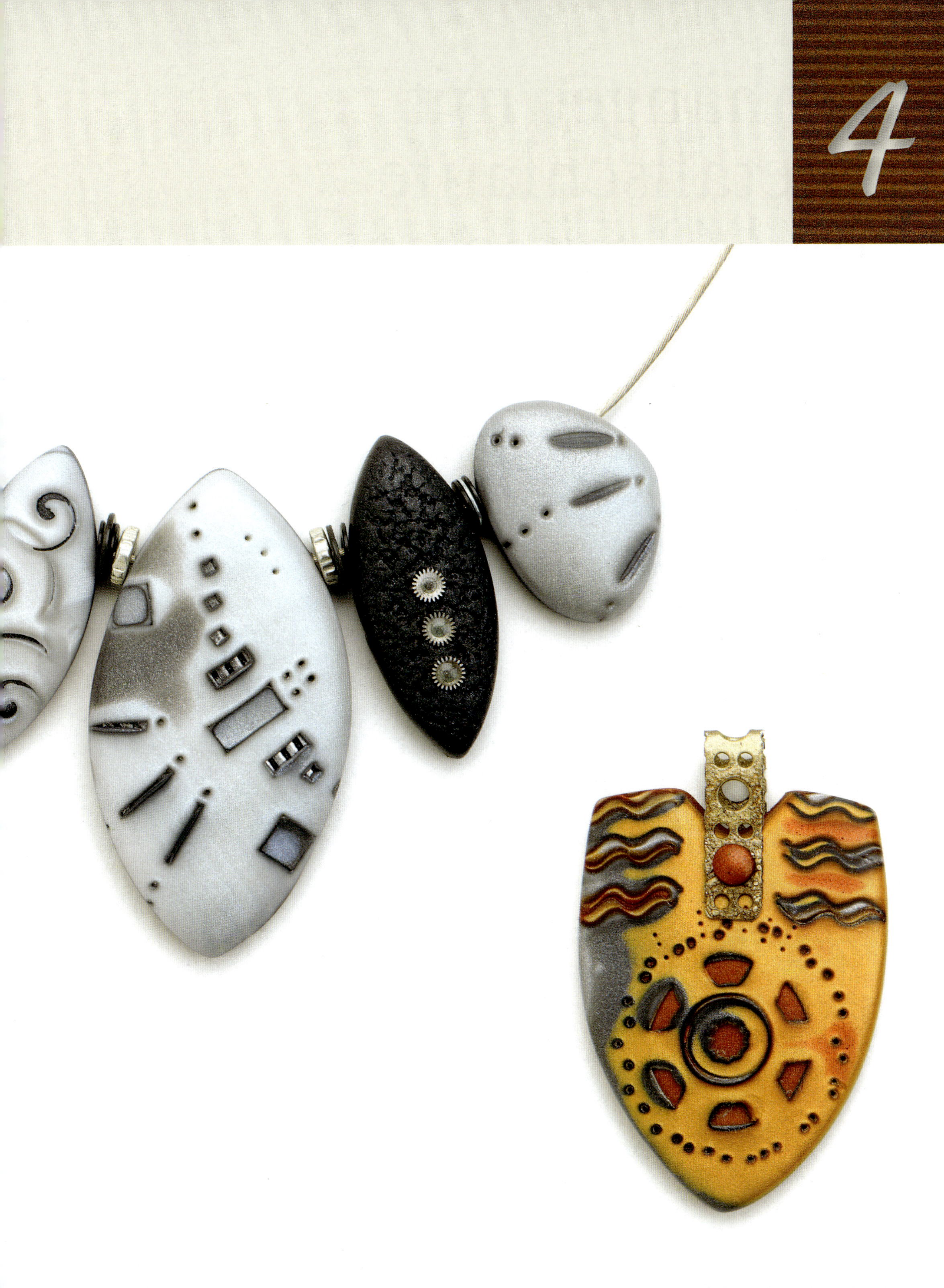
4

Anhänger mit Metallschlaufe und Claynieten

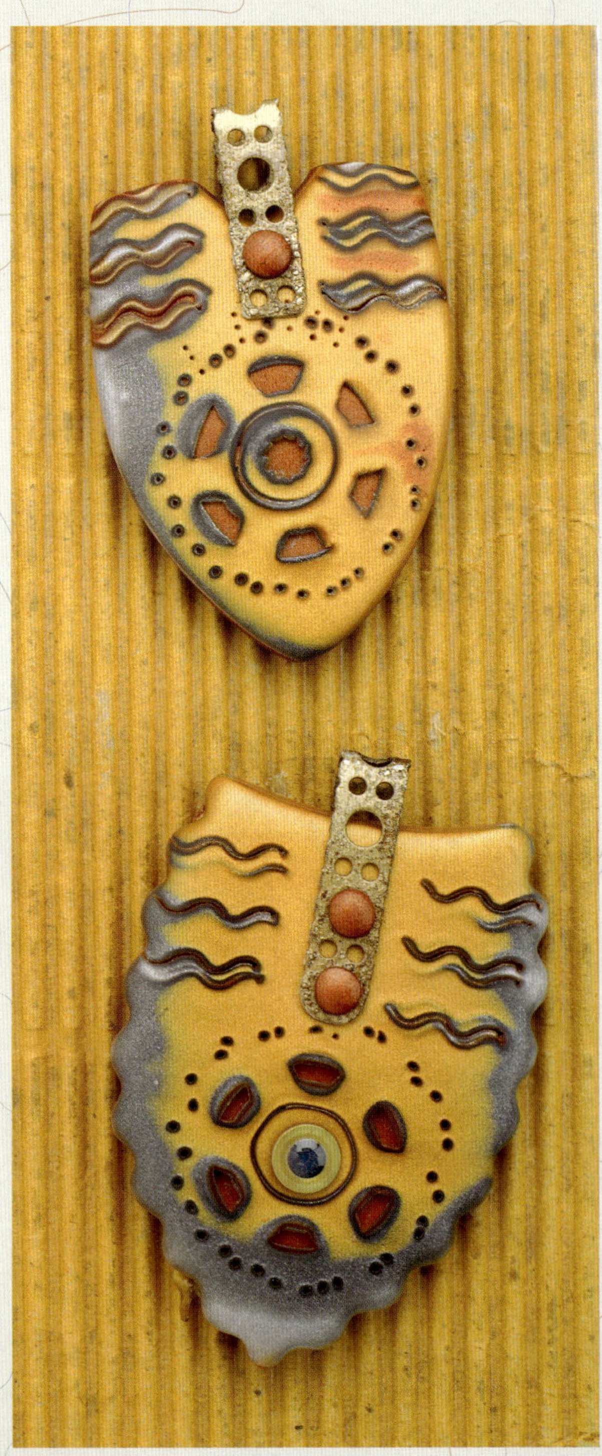

Bei diesem Projekt fertigen Sie eine Anhängerschlaufe aus Dekorblech und lernen, wie man sie mit Hilfe von Nieten aus Clay so befestigt, dass man ganz ohne Klebstoff auskommt.

Nieten aus Clay sind überraschend einfach herzustellen, sie sind vollkommen funktionsfähig und lassen sich außerdem als dekorative Elemente in die Gestaltung einer Perle einbinden.

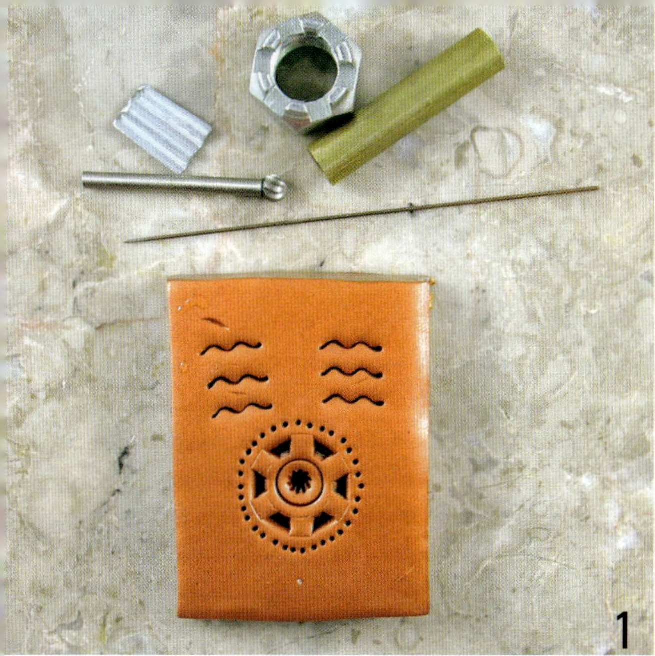

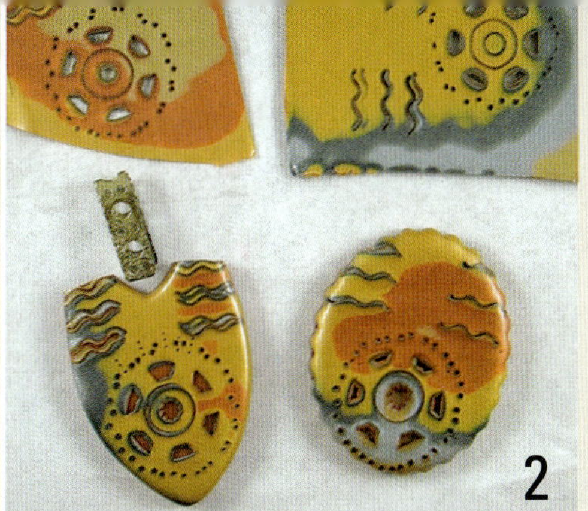

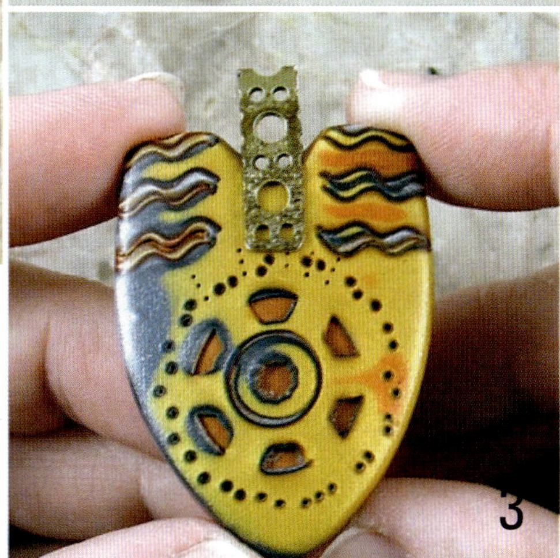

Bauen Sie aus Schichten einen Stapel auf und prägen Sie ihn. Ich habe eine Perlenstechnadel, einen Bohrer, einen Wellennagel, ein rundes Metallröhrchen und eine Kronenmutter **[1]** verwendet. Den Abdruck der Kronenmutter kann man mit weiteren Prägemustern umgeben.

> *Lassen Sie am oberen Rand der Perle mittig eine Lücke im Muster, um den Platz für die Ansatzpunkte der Anhängerschlaufe zu schaffen.*

Schneiden Sie Scheiben vom Stapel und bauen Sie Perlen daraus auf. Härten, schleifen, und polieren Sie die Perlen **[2]**. (Wenn Sie erst etwas auf dem Clay befestigen und dann schleifen, bleibt ein ungeschliffener Rand um das befestigte Element stehen.)
Schneiden Sie einen 0,6 x 5 cm großen Blechstreifen zu. Glätten Sie die Kanten mit einer Präzisionsfeile oder mit 320er Sandpapier. Falten Sie ihn über einen Metallstab, der so dick ist wie Ihr gehärtetes Claystück. (Ich habe einen quadratischen Stab genommen, ein schmaler Werkzeuggriff oder ein andererer Zylinder sind auch geeignet.) Schieben Sie die Anhängerschlaufe vorsichtig auf die Perle, um die beste Position zu finden **[3]**. Wenn das Metall nicht perforiert ist, machen Sie mit einem Metalllocher oder -bohrer ein 3-9 mm großes Loch.

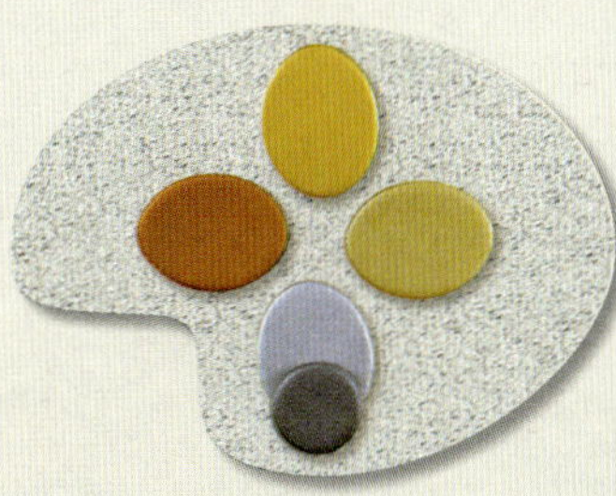

Farben

Gebranntes Orange
1 Teil Alizarin (Krapprot)
1 Teil Gold

Goldrute
2 Teile Gold
1 Teil Yellow (Gelb)

Helles Taupegrau
2 Teile Gold
1 Teil Silver (Silber)
0,5 Teil Jecru

Silber
Silver (Silber)
(Schatten = 1 Teil Black/Schwarz, 1 Teil Silver/Silber)

Weiteres Werkzeug & Zubehör

- Dekorblechrest
- Metallschere
- Metallfeile
- Blechlocher oder -bohrer (nicht zwingend)

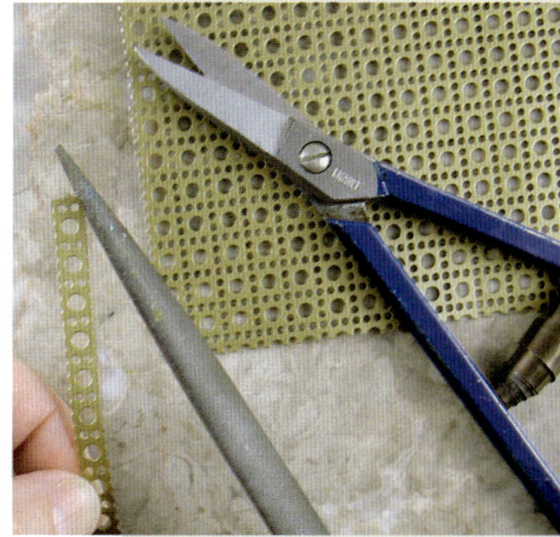

Ich verwende Dekorbleche gern für ungewöhnliche Anhängerschlaufen. Wenn das Blech dünn genug ist, lässt es sich mit einer Schere schneiden, ansonsten nehmen Sie eine Juweliersäge. Im Baumarkt finden Sie auch Streifen aus Messing oder Kupfer in der passenden Breite. Die Löcher in diesem Dekorblech sind Teil des Designs – und bestens für Claynieten geeignet.

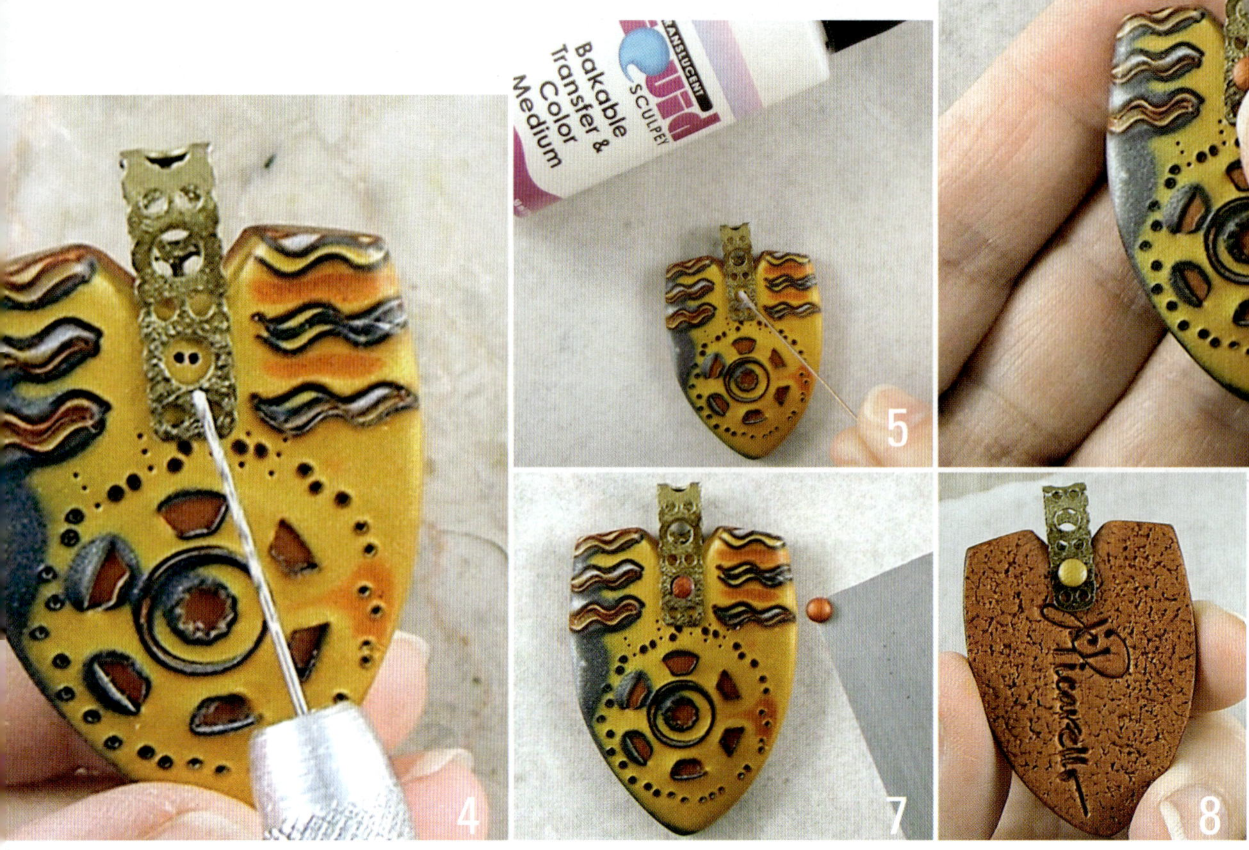

Als Nächstes befestigen Sie die lose platzierte Anhängerschlaufe mit einer Clayniete an der Perle. Die Niete besteht aus einer kleinen Menge ungehärtetem Clay mit einem Tropfen Flüssigclay, der für eine feste Verbindung zwischen gehärtetem und ungehärtetem Clay sorgt. Zunächst bohren Sie mehrere kleine Löcher in die Öffnung, in die die Clayniete eingesetzt werden soll **[4]**. Dabei wird die Perle nicht durchbohrt, es geht nur darum, eine kleine Vertiefung für den Flüssigclay zu schaffen. Tauchen Sie eine Perlenstechnadel mit der Spitze in Flüssigclay und lassen Sie ein wenig davon in die Vertiefung und das Loch im Blechstreifen laufen **[5]**.
Die Niete wird in zwei Schritten befestigt. Erst formen Sie eine kleine Kugel aus Clay, setzen sie auf den Flüssigclay und drücken sie vorsichtig an, sodass der ungehärtete Clay das Loch gleichmäßig ausfüllt. Auf diese Weise entsteht eine feste Verbindung zwischen gehärtetem Clay, Flüssigclay und ungehärtetem Clay und die Anhängerschlaufe wird vorübergehend festgehalten **[6]**.

Dann formen Sie eine etwas größere Kugel und setzten Sie mittig auf die erste Kugel. Klopfen Sie mit leichten, gleichmäßigen Bewegungen auf den Rand der Kugel, um sie abzuflachen **[7]**.
Dieser Schritt ist sehr wichtig: Durch das Abflachen breitet sich die Kugel über den inneren Rand des Lochs im Blechstreifen hinaus aus. Diese kleine Überlappung funktioniert wie ein Nagelkopf, der die Anhängerschlaufe an Ort und Stelle festhält, wenn der Clay gehärtet ist.
Wiederholen Sie diese Schritte auf der Rückseite der Perle: Vertiefungen bohren, Flüssigclay einträufeln und Claykugel aufsetzen, die die Löcher ausfüllen und bedecken. Die Rückseite der Anhängerschlaufe wird so sicher befestigt **[8]**. Wenn die Nieten auf Vorder- und Rückseite angebracht sind, härten Sie die Perle noch einmal.

Texturierter Anhänger mit dekorativer Schlaufe

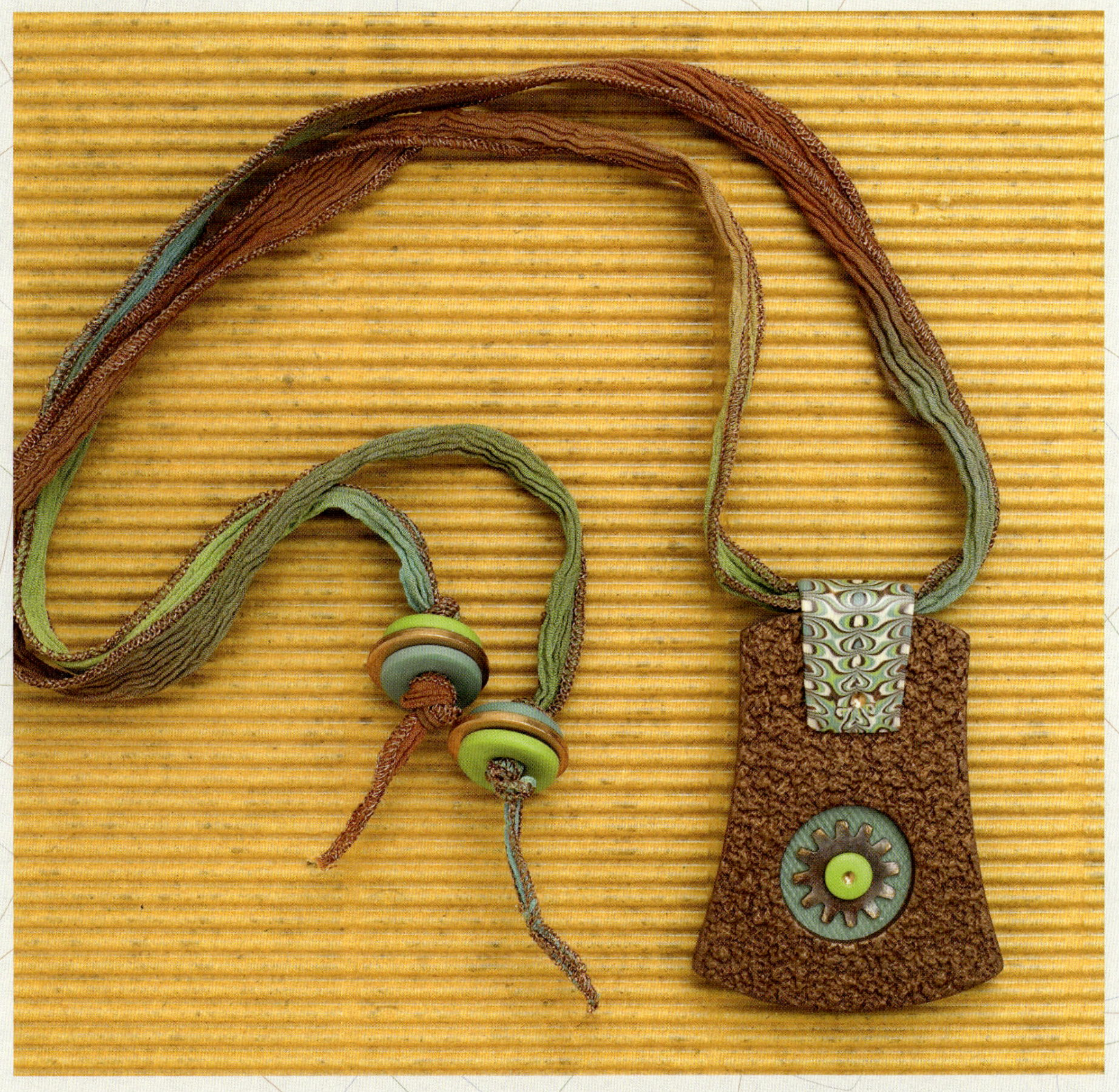

Hier dient ein wundervolles vielfarbiges Seidenband als Inspiration für die Farbauswahl. Die glatte gemusterte Anhängerschlaufe und die raue Oberfäche des einfarbigen Anhängers bilden einen reizvollen Kontrast. Aus den Eidechsenschwänzen aus einem früheren Projekt wird nun eine Anhängerschlaufe, die sich leicht befestigen lässt, und Metallelemente sorgen für zusätzliche Spannung in der Gestaltung.

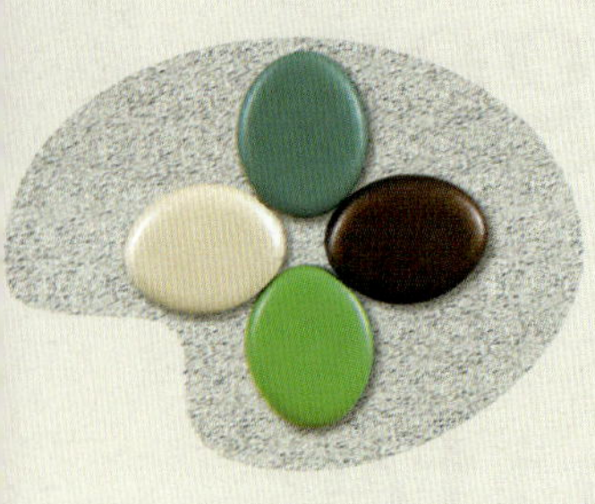

Farben

Aquamarin
3 Teile Turquoise (Türkis)
1 Teil Gold
1 Teil Cadmium Yellow (Kadmiumgelb)

Sattbraun
1 Teil Gold
1 Teil Black (Schwarz)
1 Teil Alizarin (Krapprot)

Hellgrün
3 Teile Turquoise (Türkis)
1 Teil Pearl (Perlmuttweiß)
2 Teile Cadmium Yellow (Kadmiumgelb)

Helles Jecru
1 Teil Ecru
2 Teile White Translucent (Weiß transparent)
0,5 Teil Pearl (Perlmuttweiß)

Weiteres Werkzeug & Zubehör

- Anti-Rutsch-Klebeband
- Metallelement mit Loch
- Handgefärbtes Seidenband
- Metallicpulver

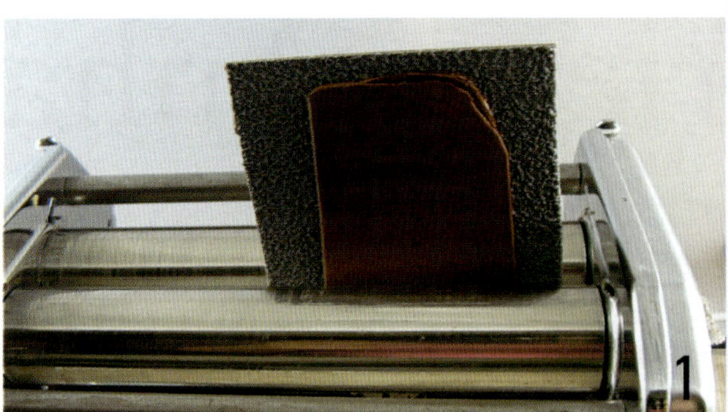

1

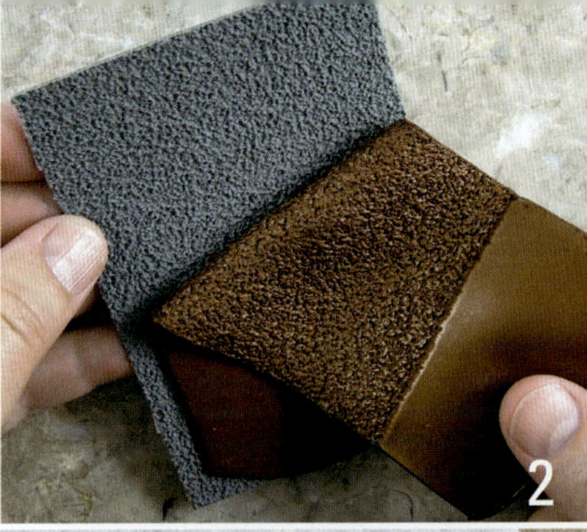

2

Für eine raue, zerfurchte Textur auf Clay wird oft grobes Schleifpapier verwendet. Das Problem dabei ist, dass das Schleifpapier keinen besonders tiefen Abdruck ergibt und oft genug Körnchen im Clay steckenbleiben. Ich habe es mit Texturschwämmen und Filterschwämmen für Aquarien versucht, doch die beste Idee kam von einer Kursteilnehmerin, die Mühe hatte, solche Schwämme aufzutreiben. Sie erzählte mir von Anti-Rutsch-Klebestreifen, die als Sicherheitsmaßnahme auf Treppenstufen geklebt werden. Ich liebe diese Streifen, sie ergeben eine wunderbare Textur. Danke, Arlene!

Drehen Sie eine Platte aus sattbraunem Clay mit dem Anti-Rutsch-Material bei größtem Walzenabstand durch die Nudelmaschine **[1]**. Dabei brauchen Sie kein Trennmittel zu verwenden. Der Clay lässt sich rückstandslos von dem Anti-Rutsch-Streifen ablösen und zeigt einen klaren, sauberen Abdruck **[2]**. Fertigen Sie eine weitere texturierte Clayplatte an, Sie brauchen eine Vorder- und eine Rückseite.
Für das zentrale Element des Anhängers drehen Sie eine weitere sattbraune Clayplatte durch die Nudelmaschine, diesmal bei mittlerer Einstellung. Daraus machen Sie die Kernschicht des Anhängers, die zwischen den texturierten Vorder- und Rückseiten liegt.
Schneiden Sie aus einer der texturierten Clayplatten eine freie Form zu und

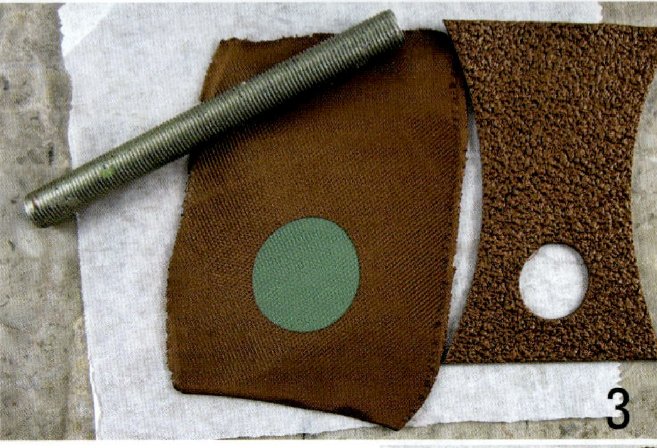

3

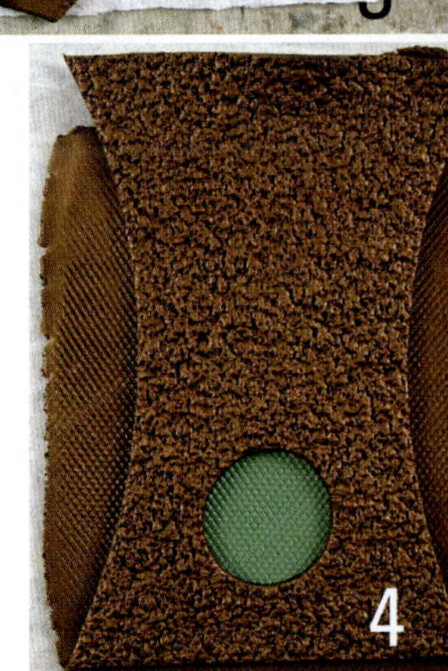

4

stechen Sie mit einem Ausstecher ein rundes Loch aus. Dieses Stück wird die Vorderseite Ihres Anhängers sein. Drehen Sie nun aus Aquamarin eine sehr dünne Platte durch die Maschine und stechen Sie einen Kreis aus, der etwas größer ist als das Loch in der Vorderseite.
Legen Sie ihn auf die glatte sattbraune Platte und drehen Sie sie bei mittlerer Einstellung durch die Nudelmaschine, um Platte und Kreis miteinander zu verbinden. Wenn Sie mögen, geben Sie dem Kreis aus Aquamarin eine leichte Textur mit einem Gewindestab **[3]**.
Nun haben Sie drei separate Claystücke: die texturierte Vorderseite mit einem kreisrunden Loch, das Mittelstück mit dem aquamarinblauen Kreis (Kern) und die durchgehende texturierte Rückseite. Aus diesen Stücken entsteht der etwa 8 mm dicke Anhänger.
Zunächst setzen Sie die Vorderseite auf den Kern und richten dabei den kreisrunden Ausschnitt so aus, dass der aquamarinblaue Kreis darunter zu sehen ist. Klopfen Sie

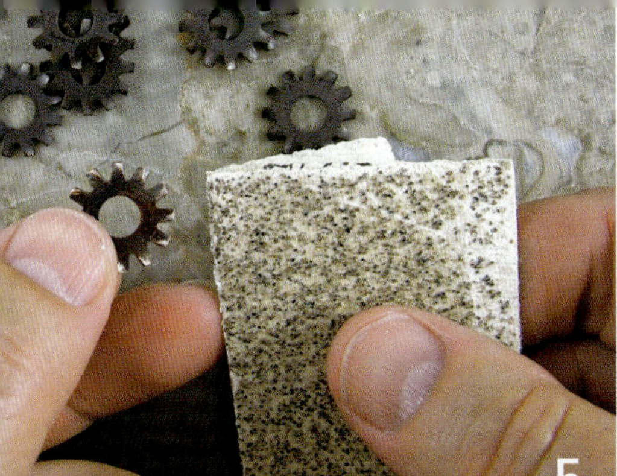
5

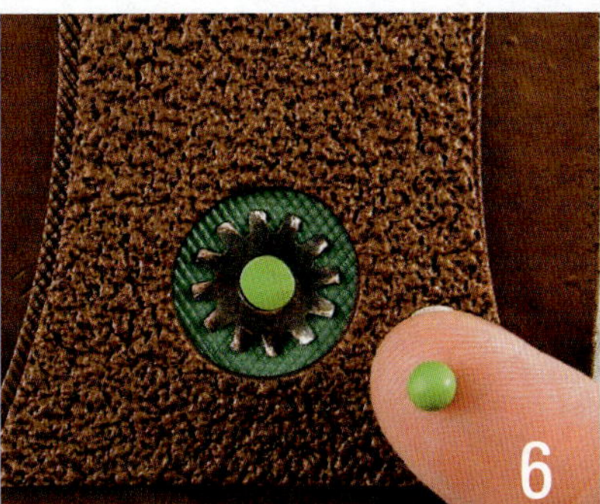
6

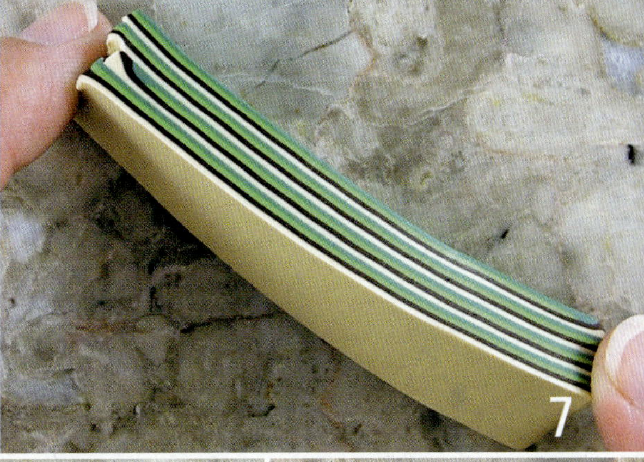
7

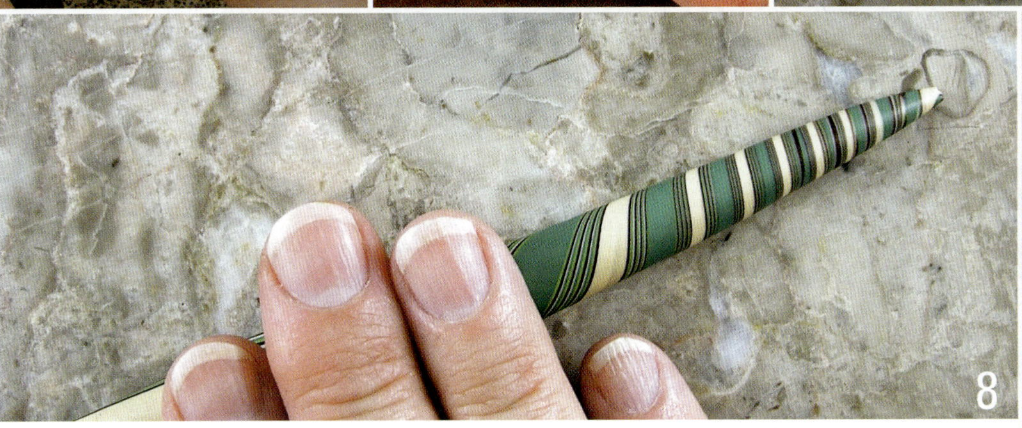
8

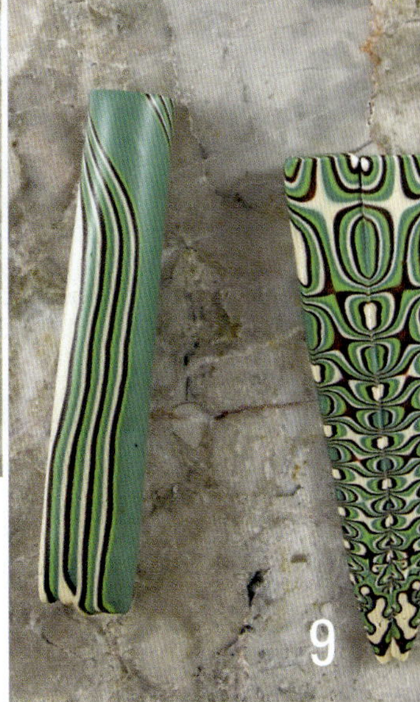
9

vorsichtig auf die beiden Stücke, damit sie aneinander haften. Drehen Sie die Rückseite mit der Textur nach unten und setzen Sie Vorderseite und Kern darauf. Drücken Sie vorsichtig darauf, um alle Lagen miteinander zu verbinden **[4]**.

Ein Metallelement in der Öffnung auf der Vorderseite ist ein interessanter Akzent. Ich habe eine verkupferte Zahnscheibe genommen, die ich in einem Geschäft für Schweißzubehör in meiner Nähe gefunden habe. Auf dem Foto sehen Sie alte Zahnscheiben, die mit der Zeit Patina angesetzt haben. Mir gefällt diese Farbe. Oft schleife ich den Außenrand einer Scheibe mit 60er Sandpapier ab, sodass die Spitzen kupfern glänzen **[5]**.

Clay und Metall verbinden sich nicht beim Härten. Manche Leuten benutzen Epoxid oder Kleber; ich nehme lieber eine Clayniete, die die Scheibe auf einer der unteren Perlenschichten festhält (so, wie bei der Anhängerschlaufe im vorangegangenen Projekt). Legen Sie die Zahnscheibe in die Öffnung, formen Sie eine winzige Claykugel und drücken Sie sie fest in das Loch in der Scheibenmitte. Dadurch entsteht eine feste Verbindung zu der darunterliegenden Clayschicht. Dann formen Sie eine etwas größere Kugel, setzen sie auf die Scheibe und flachen sie durch sanftes Fingerklopfen ab, bis das Loch in der Scheibe ganz ausgefüllt ist und wie ein Nagelkopf ein wenig über den Rand steht **[6]**. Bei solchen Claynieten brauchen Sie keinen Flüssigclay, da ungehärteter Clay auf ungehärtetem Clay haftet. Flüssigclay brauchen Sie nur, wenn Sie ungehärteten mit gehärtetem Clay verbinden wollen.

Wenn die Metallscheibe sicher vernietet ist, können Sie dem Anhänger seine endgültige Form geben. Achten Sie darauf, dass Sie an der Oberkante Platz für den Ansatz der Anhängerschlaufe lassen.

Bauen Sie den Eidechsenschwanz so auf wie im Projekt beschrieben: Stapeln, rollen und zerteilen Sie den Schwanz und legen Sie die Hälften nebeneinander **[7-9]**. Als Anhängerschlaufe muss der so entstandene Streifen dünn genug sein, um sich leicht umbiegen und an Vorder- und Rückseite des Anhängers befestigen zu lassen, daher weichen die folgenden Schritte ein wenig von dem Eidechsenschwanz-Projekt ab.

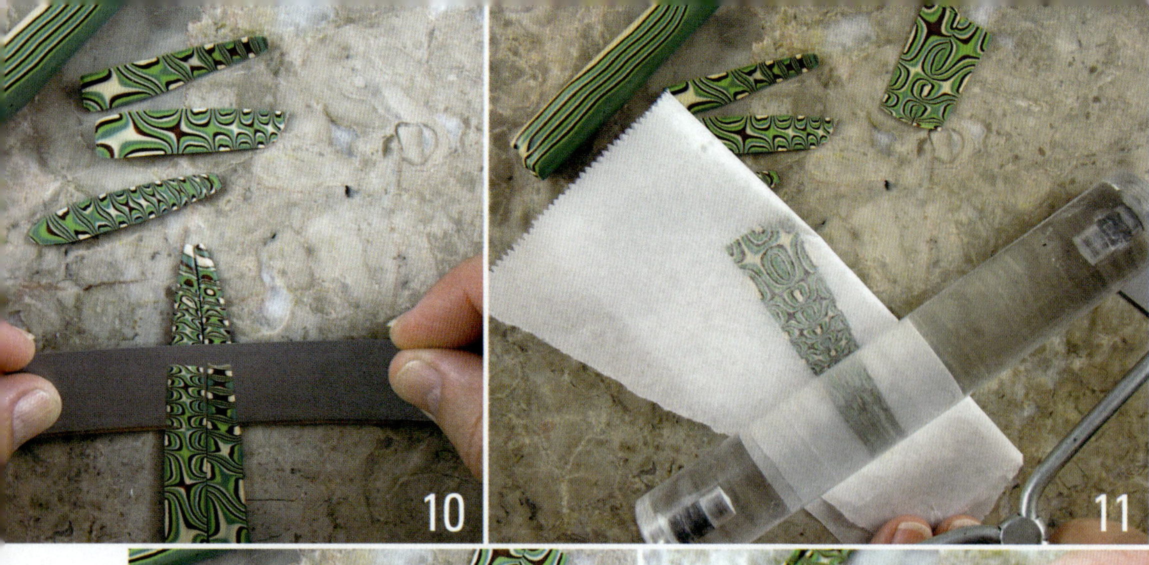

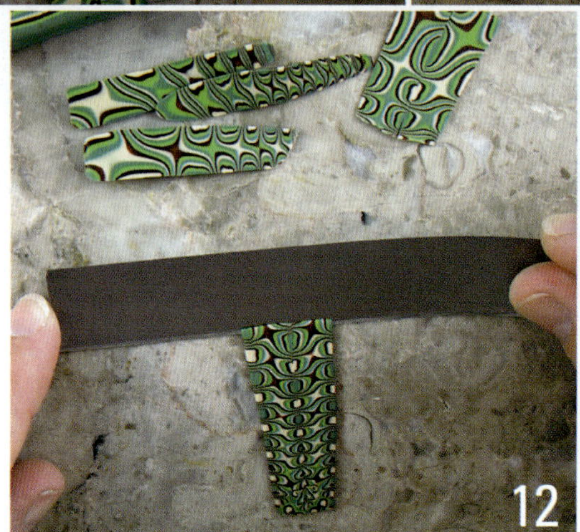

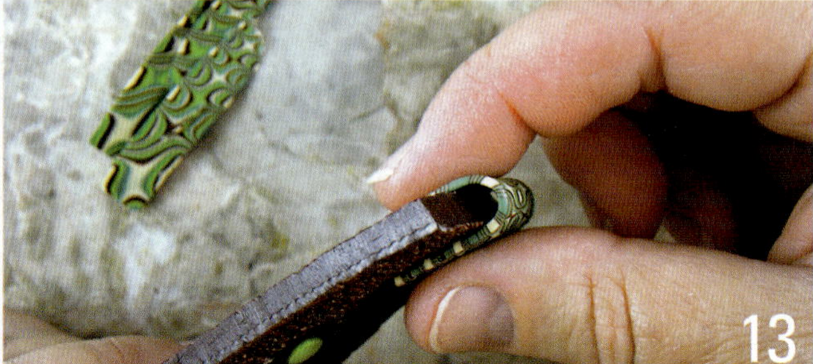

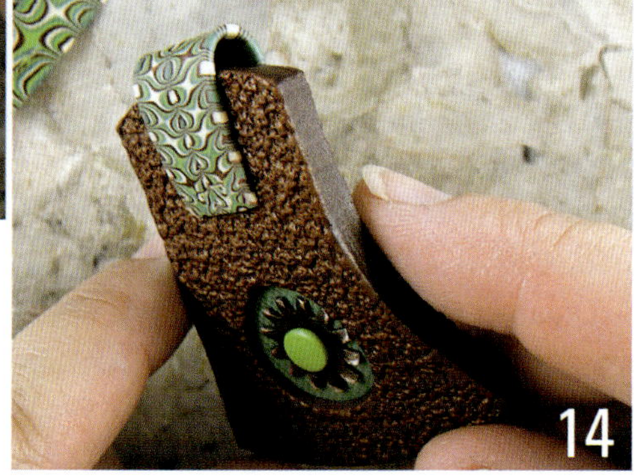

Legen Sie den Schwanz mit der Vorderseite nach unten auf die saubere Arbeitsfläche und drücken Sie ihn leicht an. Nun schälen Sie von hinten nach vorne dünne Scheiben ab, bis er etwa 3 mm dick ist **[10]**.

Legen Sie die Scheibe auf Papier, falten Sie die Papierkante um und reiben Sie mit dem Finger vorsichtig über die Naht. Sie können auch einen Acrylstab oder eine Handdruckwalze nehmen, achten Sie aber darauf, das Muster nicht zu verziehen **[11]**.

Setzen Sie die Klinge wie auf dem Foto leicht schräg an. Schneiden Sie den Eidechsenschwanz auf die richtige Länge zu. Für eine Anhängerschlaufe brauchen Sie etwa 3,5 cm **[12]**.

Legen Sie ein Ende der Anhängerschlaufe vorsichtig auf die Vorderseite des Anhängers und drücken Sie sie leicht an, dann biegen Sie sie auf die Rückseite und drücken sie auch dort an. Lassen Sie Platz, um die Seidenschnur durchzuziehen **[13-14]**.

Mit einem Prägestift können Sie als zusätzliches Zierelement eine Vertiefung in die Clayniete drücken. Tauchen Sie die Stiftspitze in Metallicpulver oder Acrylfarbe und setzen Sie das Pigment in die Vertiefung. Dadurch entsteht der Eindruck, dass die Niete aus Metall ist **[15]**.

Drehen Sie aquamarinblauen und hellgrünen Clay bei mittlerer Einstellung durch die Nudelmaschine und stechen Sie mit runden Ausstechern Scheiben aus: erst machen Sie eine größere Scheibe und stechen dann mit einem kleineren Ausstecher in der Mitte ein Loch, das groß genug für die Seidenschnur ist **[16]**. Diese Scheiben werden zusammen mit dem Anhänger gehärtet und mit einigen Metallscheiben an den Schnurenden aufgefädelt **[17]**.

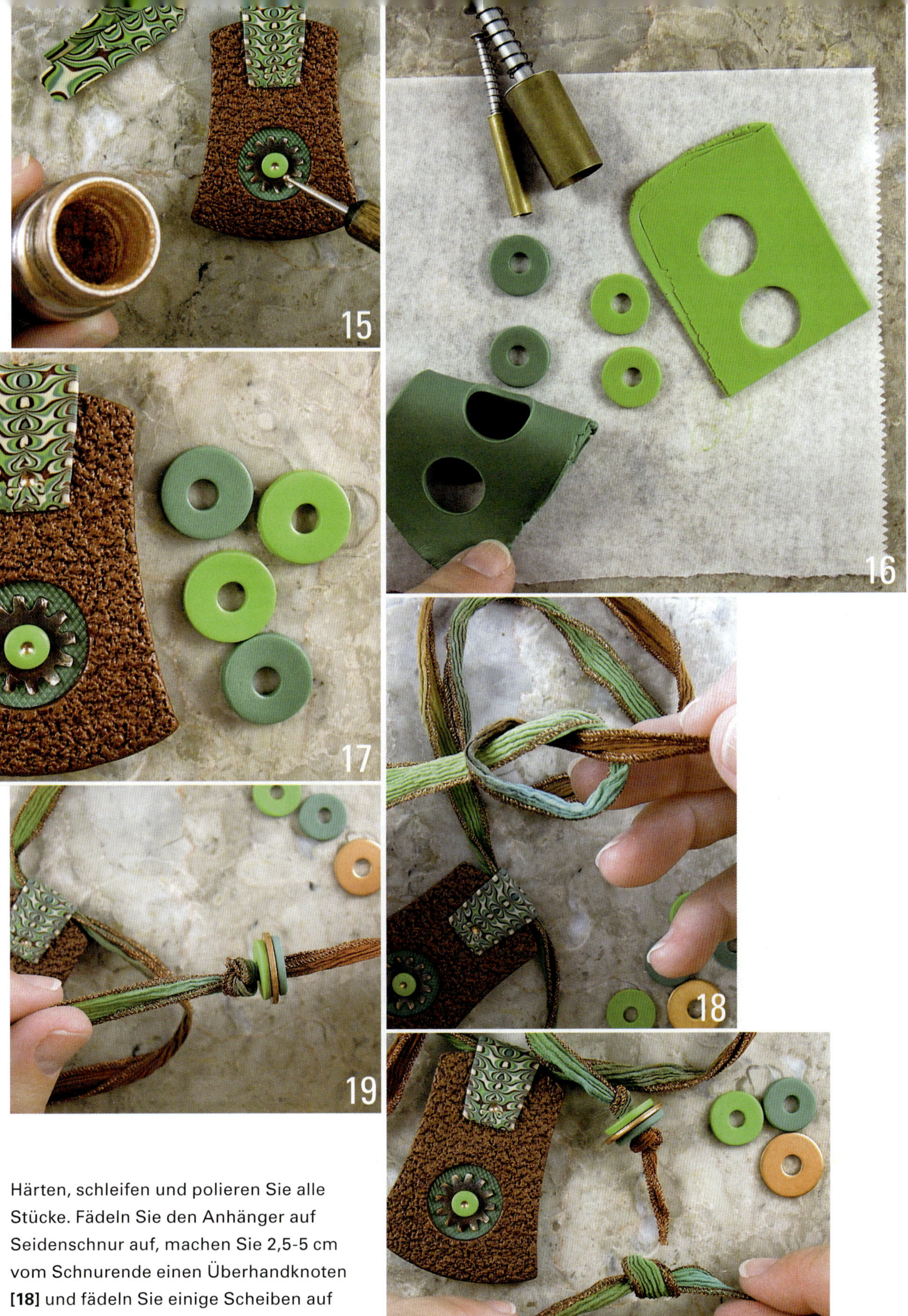

Härten, schleifen und polieren Sie alle Stücke. Fädeln Sie den Anhänger auf Seidenschnur auf, machen Sie 2,5-5 cm vom Schnurende einen Überhandknoten **[18]** und fädeln Sie einige Scheiben auf **[19]**, die Sie mit einem weiteren Knoten sichern. Machen Sie es am anderen Schnurende ebenso **[20]**.

Wilder Anhänger

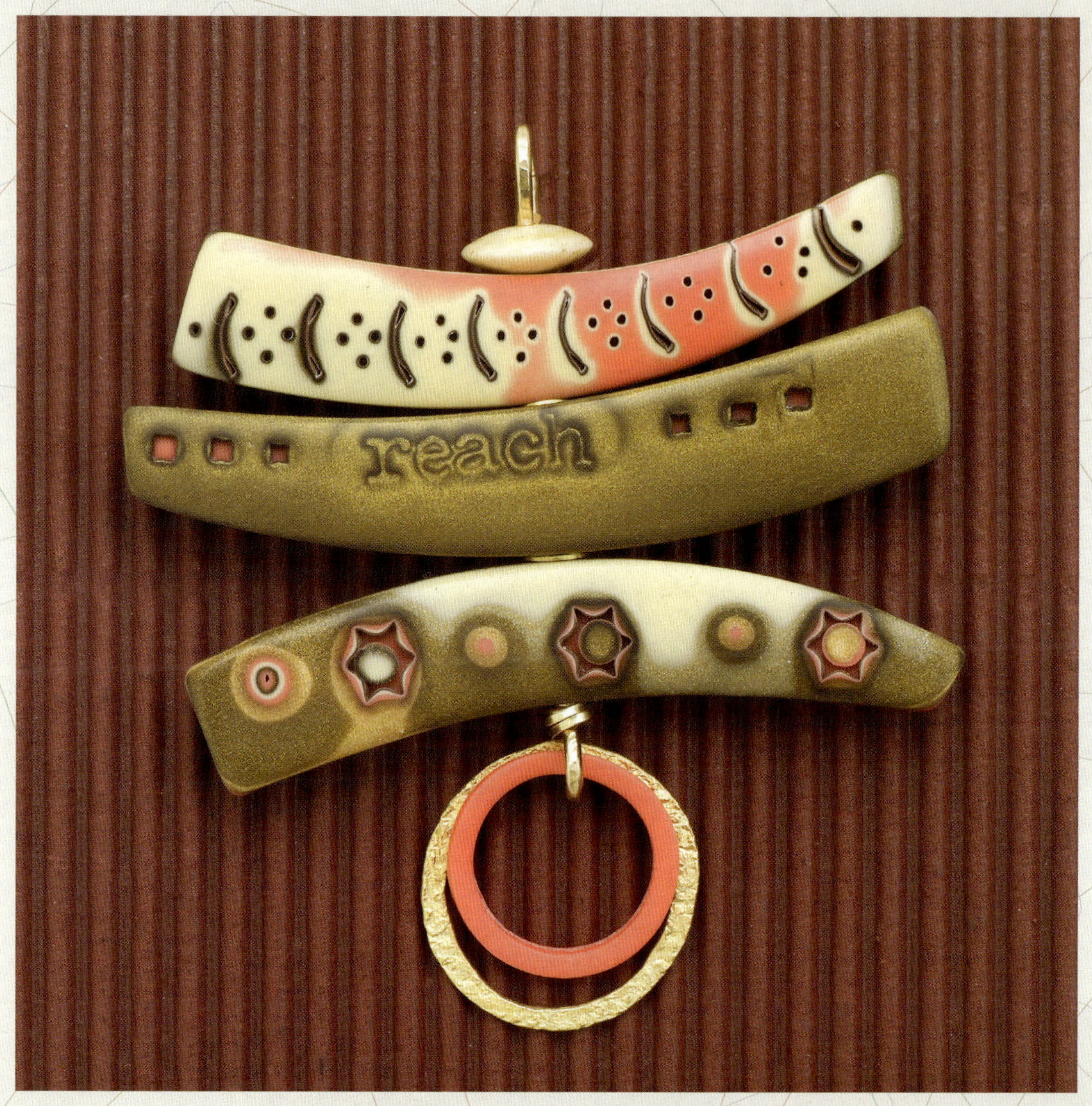

Inspiriert wurde dieser Anhänger durch Schmuck aus Naturmaterialien. Statt rauer Baumrinde verwende ich hier Stücke aus glattem Clay und Teile einer alten Kette ersetzen kleine glänzende Muschelstücke, doch er zeigt immer noch dieselbe gestalterische Freiheit und denselben willkürliche Mix aus Texturen, Mustern und Formen wie das Original. Lassen Sie Ihrer Fantasie freien Lauf!

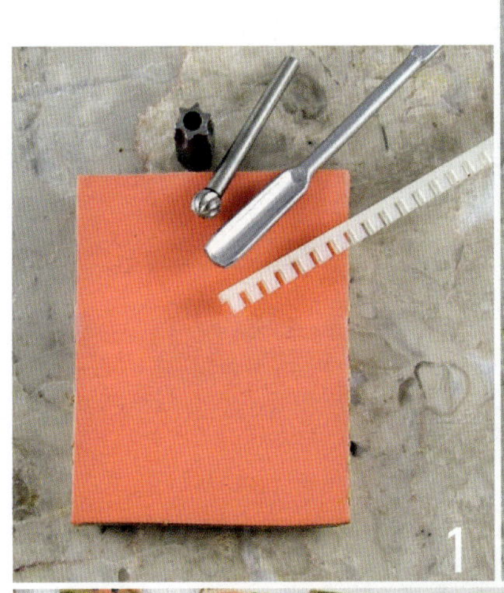
1

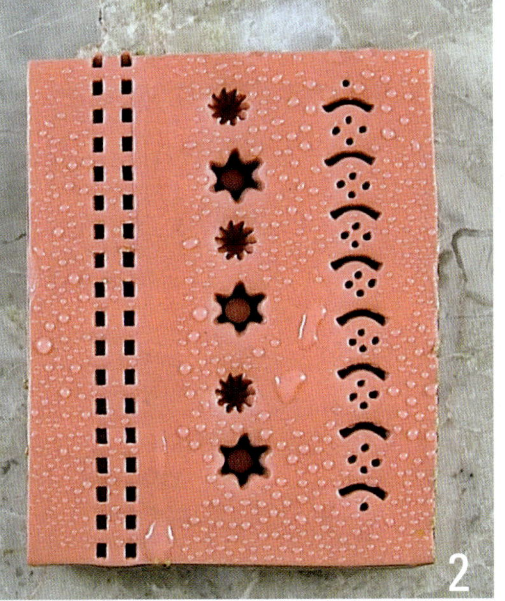
2

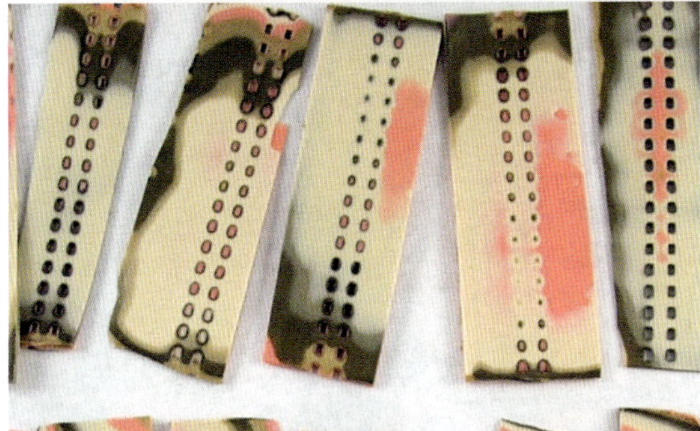

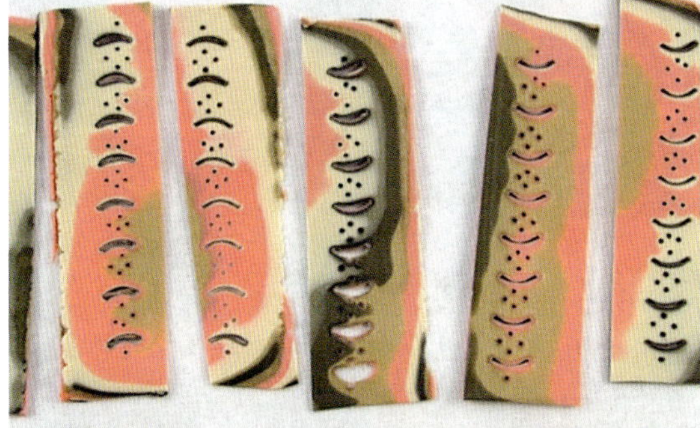

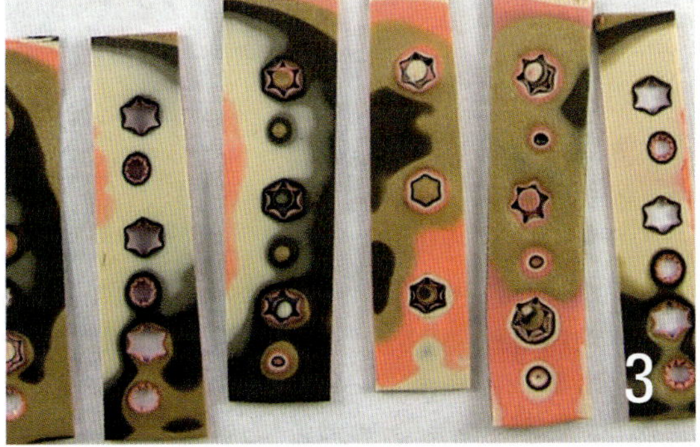
3

Bei diesem Projekt verläuft der Prägeprozess genauso wie bei den anderen, doch hier berücksichtigt das Muster den Aufbau des Anhängers. Wählen Sie Werkzeuge, die für gerade und dichte Muster geeignet sind. Ich habe mich für ein sternförmiges Sicherheitsbit, das gewölbte Ende eines Schnitzwerkzeugs und ein leeres Magazin aus einer Nagelpistole entschieden **[1]**.

Das Muster soll sich nicht über alle Einzelteile des Anhängers erstrecken, vielmehr sollen drei klar abgegrenzte Segmente entstehen, die jedes für sich einen Teil des Anhängers darstellen. Jede Scheibe, die Sie von Ihrem Stapel schneiden, wird wiederum in drei Teile zerteilt, sodass auf jedem Streifen ein Muster verläuft **[2]**.

Nach dem Prägen schälen Sie möglichst dünne Scheiben ab, damit Sie viele Stücke mit klaren Abdrücken bekommen. Vergessen Sie nicht, dass Sie den Stapel auch dann noch prägen können, wenn Sie schon die ersten Scheiben abgeschnitten haben, solange, bis Ihnen das Muster gefällt. Schneiden Sie jede Scheibe in drei Streifen **[3]**.

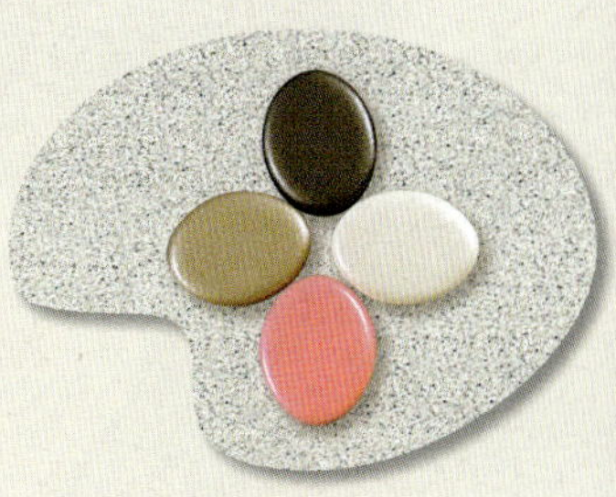

Farben

Taupe
2 Teile Silver (Silber)
1 Teil Gold

Oliv metallic
1 Teil Gold
1 Teil Black (Schwarz)

Helles Jecru
1 Teil Ecru
2 Teile White Translucent (Weiß transparent)
0,5 Teil Pearl (Perlmuttweiß)

Rose
1 Teil Alizarin
2 Teile Jecru
1 Teil Ecru
0,5 Teil White Translucent (Weiß transparent)

Weiteres Werkzeug & Zubehör

- 7,5 cm Schmuckdraht, Gold-filled oder Sterlingsilber, ca. 1,2 mm
- kleine dünne Unterlegscheiben
- Metallring
- Hammer und Stahlblock als Unterlage (nicht zwingend)

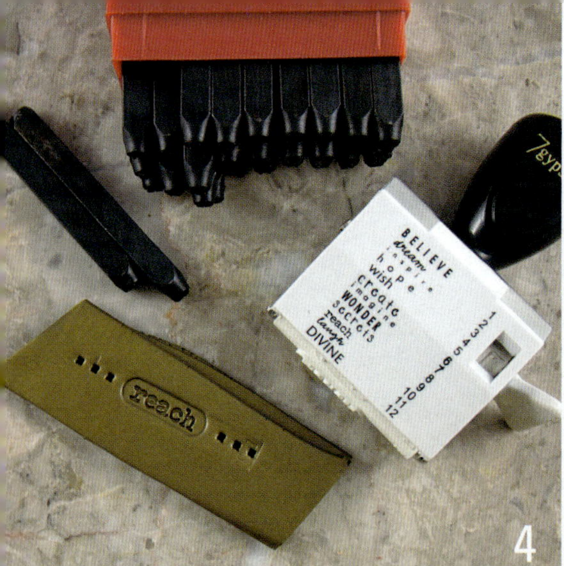

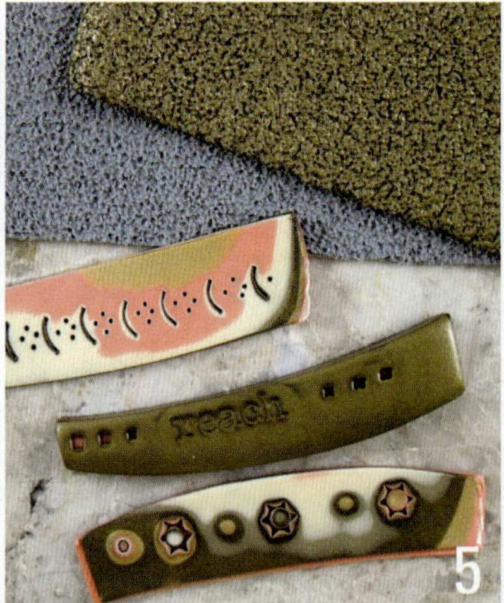

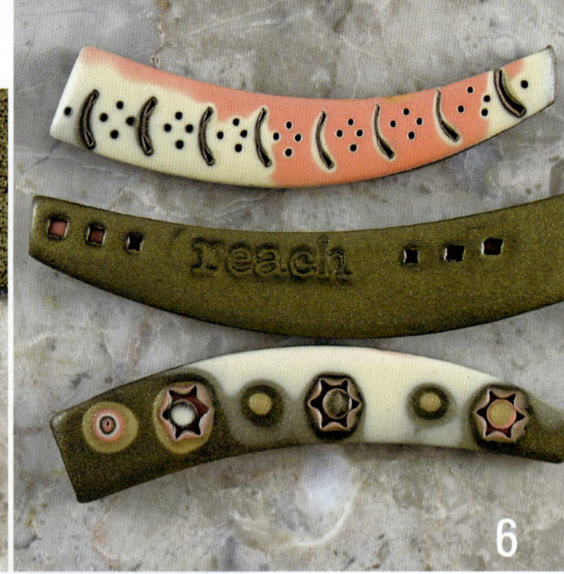

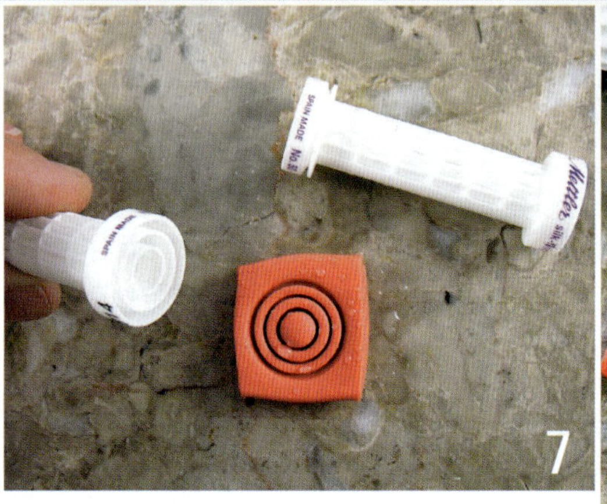

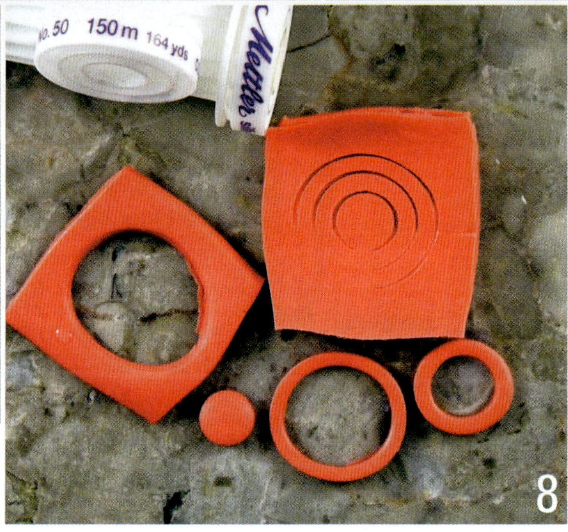

Schmuck aus Naturmaterialien hat etwas von einem Talisman, und dazu passen einzelne Buchstaben oder Wörter sehr gut. Wenn Sie Clay mit hohem Metallicgehalt prägen, entsteht durch die Ausrichtung der Glimmerpartikel im Clay ein holographischer Effekt. Tief eingeschnittene Gummistempel sind dafür ideal, doch auch Metall- und Lederstempel sind geeignet **[4]**. Ich habe für das mittlere Segment meines Anhängers ein Wort auf Oliv mit Metalliceffekt gestempelt.

Schneiden Sie den mit einem Wort geprägten Clay, wählen Sie zwei gemusterte Streifen aus und bauen Sie die drei Segmente nach der Anleitung in Kapitel 2 auf **[5]**. Ich forme die Perlen gerne gegenläufig, mit sanften Kurven und breiten und schmalen Kanten. Wenn Ihnen die Form einer Perle nicht gefällt, verändern Sie die Form mit der Hand, legen Sie sie dann auf die Fliese und drücken Sie sie vorsichtig an, damit sie haftet. Dort lassen Sie sie ein paar Minuten lang liegen. Wenn Sie sie wieder aufnehmen, behält sie ihre Form **[6]**.

Metallene Unterlegringe spielen in meinem Design eine große Rolle, doch manchmal möchte ich gerne etwas Bunteres haben. Hier habe ich z.B. Scheiben aus Clay gefertigt. Die abgebildeten Stickgarnrollen haben ein wunderbares Kreis-im-Kreis-Muster, ideal zum Prägen **[7]**. Nach dem Schneiden lassen sich die Kreise vorsichtig voneinander lösen, und schon haben Sie schöne bunte Ringe, die von Ohrringen oder Anhängern baumeln können **[8]**. Bei diesem Projekt habe ich einen Clayring zusammen mit einem Metallring verwendet, einem Glied aus einer alten Kette.

Härten, schleifen und polieren Sie die Perlen. Durchbohren Sie die einzelnen Segmente mit einem Bohrer, der ein wenig dünner ist als Ihr Schmuckdraht, sodass die Fädellöcher sich eng um den Draht schließen. Hämmern Sie ein Drahtende auf einem Stahlblock flach, damit es uneben und texturiert wirkt **[9]**.

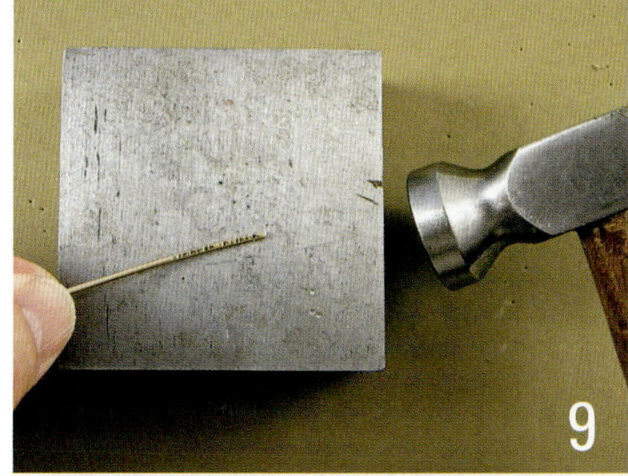

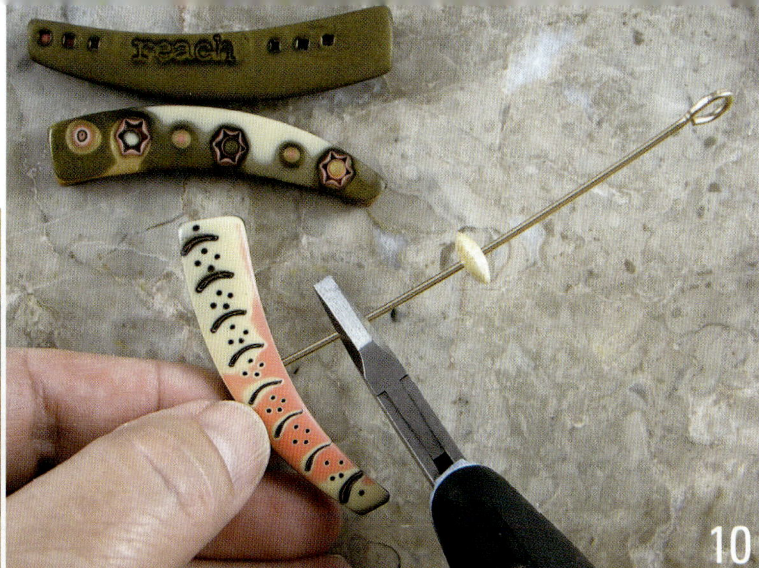

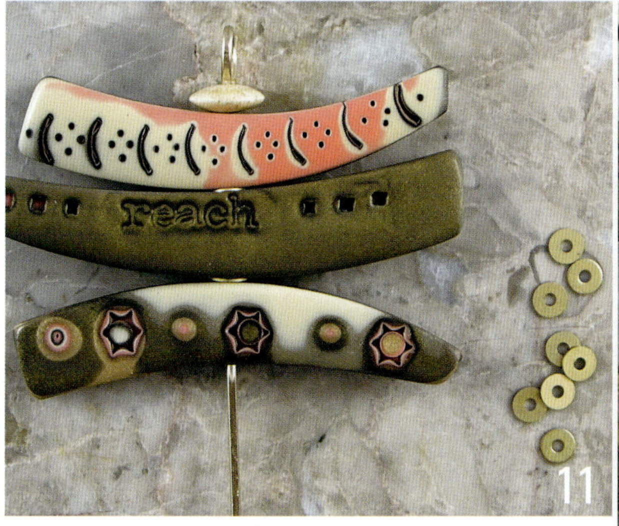

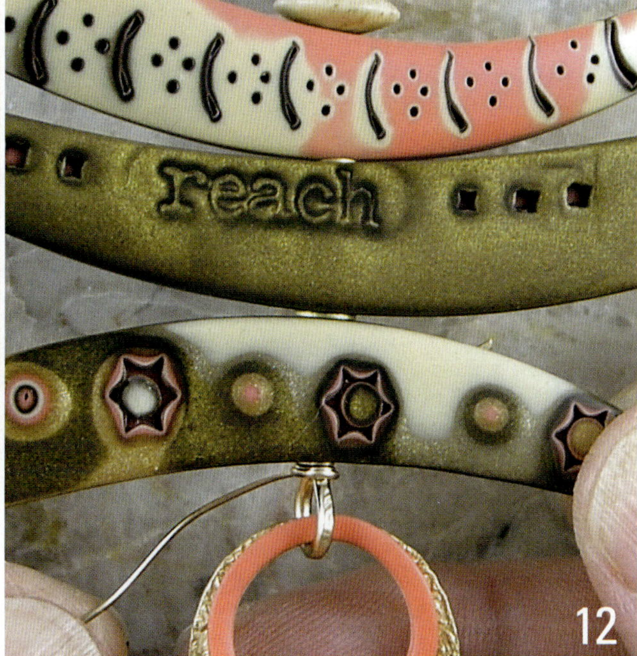

Biegen Sie das flachgehämmerte Stück mit einer Rundzange zu einer Öse um und fädeln Sie eines der länglichen Segmente auf. Packen Sie den Draht fest mit der Zange und drehen und schieben Sie gleichzeitig, um die Perle auf den Draht zu bekommen **[10]**. Wenn der Draht so fest sitzt, drehen sich die Perlen nicht um die eigene Achse. Zwischen den Segmenten fädle ich gerne sehr kleine, dünne Metallringe als Spacer auf. Sie bilden eine dezente Trennschicht, ohne zu viel Aufmerksamkeit auf sich zu ziehen **[11]**.

Formen Sie unterhalb des letzten Segments eine weitere Öse, hängen Sie einen Clayring und einen großen Metallring daran und wickeln Sie das Drahtende zwischen Segment und Öse fest um den Mitteldraht **[12]**.

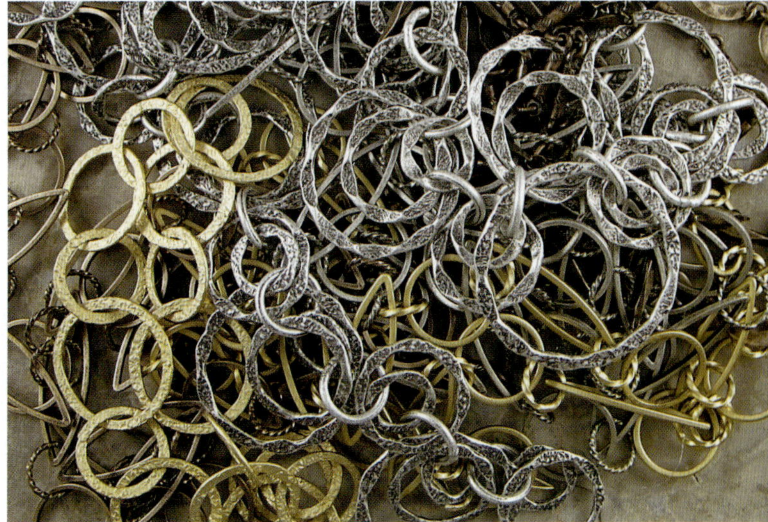

Alte Gliederketten bieten reichlich Material für baumelnde Elemente. Ich habe immer ein schlechtes Gewissen, wenn ich eine Kette zerlege, aber es lohnt sich!

Anhänger mit Druckknopf

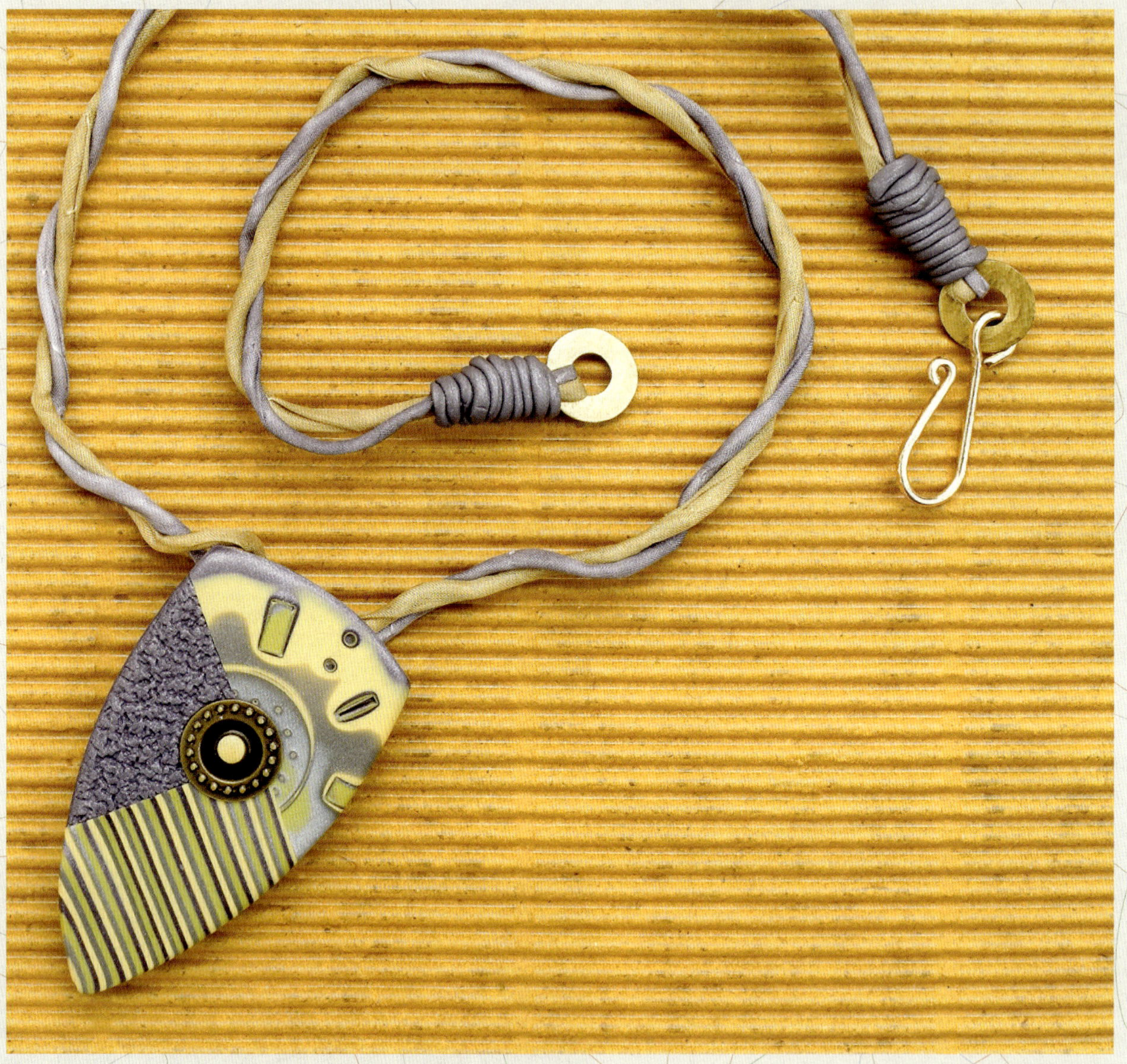

Bei diesem Projekt kommen verschiedene Gestaltungselemente und -techniken zum Einsatz. Der Anhänger besteht aus gemustertem und texturiertem Clay, als Blickfang dient ein gewöhnlicher Druckknopf. Sie lernen, einen einfachen Tunnel als Aufhänger und Bindering aus gehämmertem Messing zu befestigen, und zum Schluss wird noch ein bisschen gewickelt. Das Ergebnis? Eine Kette, bei der einfach alles passt.

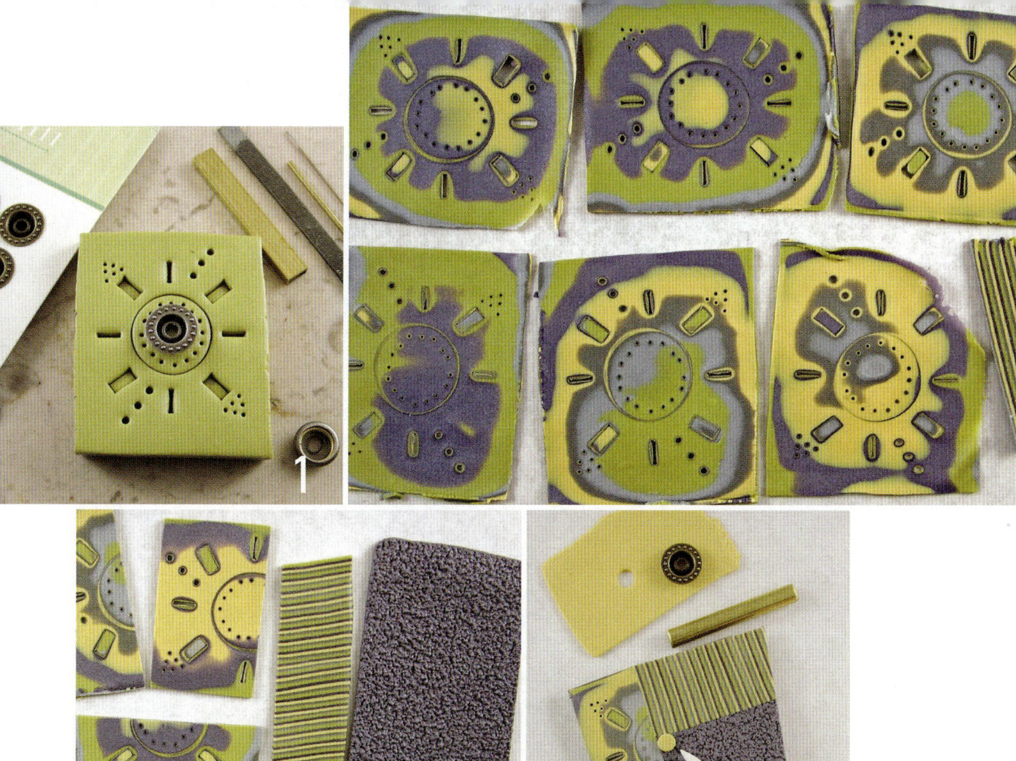

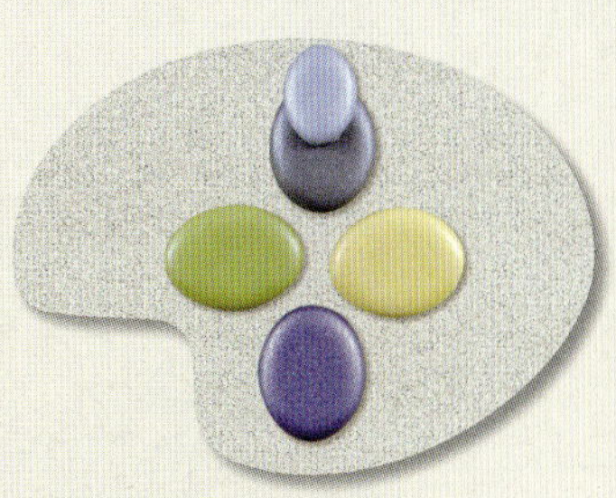

In einem Laden für Scrapbookzubehör fand ich sehr dekorative Druckknöpfe. Hier tut es jeder Druckknopf mit einem Loch in der Mitte. Wenn Sie nur einfache Exemplare haben, bearbeiten Sie sie mit einem Hammer oder mit 60er Sandpapier, dann wirken sie nicht so glatt.

Bauen Sie den Prägestapel auf. Überlegen Sie, wo der Druckknopf sitzen soll. Lassen Sie dort in Ihrem Muster etwas Negativraum oder markieren Sie die Stelle. Ich präge mit einer großen runden Röhre einen Kreis in der Mitte und setze den dekorativen Teil des Druckknopfes vorübergehend ein **[1]**. Meine Prägewerkzeuge waren eine rechteckige und kleine und große runde Metallröhren, das flache Ende einer Feile und eine Perlenstechnadel.

Nehmen Sie den Druckknopf wieder ab und schneiden Sie den Prägestapel. Schneiden Sie zusätzlich zu den geprägten Scheiben auch Scheiben vom Streifenmuster an der Schmalseite des Stapels **[2]**. Daraus entsteht eine gestreifte Clayplatte, wie es bei dem „Schatten & Streifen"-Projekt auf S. 49 beschrieben wird.

Texturieren Sie einen Bereich in schimmerndem Violett mit Anti-Rutsch-Klebeband, einem Texturschwamm oder einem Gummistempel. Jede der drei Gestaltungskomponenten – Prägemuster, Streifen und Textur – müssen die gleiche Stärke haben **[3]**. Polstern Sie sie notfalls mit zusätzlichem Clay auf. Schneiden Sie von hinten nach vorne, um die Kanten der drei Komponenten zu begradigen. So entstehen saubere, glatte Nähte. Wie Sie sehen, habe ich die geprägten Scheiben quer durch den großen Kreis hindurch halbiert. Legen Sie die Kante mit dem offenen Halbkreis an die Kanten des gestreiften und des texturierten Stücks. Breiten Sie Papier über den Clay und reiben Sie sanft über die Ansatznähte, um sie zu schließen. Legen Sie dieses zusammengesetzte Claystück auf eine Clayplatte. Sie brauchen genügend Stärke, um den Druckknopf darin versenken zu können.

Drehen Sie etwas blassgelben Clay auf mittlerer Stufe durch die Nudelmaschine und stechen Sie mit einem kleinen Ausstecher oder einem Röhrchen

Farben

Hellgrün
1 Teil Silver (Silber)
1 Teil Cadmium Yellow (Kadmiumgelb)
0,5 Teil Jecru

Dunkelgrau
1 Teil Black (Schwarz)
1 Teil Jecru
1 Teil Silver (Silber)
(Schatten = 1 Teil Silver/Silber, 0,5 Teil Pearl/Permuttweiß)

Blassgelb
3 Teile Jecru
1 Teil Cadmium Yellow (Kadmiumgelb)

Schimmerndes Violett
4 Teile Silver (Silber)
1 Teil Purple (Violett)
1 Teil Turquoise (Türkis)
1 Teil White Transparent (Weiß transparent)
0,5 Teil Black (Schwarz)

Weiteres Werkzeug & Zubehör

- Zierdruckknopf
- Reibahle
- Unterlegscheiben (Messing)
- Seidenschnur
- 5 cm Draht, 0,4 oder 0,5 mm dick
- S-Haken-Verschluss
- Hammer und Stahlblock als Unterlage (nicht zwingend)

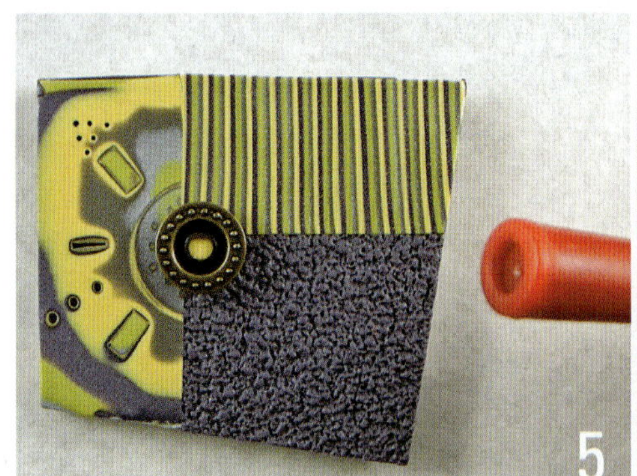

5

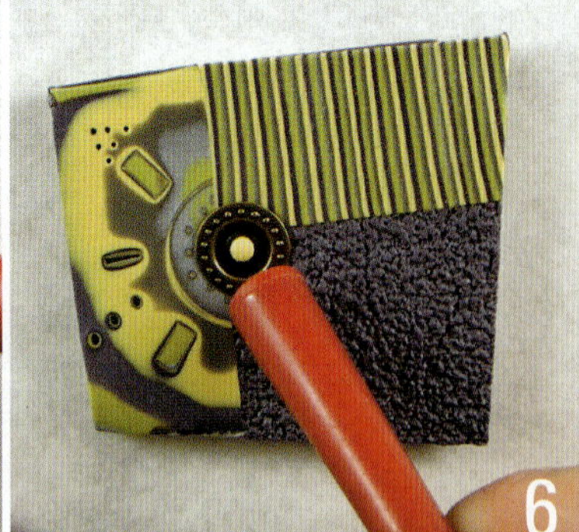

6

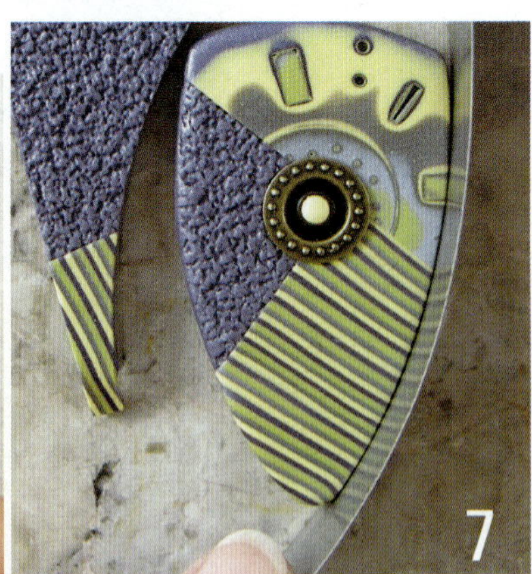

7

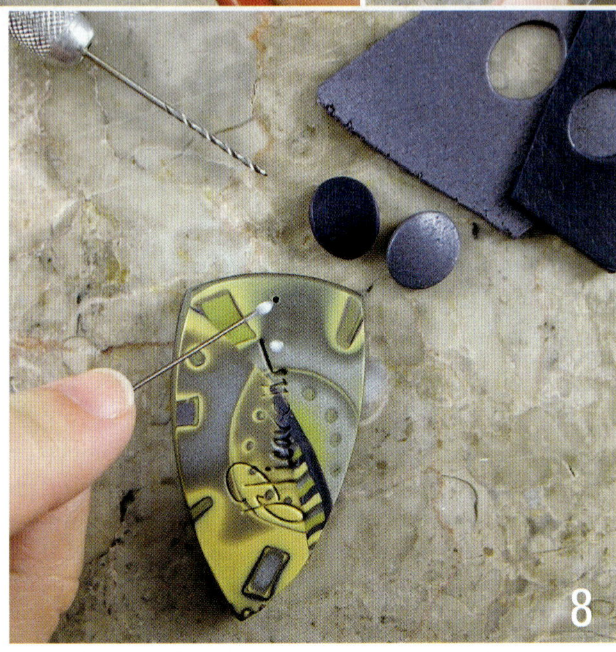

8

einen Kreis aus. Er muss größer sein als das Loch im Druckknopf, aber im Durchmesser nicht größer als der Druckknopf selbst. Legen Sie den gelben Kreis an die Stelle, wo der Druckknopf hinkommt **[4]**. Setzen Sie den Druckknopf auf die Schnittstelle zwischen Prägemuster, Streifen und Textur. Drücken Sie ihn in den Clay, bis er unmittelbar auf dem Clay sitzt. Ich habe dazu das hohle Ende einer Reibahle benutzt **[5-6]**. Der gelbe Clay wird dabei durch das Loch im Druckknopf nach oben gedrückt. Klopfen Sie ihn vorsichtig flach, sodass er den Lochrand bedeckt und als Clayniete fungiert.
Schneiden Sie die Perle mit der Klinge oder einem Ausstecher zurecht **[7]**. Härten, schleifen und polieren Sie sie.
Für den Aufhänger drehen Sie Clay auf mittlerer Stufe durch die Nudelmaschine und stechen mit einem Ausstecher eine ovale Form aus. Wenn Sie sich nicht sicher sind, welche Farbe am besten passt, bereiten Sie Ovale in mehreren Farben vor.
Überlegen Sie, wo die Befestigungspunkte für das Oval sein sollen und bohren Sie an diesen Stellen kleine Vertiefungen in die Rückseite der Perle. Tupfen Sie mit einer Perlenstech- oder einer Töpfernadel ein wenig Flüssigclay in und um diese Vertiefungen **[8]**.
Legen Sie das Oval über die Vertiefungen und drücken Sie es leicht mit den Fingern an. Mit einem Prägestift drücken Sie die Enden fest auf die Perle. Tupfen Sie mit dem Prägestift ein wenig goldfarbenes Metallicpulver in die Vertiefungen **[9]**. Härten, schleifen und polieren Sie den Anhänger.
Zum Auffädeln habe ich Seidenkordeln verwendet, die zwei der Farben in meiner Komposition aufgreifen. Schneiden Sie sie auf 45 cm Länge und schieben Sie sie durch den Aufhänger. Verknoten Sie die Kordelenden mit einem sehr festen Knoten. Schneiden Sie die überstehenden Enden so dicht wie möglich an den Knoten ab **[10]**.
Ich habe zwei Messingringe mit dem Hammer bearbeitet und als Binderinge verwendet. Fädeln Sie je eines der verknoteten Kordelenden durch einen der Ringe, sodass nicht mehr als 1,3 cm überstehen **[11]**.
Wickeln Sie ein kurzes Stück Draht mehrmals um die Kordelenden, um die

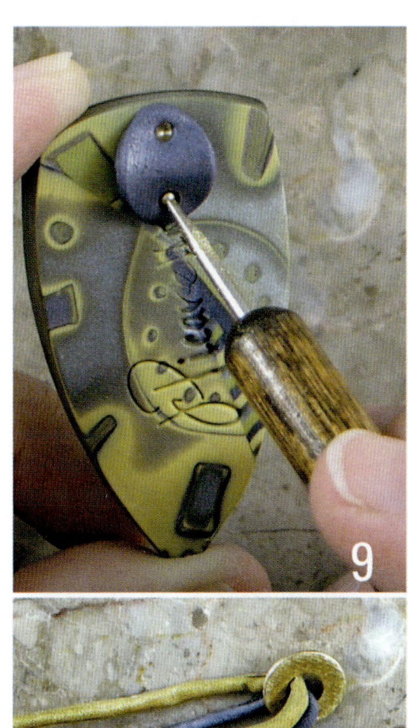
9

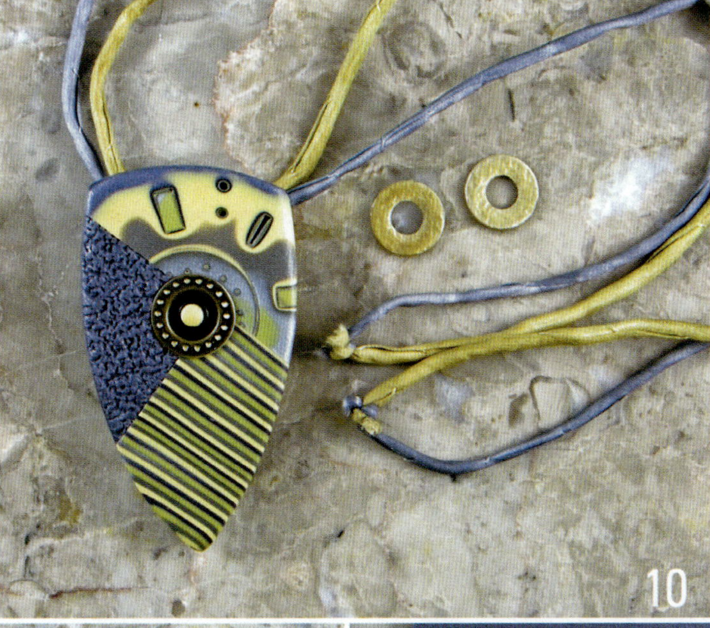
10

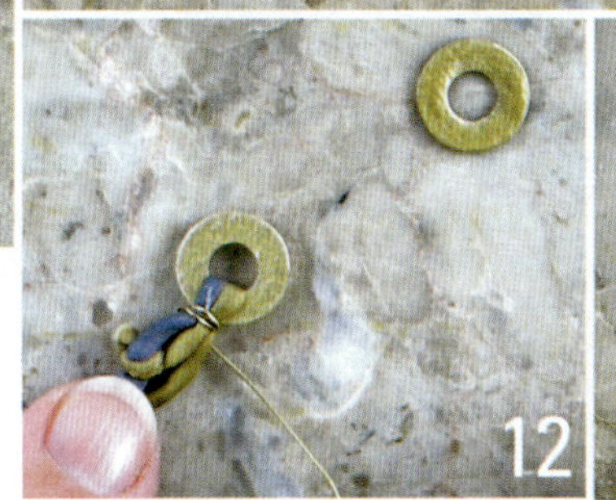
11

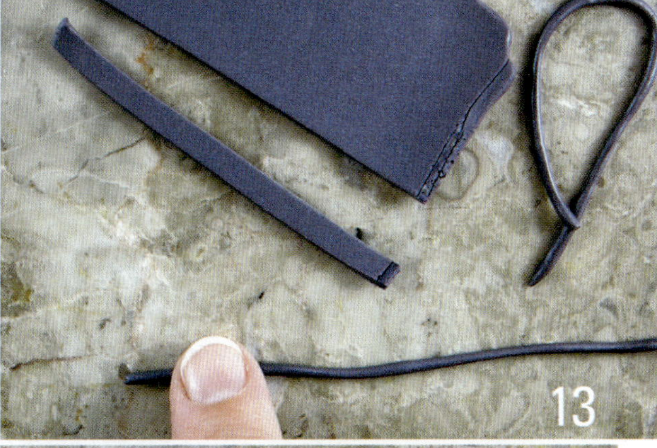
12

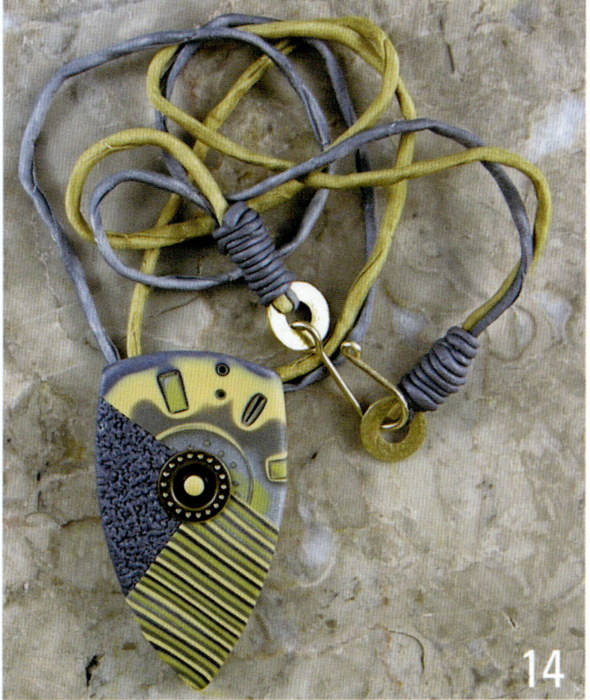
13

14

Ringe zu sichern. Schneiden Sie den Draht so dicht wie möglich an der Kordel ab **[12]**. Rollen Sie eine dünne Clayschlange in einer passenden Farbe **[13]**. Wickeln Sie sie so um die Seidenschnur, dass die verknoteten Enden verschwinden. Ich mag's primitiv, daher habe ich nicht sehr ordentlich gewickelt. Sie müssen nur darauf achten, dass der Clay zwar fest um die Schnur gewickelt ist und die Claywindungen aneinander haften, allerdings nicht so fest, dass man die Schlange nicht mehr erkennt.
Legen Sie den Anhänger samt Kordel auf ein mit Papier ausgelegtes Backblech, um die gewickelten Enden zu härten. Die Temperatur wird der Seidenschnur nicht schaden, wenn Sie die Wickelenden nach dem Härten jedoch schleifen und polieren wollen, sollte die Seide nicht nass werden. Befestigen Sie zum Schluss einen einfachen S-Haken als Schließe an einem der Metallringe.

Pendelohrringe

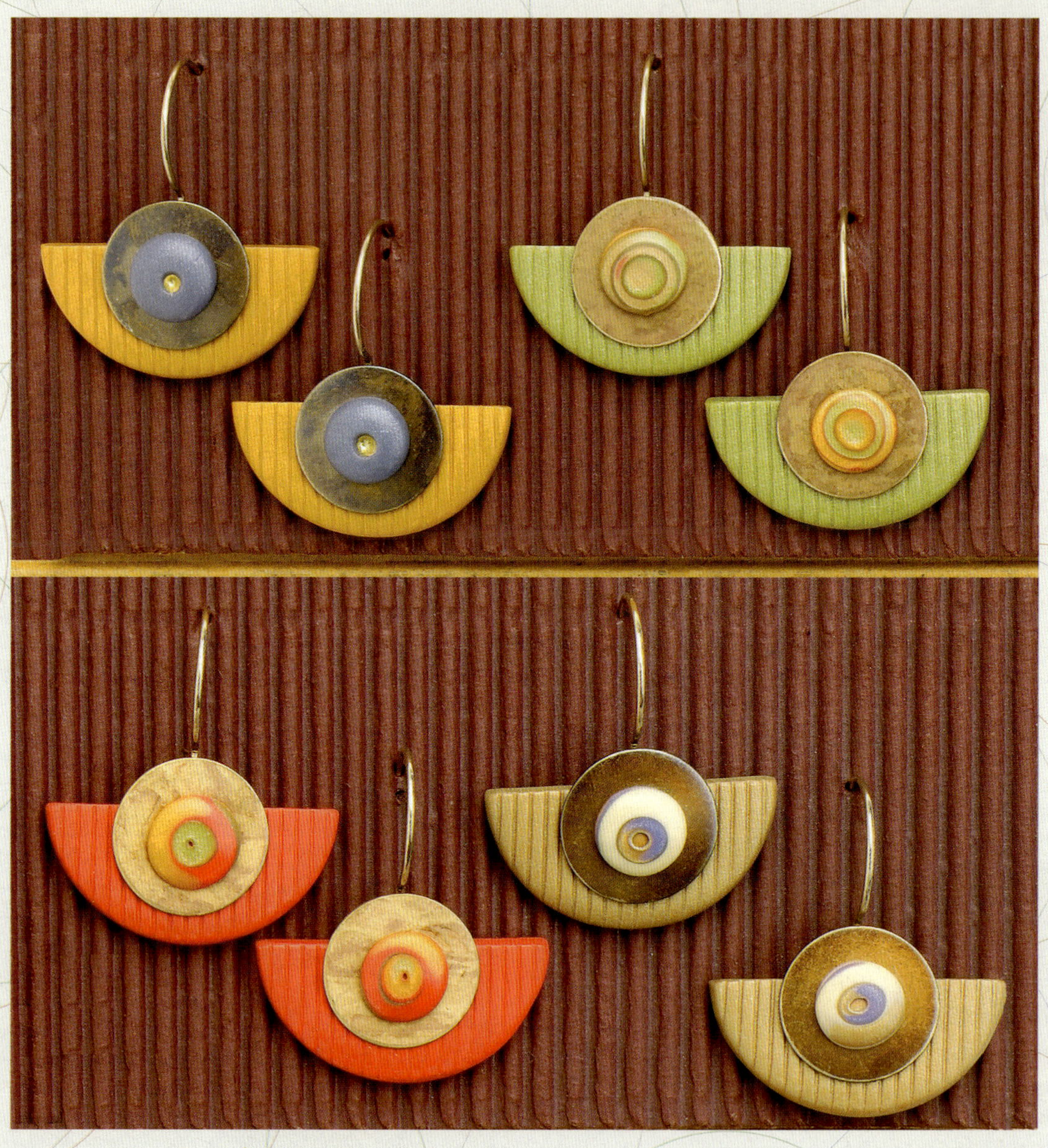

Gehärteter Clay ist sehr leicht und ist daher ideal für Ohrringe. Diese klassische Version besteht aus einem texturierten Hintergrund aus Clay mit lackierten Metallscheiben. Dadurch, dass man Clay mehrmals härten kann, lassen sich die Ohrhaken auf einfache Weise befestigen. Kein Kleber – aber jede Menge Spaß beim Mischen und Zusammenfügen der einzelnen Elemente.

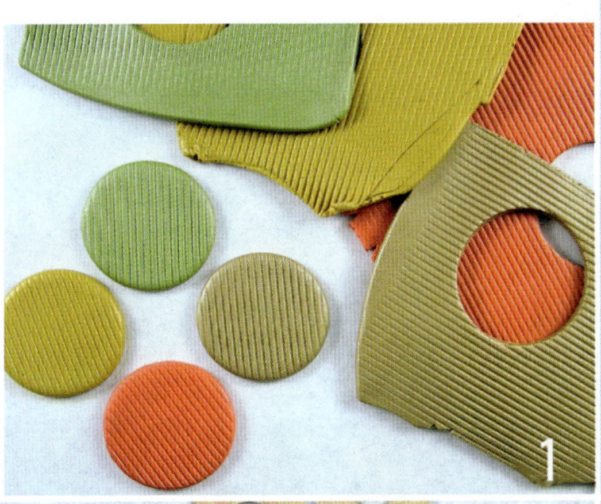

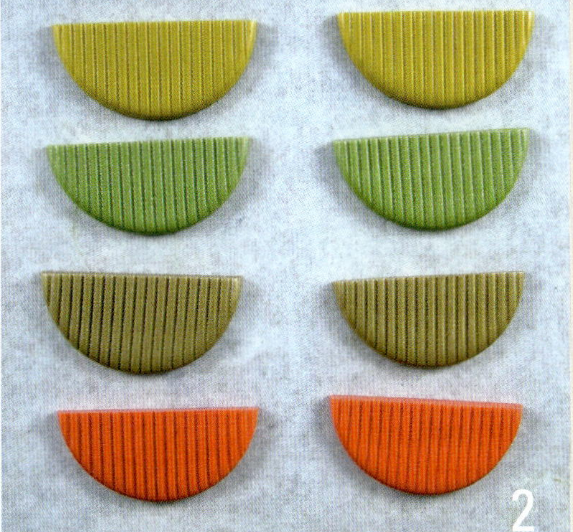

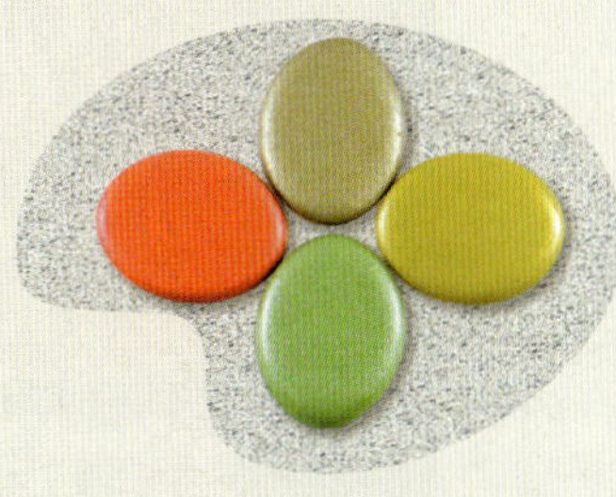

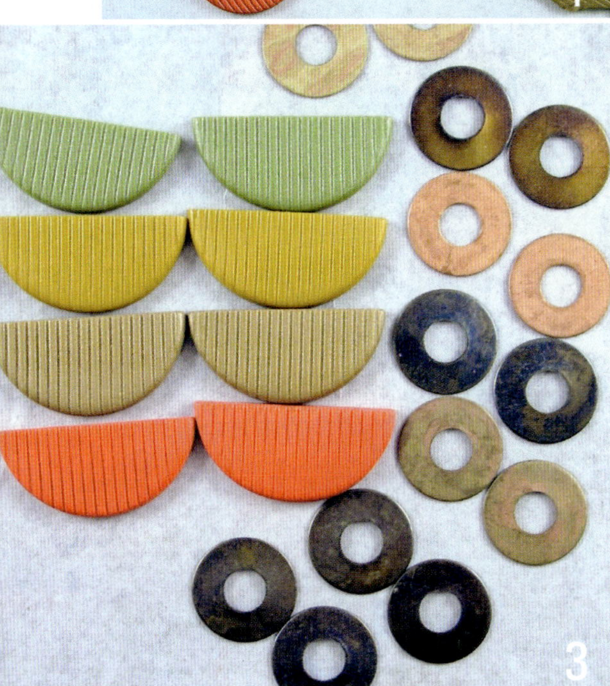

Drehen Sie jede Farbe bei breitestem Walzenabstand durch die Nudelmaschine. Machen Sie ein Rillenmuster in den Clay, so wie es bei der Anleitung zum „Lazy River"-Projekt beschrieben wird. Dazu rollen Sie einen Gewindestab in eine Richtung fest über die Clayplatte. Decken Sie Plastikfolie darüber und stechen Sie mit einem 2,5 cm großen Ausstecher Kreise aus **[1]**. Halbieren Sie die Kreise mit einer Clayklinge **[2]**. Die Halbkreise bilden die Basis der Ohrgehänge. Härten, schleifen und polieren Sie die Halbkreise.

Beugen Sie sich beim Schneiden vor, sodass Sie direkt auf die Scheiben sehen. Das macht es einfacher, die Mitte zu treffen.

Wählen Sie passende Unterlegringe für die Halbkreise. Ich nehme gerne lackiertes Metall, wie es hier zu sehen ist, oder gehärtetes oder chemisch behandeltes Metall, das eine attraktive Patina hat. Sie können aber auch Holz, festes Papier oder gehärteten, geschliffenen und polierten Clay verwenden. Wichtig ist, dass die Öffnung groß genug sein muss, um eine solide Clayniete herzustellen **[3]**.

Für einen gleichmäßigen Farbauftrag reinigen Sie das Metall mit Alkohol und bestreichen es mit Acryl-Gesso. Oft trage ich die Farbe allerdings direkt auf das Metall auf, um eine fleckige Oberfläche zu erzielen. Um die Patina zu erhalten und Kratzer in der Farbschicht zu vermeiden, nehmen Sie eine Versieglung wie Renaissance-Wachs oder „Krylon Clear Matte"-Spray.

Die Unterlegringe werden mit einem kleinen Clayknopf an der Basis befestigt. Er kann einfarbig sein, Sie können aber auch einen kleinen Prägestapel

Farben

Lachs
1 Teil Cadmium Red (Kadmiumrot)
1 Teil Jecru

Helles Taupegrau
2 Teile Gold
1 Teil Silver (Silber)
0,5 Teil Jecru

Senf
3 Teile Cadmium Yellow (Kadmiumgelb)
1 Teil Gold

Grün
1 Teil Gold
1 Teil Turquoise (Türkis)

Weiteres Werkzeug & Zubehör

- Ohrhakendraht, 0,8 mm
- Unterlegscheiben, Ø 1,2 cm
- Acrylfarbe
- Schwamm (nicht zwingend)

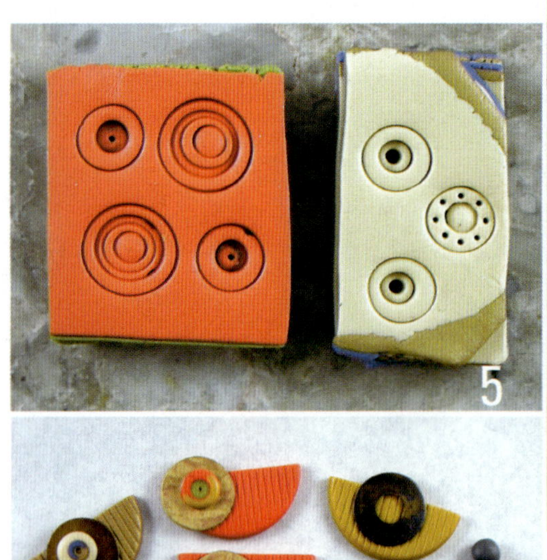

5

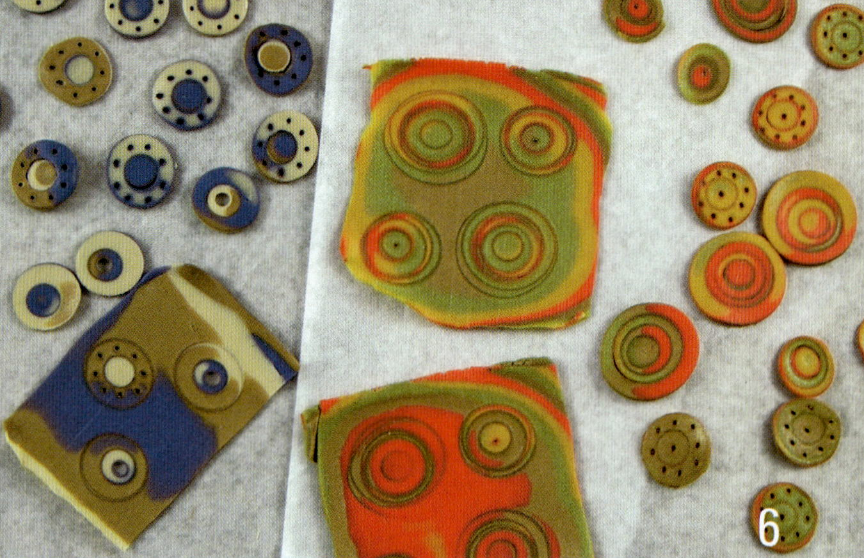

6

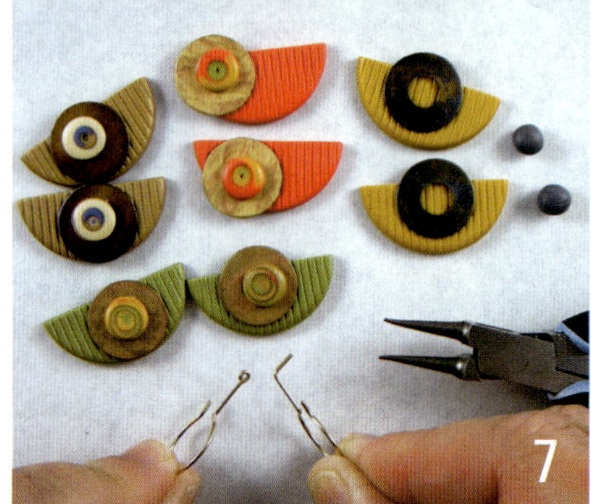

7

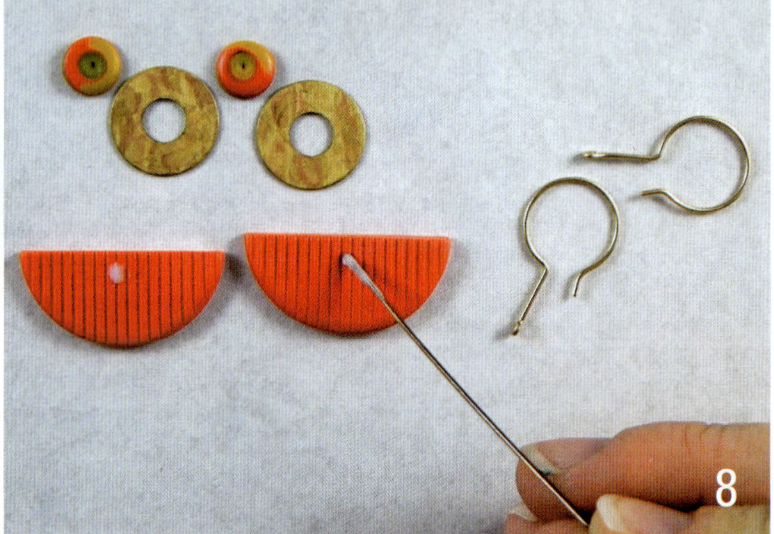

8

aufbauen, wenn Sie lieber eine bunte Variante hätten. Bauen Sie den Stapel aus denselben Farben wie für die Basishalbkreise auf oder bringen Sie eine ganz andere Farbkombination ins Spiel **[4]**. Versehen Sie sie nur mit einem kleinen Prägemuster, da die Knöpfe für die Claynieten nur eine geringe Fläche bilden **[5]**. Schneiden Sie den Prägestapel. Ich habe mit unterschiedlichen Röhren ein Kreis-im-Kreis-Muster geprägt. Sie werden feststellen, dass die größeren Kreise sich sofort aus den Clayscheiben lösen. Wenn die Scheibe für den Knopf sehr dünn ist, setzen Sie sie auf einen dickeren Untergrund, um sie aufzufüttern, und stechen Sie den Kreis noch einmal aus **[6]**. Stellen Sie Basis, Unterlegringe und Knöpfe der Ohrringe zusammen. Auf dem Foto können Sie sehen, dass die senffarbenen Ohrringe einen einfarbigen Knopf bekommen sollen.

Für die Ohrhaken aus Ohrhakendraht orientieren Sie sich an der Abbildung rechts. Biegen Sie den Draht um einen Zylinder wie einen dicken Marker. Mit einer Spitz- oder Flachzange biegen Sie die Enden und schneiden sie wie abgebildet bis auf 3 mm bzw. 1,25 cm ab. Etwa 5 mm von der Spitze des längeren Stückes biegen Sie den Draht rechtwinklig ab und biegen die Spitze mit einer Rundzange zu einer winzigen Öse um. Sie steht im rechten Winkel zur Rundung des Ohrhakens **[7]**. Glätten Sie das andere Drahtende mit einer Nagelfeile oder einem Abbohrer. Tupfen Sie ein wenig Flüssigclay mittig an die Oberkante der Basis. Nehmen Sie nicht zu viel, sonst verrutscht der ungehärtete Clay darauf statt am gehärteten Clay zu haften **[8]**.

Formen Sie zwei kleine Claykugeln und drücken Sie eine auf den Flüssigclay. Sie bildet eine Auflage für den Ohrhaken. Legen Sie den Ohrhaken mittig darauf und setzen Sie die zweite Kugel direkt über die

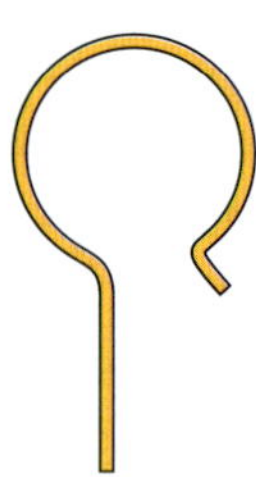

Vorlage für Ohrhaken (Originalgröße)

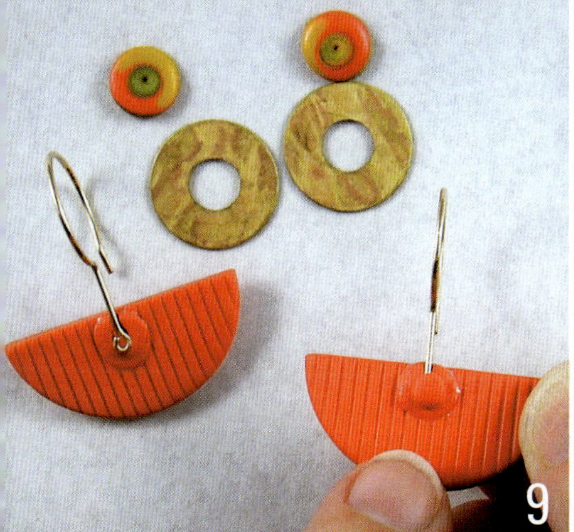

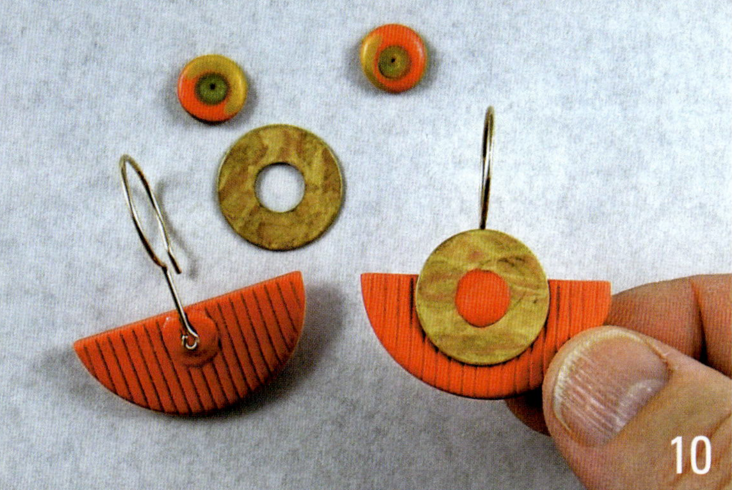

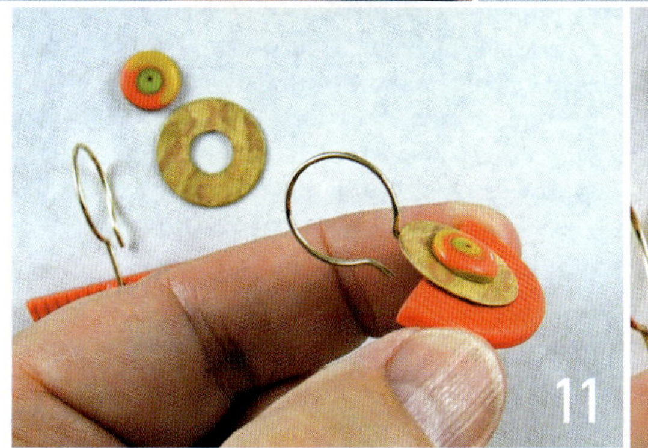

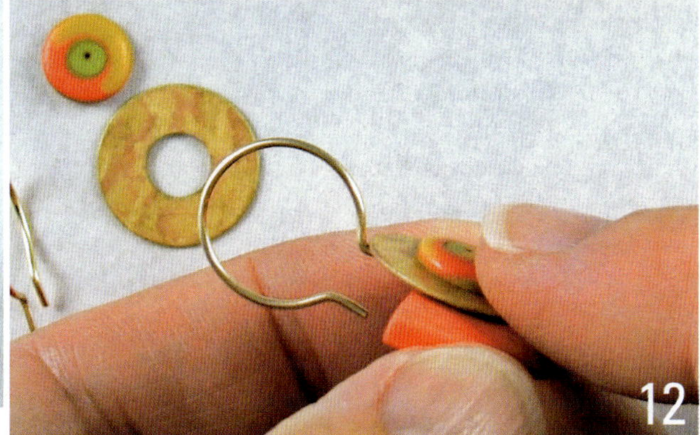

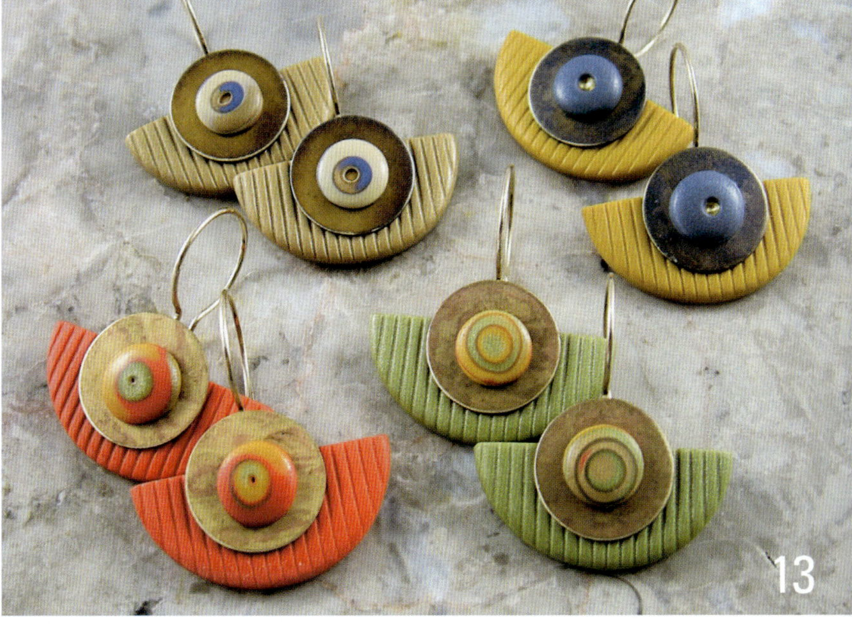

Öse. Drücken Sie sie vorsichtig an, damit sich der Ohrhaken nicht verschiebt **[9]**.
Formen Sie eine weitere kleine Claykugel. Legen Sie eine der Unterlegscheiben über den Ohrhaken. Setzen Sie die Claykugel in die Scheibenmitte und drücken Sie sie fest an, damit sie das Loch ganz ausfüllt und der Clay bündig mit der Metallscheibe abschließt **[10]**.
Wenn der Ohrhaken zu hoch oder zu tief angesetzt war, um die Unterlegscheibe richtig zu platzieren, können Sie ihn abnehmen und den vorangegangenen Schritt wiederholen.
Setzen Sie einen der Clayknöpfe mittig auf die Unterlegscheibe. Drücken Sie ihn vorsichtig an, damit er an der Clayfüllung im Innern der Unterlegscheibe haftet **[11]**.
Um eine Clayniete zu bilden, muss der Knopf das Loch in der Unterlegscheibe ganz ausfüllen und ein wenig darüber hinausragen. Klopfen Sie mit dem Finger vorsichtig rings um den Knopfrand, damit sich der Knopf gleichmäßig in alle Richtungen verbreitert **[12]**.
Verfahren Sie bei allen Ohrringen so. Vor dem Härten habe ich bei den senffarbenen noch ein kleines Detail hinzugefügt: ein Pünktchen aus Metallicpulver, das an eine Drahtniete erinnert.
Härten Sie die Ohrringe noch einmal. Auch wenn Sie nur wenig ungehärteten Clay hinzugefügt haben, müssen sie die empfohlene Härtezeit im Ofen bleiben, damit die Clayknöpfe richtig durchhärten.
Schleifen und polieren Sie die Knöpfe **[13]**.

Perlen für einen Halsreif

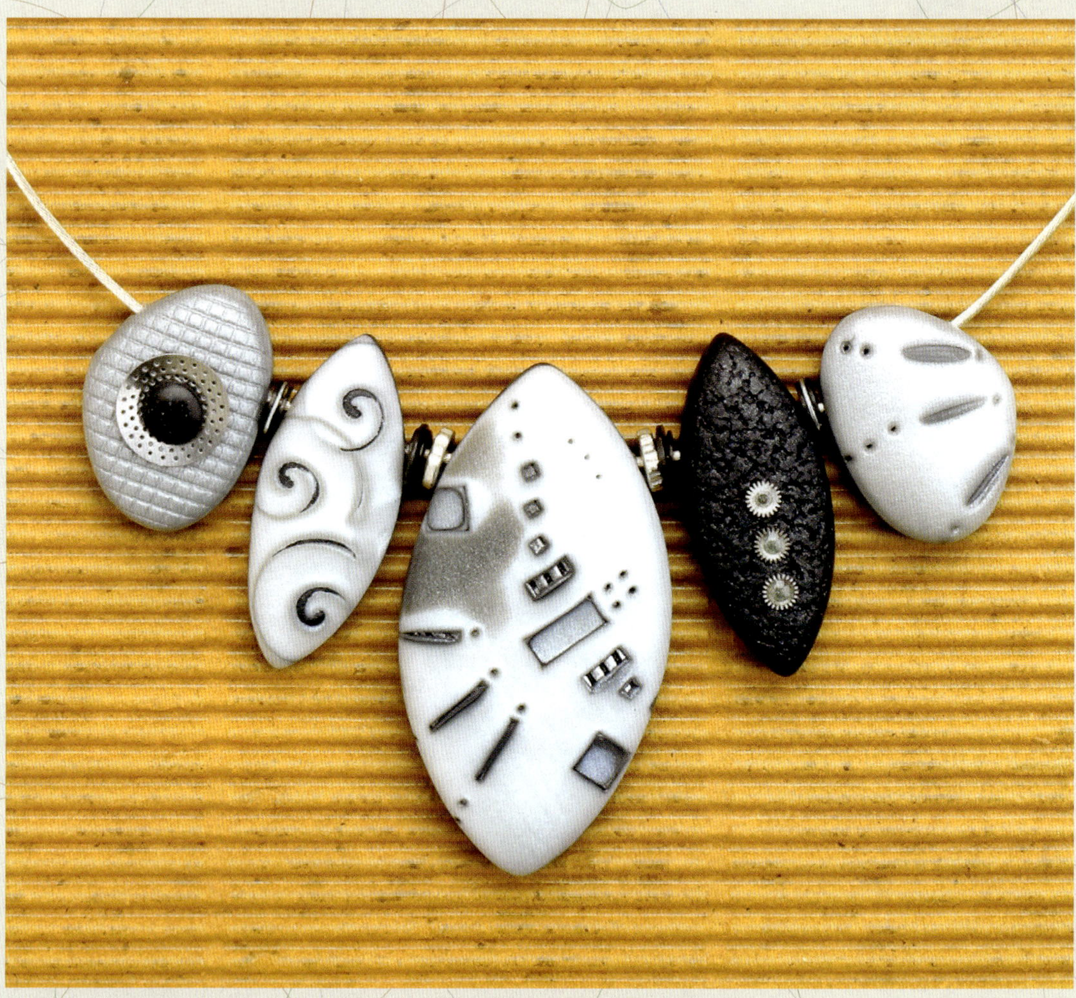

Für den Fall, dass Sie es noch nicht gemerkt haben: Ich liebe Farben. Meine Liebe zu Farben geht sogar so weit, dass ich fast abgelehnt hätte, als ich gebeten wurde, schwarz-weiße Perlen für einen Halsreif zu machen. Es tat mir beinahe weh, einen Prägestapel ohne Farben aufzuschichten, also schummelte ich ein wenig: Statt Weiß nahm ich Platin und Perlmutt und Graphit statt Schwarz. Diese Perlen sind das, was ich als „symmetrisch asymmetrisch" bezeichne. Das heißt, dass sie sich zwar in Muster, Textur und Form unterscheiden, dass sie alle gemeinsam jedoch eine befriedigende Symmetrie aufweisen. Die Mischung aus geprägten und einfarbigen Perlen bildet einen eleganten Hintergrund für ein paar metallene Akzente.

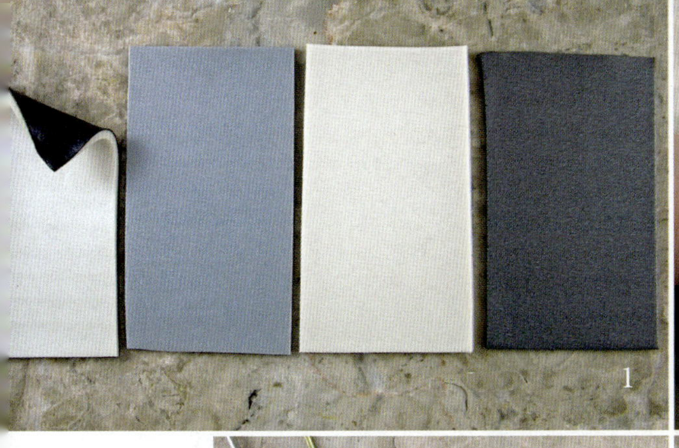

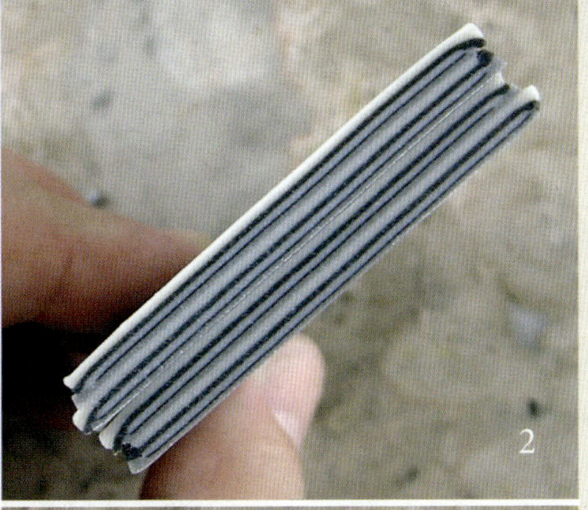

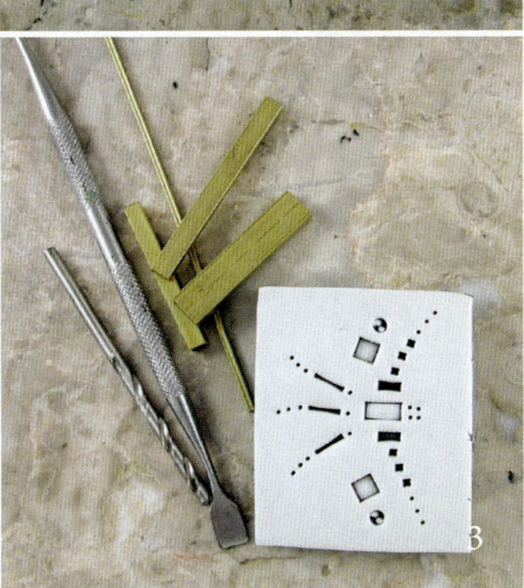

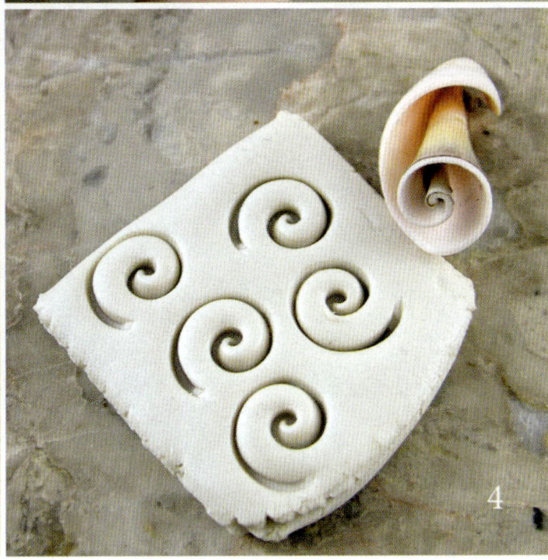

Die hellere Perlmuttfarbe sollte der vorherrschende Farbton bei diesen Perlenserie sein, und daher verwendete ich zwei perlweiße Streifen. Außerdem drehte ich diese Streifen bei größtem Walzenabstand durch die Nudelmaschine, während ich den graphit- und den platinfarbenen Clay zwei Stufen dünner machte. Einen der perlweißen Streifen belegte ich mit einer sehr dünnen schwarzen Schicht **[1]**. Schichten Sie die Claylagen zu einem Prägestapel auf **[2]**.

Schwarz scheint sich leichter auszubreiten und zu verschmieren als andere Farben, daher benutze ich es nur sparsam in meinen Prägestapeln. Ich habe die Erfahrung gemacht, dass eine geringe Menge silberner Clay dem Schwarz eine festere Konsistenz gibt, bei zu viel Silber wird der tiefschwarze Farbton jedoch verwässert.

Prägen Sie den Stapel nach Belieben. Ich habe mich bei diesem Projekt für meine Liebelingswerkzeuge, runde und quadratische Röhren, entschieden, außerdem für einen Bohrer und ein spatenähnliches Zahninstrument, das tiefe gerade Einschnitte macht **[3]**. Außer den Perlen, die ich aus dem hier dargestellten Prägestapel gemacht habe, gehört zu der Perlenserie auch noch eine zweifarbige Perle. Mit einer spiralförmigen Muschel habe ich einen Stapel aus perlmuttfarbenem Clay geprägt **[4]**.

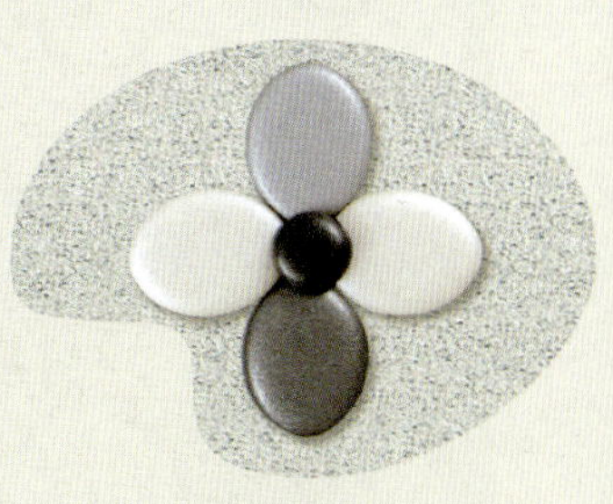

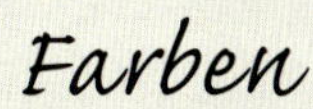

Farben

Perlmutt, durchscheinend
1 Teil Pearl (Perlmuttweiß)
1 Teil White Translucent (Weiß transparent)

Platin
1 Teil Silver (Silber)
1 Teil Pearl (Perlmuttweiß)
1 Teil White Translucent (Weiß transparent)

Graphit
1 Teil Silver (Silber)
0,5 Teil Pearl (Perlmuttweiß)
0,5 Teil Black (Schwarz)

Weiteres Werkzeug & Zubehör

- Kleine Unterlegscheiben oder Spacer-Perlen
- Schmuckdraht Sterlingsilber, 1 mm
- Endkappen und Schließe

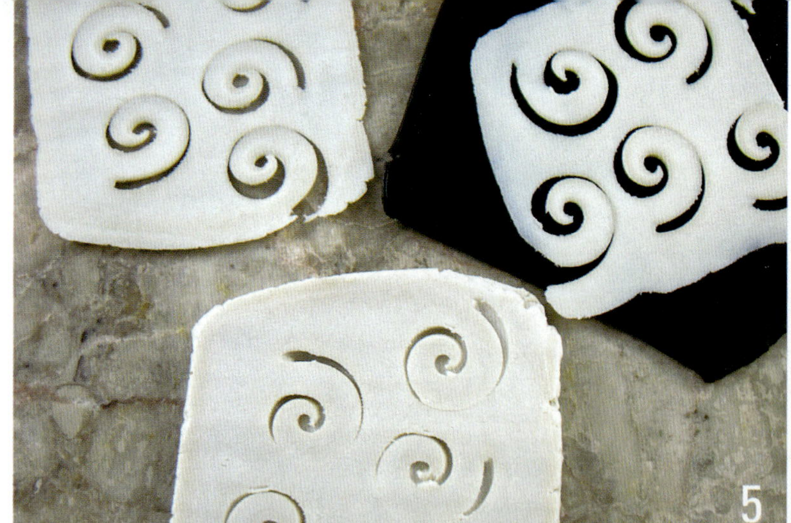

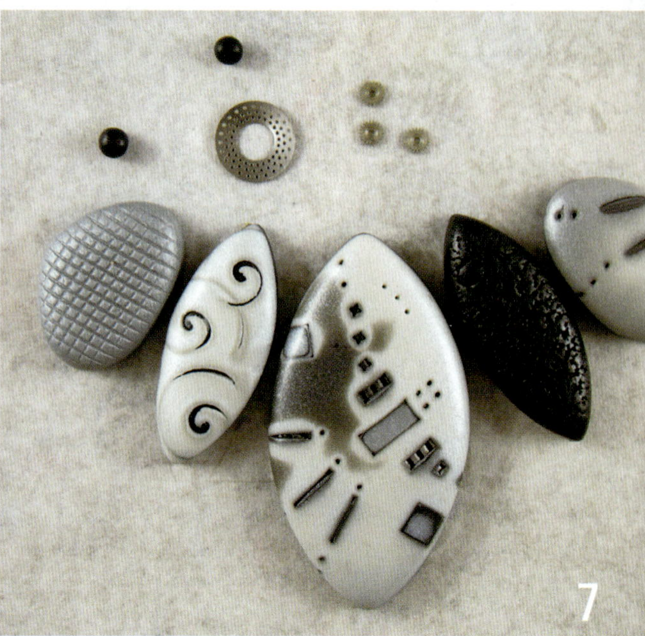

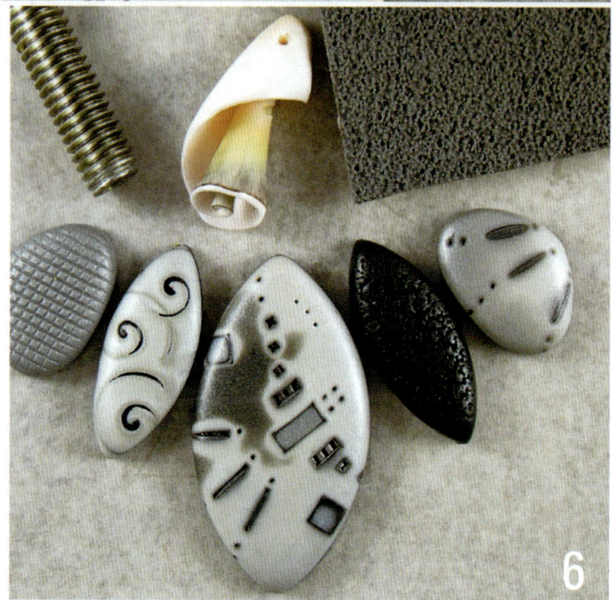

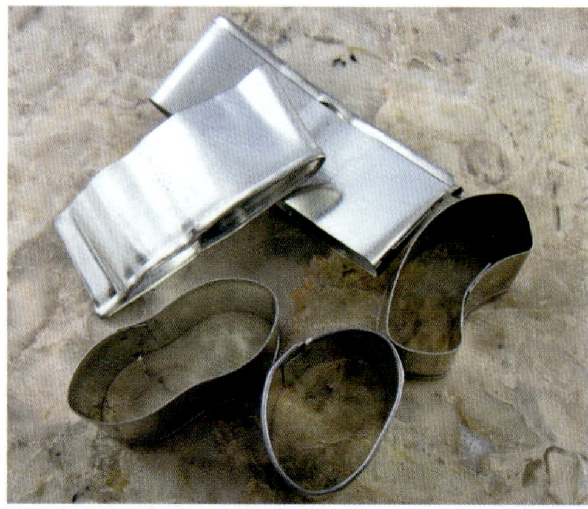

Einige meiner Lieblingsformen steche ich mit Ausstechern aus, die ich von Hand bearbeitet habe. Ein wirklich guter Ausstecher mit einer sauber und solide gelöteten Naht lässt sich nicht so leicht umformen. Bei den dünnen, preiswerten Modellen kann man einfache Umformungen ohne Probleme vornehmen.

Trotz des flachen Abdrucks bekam ich ein oder zwei dünne Scheiben heraus, die ich auf eine Schicht aus schwarzem Clay legte **[5]**, mit der Handdruckwalze vorsichtig drückte und mit einem Ausstecher ausstach.

Bei einem Set aus mehreren Perlen kann man einfarbige und geprägte Perlen mischen. Die einfarbigen Perlen bilden einen beruhigenden Negativraum im Gesamtbild und bieten sich für Metallakzente an. Bei diesem Perlenset habe ich die beiden einfarbigen Perlen texturiert **[6]**. Überlegen Sie sich, wie Sie die Akzente auf Ihren Perlen setzen wollen **[7]**. Die schwarze Perle macht sich gut als Hintergrund für drei alte Ankerräder mit winzigen Öffnungen in der Mitte, die man mit gefärbtem Epoxid füllen kann, um sie zu befestigen. Die kleine Lochscheibe als Akzent auf der plantinfarbenen Perle hat eine große mittige Öffnung und kann mit einer Clayniete befestigt werden.

Die Lochscheibe ist eine Scheibenbremse aus einem Bausatz für die Modelleisenbahn. Modellbauläden sind unerschöpfliche Quellen für Metallteile aller Art!

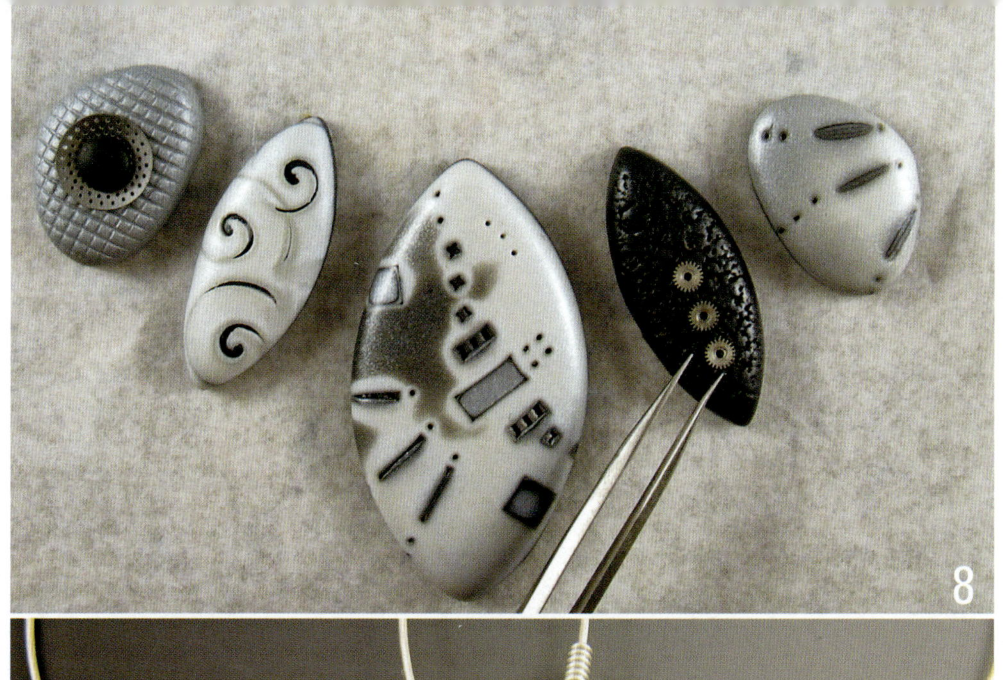

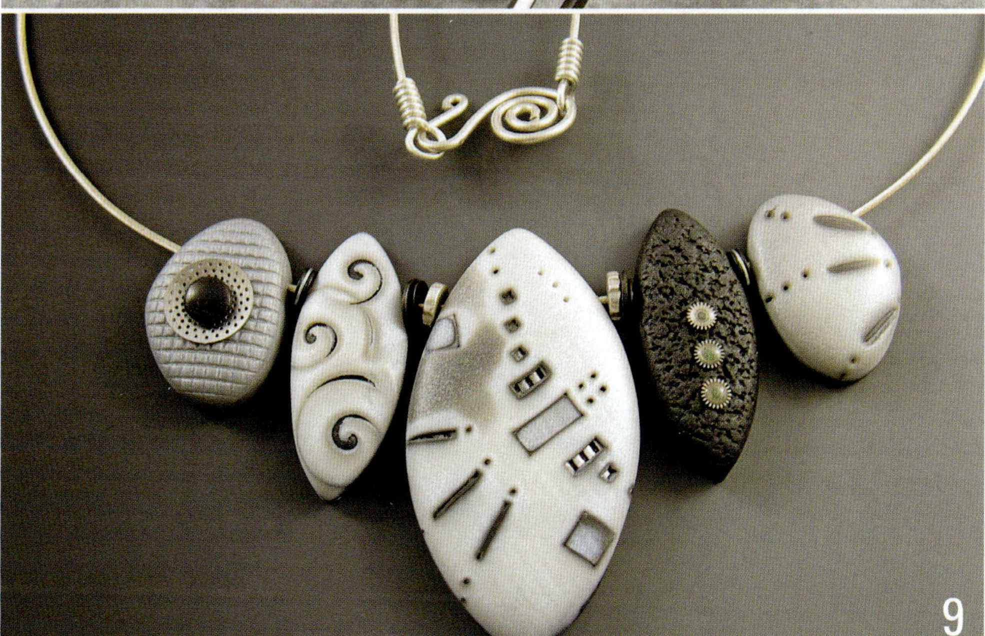

Setzen Sie die kleinen Metallteile nicht mit den Fingern, sondern mit einer Pinzette ein. So behalten Sie den besseren Überblick über die Platzierung **[8]**. Ich setze Metallelemente meist nicht mittig ein und oft nehme ich eine ungerade Anzahl an Teilen.

Metallteile, die sich von der Clayoberfläche abheben, sollten immer erst nach dem Härten angebracht werden, damit Sie die Perle zuvor gleichmäßig schleifen können. Eine Ausnahme von dieser Regel stellen texturierte Perlen dar, die kaum geschliffen werden müssen. Hier habe ich die mit einer Clayniete befestigte Scheibe vor dem Härten aufgesetzt, weil ich sowieso vorhatte, nur die äußeren Ränder der Perle zu schleifen.

Härten, schleifen und polieren Sie die Perlen. Bohren Sie in jede Perle ein Fädelloch, durch das sich ein 1 mm dicker Sterlingsilberdraht schieben lässt. Wenn Sie ein solch großes Loch bohren, fangen Sie mit einem kleinen Bohrer an und tasten sich nach und nach an die gewünschte Lochgröße heran. Wenn Sie gleich mit einem großen Bohrer anfangen, kann es sein, dass der Rand des Austrittslochs splittert und bricht.

Ergänzen Sie das Perlenset mit Unterlegscheiben und Spacerperlen. Fädeln Sie alles auf den Schmuckdraht und bringen Sie Endkappen und einen Verschluss an **[9]**.

Ein paar Extras

In diesem Kapitel sehen Sie einige meiner Anhänger, Broschen und Ketten. Sie sind nach den Methoden gefertigt, die ich in diesem Buch beschrieben habe. Ich hoffe, mein Schmuck inspiriert und ermuntert Sie, selbst mit Prägetechniken und Metallelementen in Clay zu experimentieren.

Außerdem beantworte ich in diesem Kapitel einige der Fragen, denen ich bei meinen Kursen häufig begegne, es gibt eine Liste mit Bezugsquellen und ein paar Tipps zum Lesen und Stöbern. Viel Spaß damit!

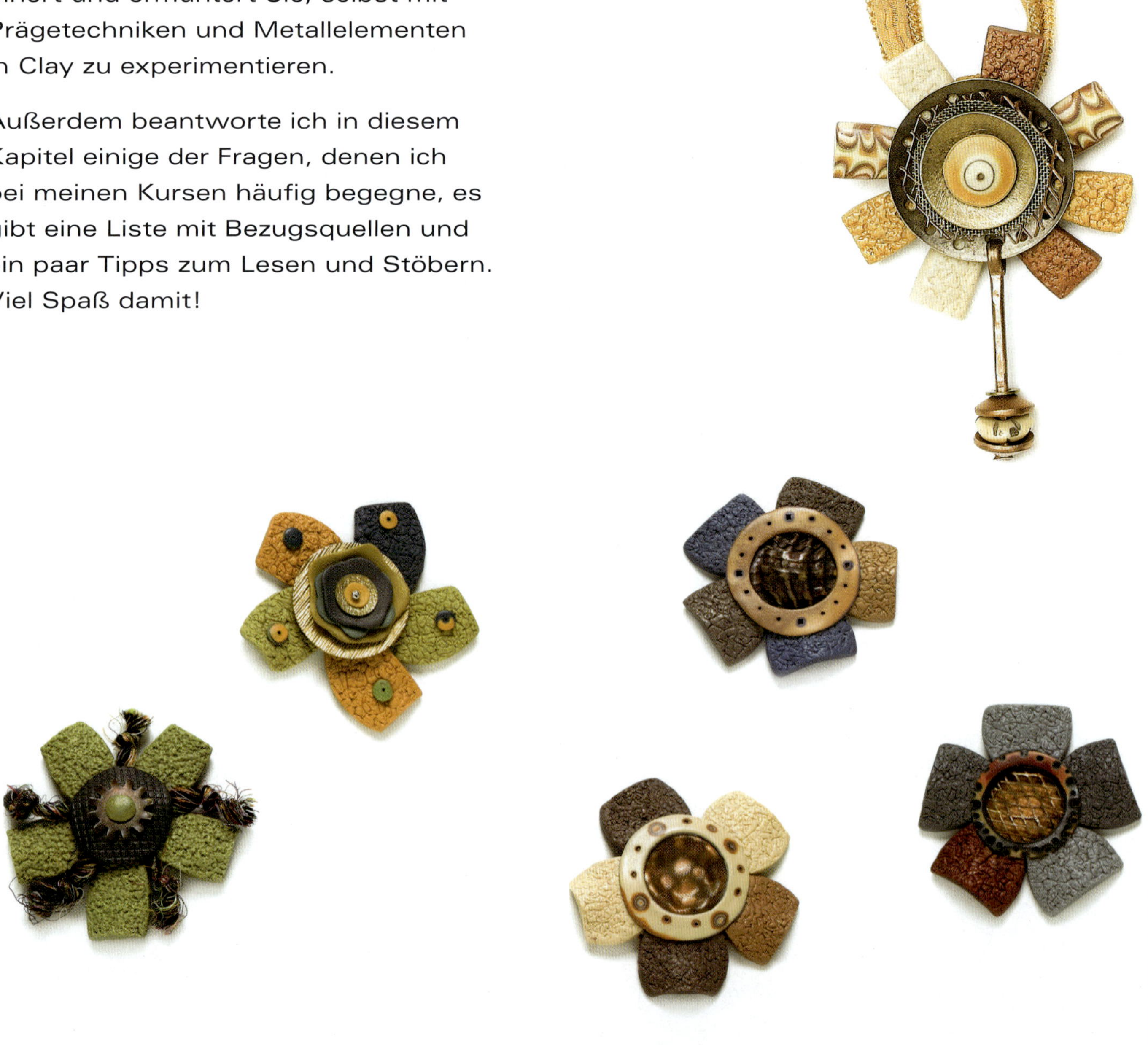

5

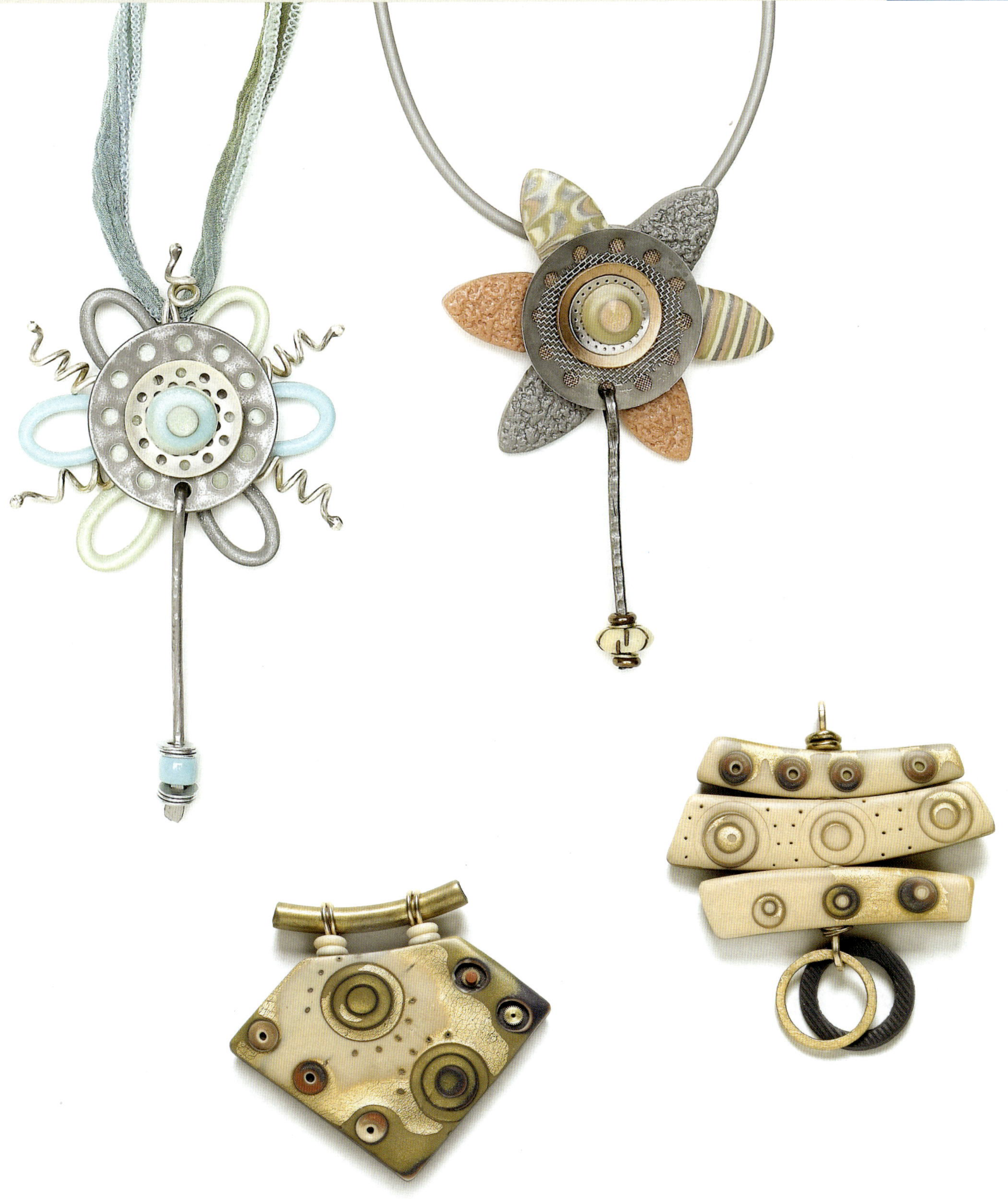

Tipps & Tricks von Julie

Julie beantwortet häufig gestellte Fragen ihrer Kursteilnehmer und Leser

F Ich würde gerne mit Kato Clay arbeiten. Wie kriege ich einen Ecru-Ton mit Kato hin?

A Die Firma *Shades of Clay* in Kanada hat eine Kato-Polyclay-Seite auf ihrer Website, auf der Sie eine Reihe von Rezepten finden, wie Sie mit Kato-Clay die Farbtöne anderer Sorten mischen können. Das Rezept für Ecru lautet: 4 Teile Weiß, 2 Teile Braun und 1,5 Teile Gelb. Ich verwende etwas Glimmer in meiner Rezeptur: 3 Teile White (Weiß), 1 Teil Pearl (Perlmuttweiß), 2 Teile Brown (Braun) und 1,5 Teile Yellow (Gelb).

F Wenn ich durchscheinenden Clay auf der niedrigsten Stufe durch die Nudelmaschine drehe, wellt er sich und bleibt manchmal an den Walzen hängen. Was kann ich tun?

A Ich finde es hilfreich, die Kante der Clayplatte leicht zu straffen, wenn ich sie zwischen die Walzen einführe – der Druck scheint die Wellenbildung zu verringern. Wenn der Clay an den Walzen klebt, ist er vielleicht zu warm und weich geworden. Versuchen Sie, ihn zu „auszulaugen" und/oder im Kühlschrank zu kühlen. Wischen Sie Clayreste mit Alkoholtüchern von Walzen und Ausstechern. Wenn das Problem beim schmalsten Walzenabstand weiterhin besteht, walzen Sie den Clay auf den nächsthöheren Stufe aus und dehnen ihn von Hand, um ihn etwas dünner zu machen.

F Mir gefällt die Kombination von Alkoholtinten und Blattmetall, doch ich habe stattdessen Schlagmetall benutzt. Die Tinte schien sich darauf nicht so gut zu verteilen wie in Ihrer Anleitung.

A Ja, bei manchen Blattmetallarten bilden die Tinten anders als bei 23 kt Blattgold kleine Pfützen statt sich zu verteilen. Wenn ich z.B. mit Blattkupfer arbeiten möchte, tupfe ich mit einem Schwamm eine ganz feine Tintenschicht auf und lasse sie trocknen. Auf dieser Schicht verteilen sich Tinten so gut wie auf Blattgold.

F Ich habe meinen Clay-Stapel mit einem kleinen Kreisausstecher geprägt und beim Herausziehen ist versehentlich Clay mit herausgekommen. Sollte ich versuchen, das so entstandene Loch zu verschließen?

A Ich liebe Löcher! Sie verleihen Perlen nicht nur etwas Dreidimensionales, man kann darin auch Metallelemente, Schliffperlen und andere interessante Teile einsetzen. In den Anfängen meiner Prägetechnik habe ich versucht, solche Löcher aufzufüllen, doch die Clay-Pfropfen ließen sich nie sauber und präzise einpassen. Ich würde sagen: Machen Sie das Beste aus gelegentlich auftauchenden serendipitäischen Löchern!

F Bei den Pendel-Ohrringen (S. 82) werden die bemalten Metallscheiben mit Acrylspray von Krylon versiegelt und die Ohrringe dann noch einmal gehärtet. Ist das kein Sicherheitsrisiko?

A Nun, ich sage mal so: Mit Krylon behandelte Metallteile sind bei mir wieder in den Ofen gewandert und haben keinen Schaden genommen. Bei einem schlecht kalibrierten Ofen und Problemen mit Überhitzung würde ich allerdings zuerst einen Testlauf machen. Atmen Sie keine Dämpfe ein und schalten Sie einen Entlüfter ein oder lüften Sie quer.

Bezugsquellen

Nachfolgend finden Sie Angaben und Anmerkungen zu einigem Werkzeug und Zubehör, das für die Projekte in diesem Buch verwendet wird. Anders als noch vor einigen Jahren können Sie mittlerweile die meisten der im Buch erwähnten Materialien (z.B. verschiedene Claysorten, Klingen, Ausstecher von Kemper, Alkoholtinten usw.) auch im deutschsprachigen Raum bekommen.

Werkzeug

Tissue Blades
(Klingen für Gewebeschnitte, Pakete zu 25 Stck., No. 6727C18)
Thomas Scientific
thomassci.com

RMC Counterfold Waxed Paper
(leicht gewachstes Papier)
Costco
Als Alternative zu amerikanischem Wachspapier wird hierzulande oft weißes Backpapier verwendet. Auch Sahneabdeckpapier ist geeignet, ist allerdings sehr dünn und neigt zu Faltenbildung. Da diese Papiere beidseitig gewachst sind, nimmt man zum „Auslaugen" des Clays meist Kopierpapier.

Papercon Plastic Sheets, No. 433CP8
(Plastikzuschnitte zum Aufbewahren von Clay)
Web Restaurant Store
webrestaurantstore.com

Cookie Cutter Set
(Ausstechförmchen, Sortiment)
Sugar Craft
sugarcraft.com

Aluminium Bracelet Blanks
(Armreifrohlinge aus Aluminium, in Paketen zu 144 Stück)
S&S Worldwide
ssww.com

Dremel Stylus
dremel.com

Pin Vises
(Handbohrer)
ehobbytools.com

Organic and Textile Block Texture Sheets
(Strukturplatten mit natürlichen und textilen Motiven)
Victoria James Art
victoriajamesart.com

Nesting Metal Tube Sets
(Röhrensortiment mit Ausschieber)
Celie Fago
etsy.com/shop/celiefago

Kemper Kutter & Designer Dot Set
(Ausstecher mit Ausdrückhilfe & Punktmuster)
kempertools.com
Die „Designer Dots" sind nicht mehr im Kemper-Programm, unter dieser Adresse scheint es sie jedoch noch zu geben:
http://www.reuels.com/reuels/Kemper_Designer_Dots_for_Poly_Clay.html

Handmade Silks
(Handgefärbte Seidenbänder)
Class Act Designs
classactdesigns.com

Vintage Chain
(alte Gliederketten)
AD Adornments
adadornments.com

7 Gypsies Word Stamp
(Wortstempel von 7 Gypsies)
stampington.com

Anmerkung des Verlages:
Bohrer ab einem Durchmesser von 1 mm gibt es im Baumarkt, kleinere Abmessungen finden Sie z.B. bei der Fa. Dremel oder im Fachhandel für Modellbau.

Schmuck-, Juwelier- oder Silberdraht mit Stärken von 0,3 -1,2 mm ist in gut sortierten Bastelläden oder im Internet erhältlich.

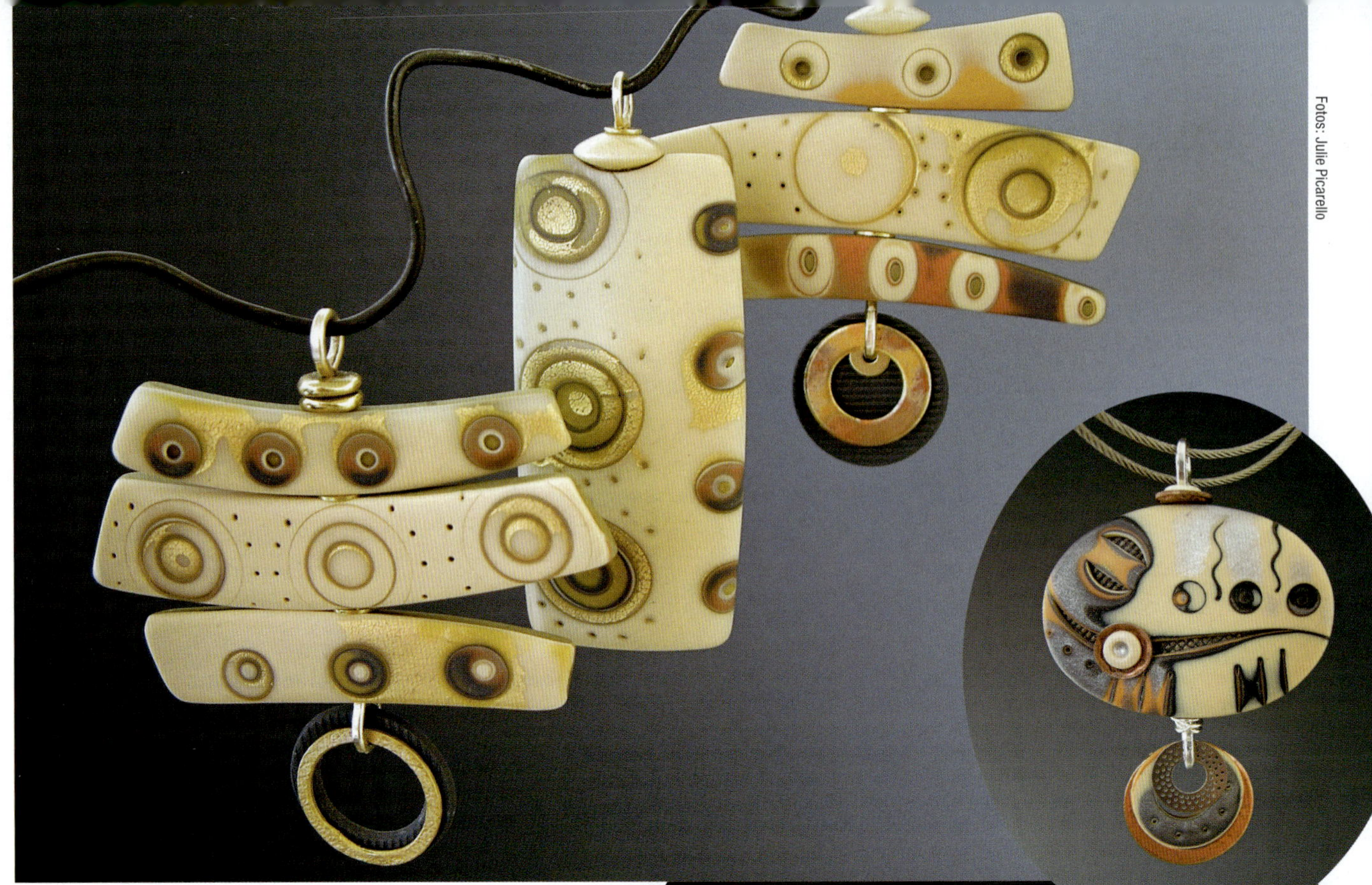

Fotos: Julie Picarello

Informationsquellen

Die folgenden Hinweise beziehen sich auf englischsprachige Websites.

Polymer Clay Daily

Täglich Neues zu Clay und allem, was damit zu tun hat.
polymerclaydaily.com

Polymer Clay Central

Tutorials, Wettbewerbe, Austausch, Produkte – von allem etwas.
polymerclaycentral.com

Glass Attic

Grundlegende Info zu Clay: Eine erstaunliche Ansammlung von Informationen.
glassattic.com

Polymer Art Archive

Geschichtliches, Anekdoten und Informationen rund um Clay.
polymerclayartarchive.com

Polyform

Website des Herstellers von Premo Polymer Clay.
polyformus.com

IPAC

International Polymer Clay Association, die internationale Clay-Gesellschaft. Nachrichten, Veranstaltungen für Mitglieder usw.
theipac.com

BPCG

British Polymer Clay Guild Britische Clay Gilde.
bpcg.org.uk

Die deutsche Polymer-Clay-Gilde finden Sie unter

polyclaykunst.de

Hier gibt es Informationen zum Material, Hinweise auf Workshops in Deutschland und Europa, Austausch über alles, was mit Clay zu tun hat.

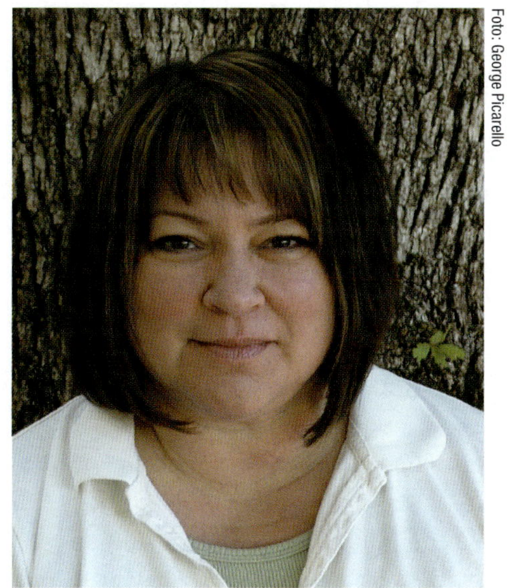

Foto: George Picarello

Über die Autorin

Julie Picarello ist eine vielfach ausgezeichnete Mixed-Media-Künstlerin und Dozentin. Ihre einzigartigen Schmuckstücke wurden bereits in zahlreichen Zeitschriften wie *Bead & Button*, *Beadwork* und *Bead Unique* und einigen Büchern vorgestellt. Die nahezu unbegrenzenten Farbvariationen, die mit Clay möglich sind, reizen Julie besonders an diesem Material und mittlerweile ist sie für ihre unverwechselbaren Farbkombinationen bekannt. Ihre Kenntnisse in CAD für integrierte Schaltungen spiegeln sich in der Detailgenauigkeit ihrer Arbeiten und in ihrer Vorliebe, zweckentfremdete Fundstücke in ihre Schmuckgestaltung zu integrieren. Julie Picarello ist gebürtige Kalifornierin und lebt mit ihrem Mann, ihrem Sohn und zwei Haustieren auf einem 4 Hektar großen, mit Eichen bewachsenen Gelände in den Sierra Foothills.

Danksagung

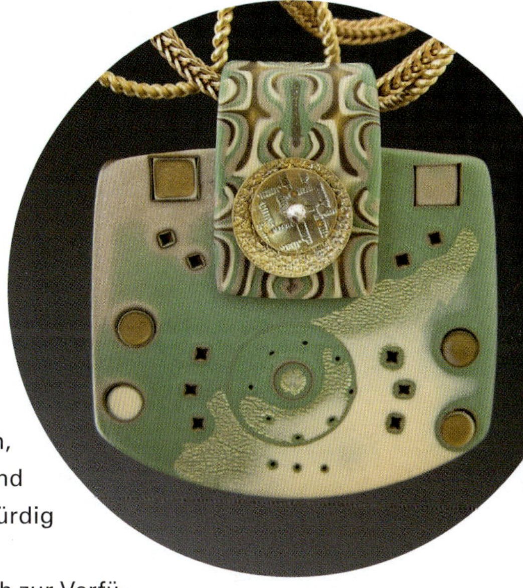

Foto: Julie Picarello

Mein tief empfundener Dank gilt so vielen. Meiner lieben Freundin Peggy Gerbo dafür, dass sie schon so lange Teil unseres Lebens und unserer künstlerischen Reise ist, und dafür, dass sie mich gut kennt und es trotzdem mit mir aushält. Mary, Moe, Vic, LaLa, Els, Melody, Lorrene, Kim, Rita, Jenn, Elaine, Marylu, Patricia, Diane, Jo und all den begabten Damen von Clayville dafür, dass sie die wunderbare Welt des Clay mit mir teilen und erkunden. Judy Belcher für so vieles – Freundschaft, Lachen, Rat und die Telefonate, die keine von uns beenden will. Und den großherzigen Familien, die mich bei Workshops als Gast in ihren Häusern aufgenommen haben, und jeder einzelnen Kursteilnehmerin, die meine Reisen als Dozentin so denkwürdig gemacht hat.

Den folgenden Künstlern danke ich für die Bilder, die sie mir für dieses Buch zur Verfügung gestellt haben: Steve Midgett, Tory Hughes, Lindly Haunani und Celie Fago. Ein besonderer Dank an Nan Roche und Lindly Haunani für ihre Informationen über die Verbindung von Mokume Gane und Clay.

Vor allem aber gilt mein Dank meiner Familie für ihre Geduld, mit der sie diesen scheinbar unendlichen Prozess begleitet. Meiner Mom, Jeanette, für ihre Geduld, ihr Verständnis und die Bonbons von See's, selbst wenn ich keine Zeit für's Kino hatte. Meinem Sohn, Nate, für seine Fantasie, seinen künstlerischen Rat und die gelegentlichen Anfeuerungen. Und meinem wunderbaren Ehemann, George, dessen Ermutigung und Unterstützung mir Mut gemacht haben, abseits der ausgetretenen Pfade einem Traum zu folgen – und der mich auf dem ganzen Weg begleitet hat. Ohne ihn wäre dieses Buch niemals zustande gekommen.

Mit tiefer Dankbarkeit denke ich an euch alle, während ich dies hier schreibe.

Alles Liebe für euch!

Glossar

Hier finden Sie einige knappe Erläuterungen zu Begriffen, die im Buch verwendet werden.

Cane

Eine Clayrolle, bei der sich ein Muster über die ganze Länge gleichbleibend fortsetzt. Oft werden Perlen mit Scheiben belegt, die man von einer Cane schneidet. Es gibt unterschiedliche Arten von Canes, ihre Bezeichnungen (z.B. Spiralcane, Bull's-Eye-Cane) beziehen sich auf das Muster, das sich auf den Scheiben zeigt.

Clay

Kurz für Polymer Clay. Die im englischsprachigen Raum übliche Bezeichnung für ofenhärtende Modelliermassen wie Fimo, Kato Polyclay, Premo! Sculpey usw. haben sich auch hierzulande durchgesetzt.

Flüssigclay

Wird parallel zu den festen Clays von den meisten Herstellern angeboten. Flüssigclay dient u.a. dazu, ungehärteten Clay auf gehärtetem zu befestigen.

Kern

Bei Julie Picarello die mittlere Schicht bei einer flachen Perle, die oft durch Öffnungen in der Vorderseite zu sehen ist.

Konditionieren

Vorbereiten des Clays durch Kneten und/oder Durchwalzen mit der Nudelmaschine. Dadurch wird der Clay geschmeidig und kann verarbeitet werden.

Prägestapel

Bei Julie Picarello die ausgewalzten und aufgeschichteten Claylagen in der gewünschten Farbkombination, die geprägt und dann als horizontale Scheiben abgetragen werden.

Reduzieren

Verkleinern, verringern. Canes, bei denen unterschiedlich farbige Clays ein Muster bilden, sind unmittelbar nach dem Aufbau meist ziemlich dick. Sie werden durch vorsichtiges Drücken und Ziehen länger und dünner, bis sie die gewünschte Dicke erreichen.